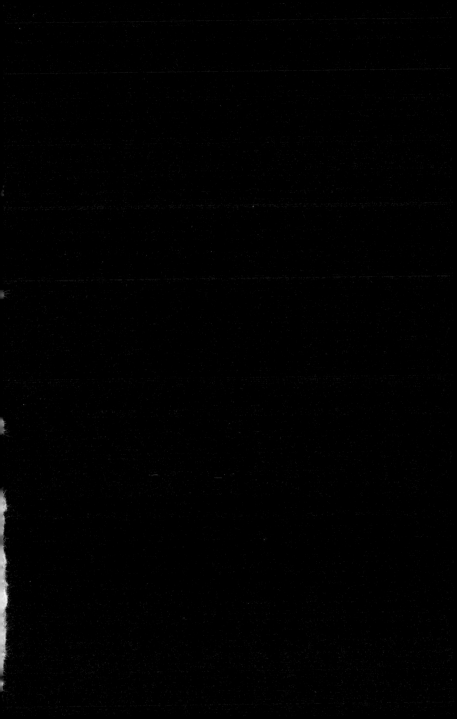

〈日韓連帯〉の政治社会学

親密圏と公共圏からのアプローチ

玄武岩＋
金敬黙＋
松井理恵
編著

青土社

〈日韓連帯〉の政治社会学　目次

〈日韓連帯〉の政治社会学

親密圏と公共圏からのアプローチ

序章　親密圏と公共圏からみる「日韓連帯」
戦後補償運動へのナラティブ・アプローチ

玄　武岩

1　「日韓連帯」の連続と断絶

本書は、一九七〇―八〇年代の韓国の民主化に向けて連帯する日韓の市民運動と、一九九〇年代以降に本格化する戦後補償運動など市民社会の協力・交流が地続きであるものとして捉えることでみえてくる「日韓連帯」の言説と行動のメカニズムについて考察するものである。こうした本書全体の研究目標に向けて、本章では、社会運動としての「日韓連帯」の連続性と断絶性を考察することの意義を提示する。

戦後の東アジアにおいて日本の市民社会の「脱帝国化」に向けた取り組みは、一九七〇年代から一九八〇年代にかけて、かつて植民地であった韓国や台湾における民主化運動への「連帯」としてもあらわれた。社会学者の李美淑《イミスク》が見出したように、この時期の「日韓連帯運動」は、韓国の民主化運動に対する日本の市民社会の支援と連帯として、アクティビストのトランスナショナルな情報交換のネットワークを形成し、国境を越える公共圏として市民から構築していくリージョナル／グローバルな民主主義への可能性を指し示したといえる。[1]

こうした公権力に対する批判的な領域としての市民的公共圏のトランスナショナルな展開は、韓国・台湾の民主化の実現によりその可能性を大いに広げた。ところが、韓国の民主化をターゲットにした概念でもあった「日韓連帯」は、やがて韓国の民主化とともに過去のものとされる。韓国の「民主化」の実現による「日韓連帯運動」の政治的役割の終了は、国境を越える公共圏として実践的・象徴的イメージを構築することなく、「日韓連帯」に断絶をもたらす結果となった。

冷戦構造の解体後、韓国の民主化が活性化させた「脱植民地化」の課題としての歴史問題は、日本帝国に戦時動員された旧植民地の被害者が発する声に日本の市民が応答して戦後補償運動としてあらわれた。一九九〇年代に入り、韓国の戦争被害者や遺族団体が日本の国家賠償と謝罪を求めて自ら提訴するようになるが、それには日本の市民社会の連帯が欠かせなかった。戦後補償裁判を日本の市民社会が支え、それが「戦後日本の戦争責任論」にも変容を促したことは、日本と韓国の市民社会が相互作用を通して自己革新を重ね、植民地主義を超えていくための共同作業でもあった。[2]

一九七〇年代以降、日本の市民社会では、韓国の民主化運動へのコミットや、貧困・公害輸出・買春観光など社会問題への関心、在日コリアンの社会的・法的権利をめぐる市民運動など、さまざまな「日韓連帯」の流れが存在した。日本の弁護士や市民団体が展開した孫振斗《ソンジンドゥ》手帳裁判やサハリン残留者帰還請求訴訟など、韓国人被爆者を救援する会の活動やサハリン残留韓国人に対する支援活動も、戦後補償にかかわる問題として「日韓連帯」の重要な実践にほかならない。

ただし、この時期の戦後補償運動は、戦争責任論の問題提起に裏づけられた歴史問題というより、喫緊の解決を要する個別具体的な「救済」の課題であった[3]。それに対して、一九九〇年代の「日韓連帯」こそが、過去に一方向的な支援として時代的使命を果たした「日韓連帯運動」よりも、開放性・脱中心性・相互作用性にもとづくネットワークとして、「連帯」の本来の意味を体現しているといえる[4]。「日韓連帯」の歴史的・政治的意味は、それぞれの時代状況および社会構造によって変化するのだ。

そうだからといって、韓国が民主化され冷戦が揺らぐ一九八〇年代後半の激動が「日韓連帯」に断絶をもたらしたというのは短絡的であろう。「日韓連帯」の形態はさまざまであっても、それを個別にではなく、戦後の東アジアにおける脱帝国化および脱植民地化、さらに「脱冷戦化」という未完の課題に向けた長期的・市民的な社会運動として捉えたらどうか。社会運動論が、社会運動の発生・発展・持続といったメカニズムを問うものであり、これらの研究が政治的目標を定め、それに対して具体的な戦略を用いるような組織現象としての社会運動を対象にするものであるならば[5]、「日韓連帯」も社会運動として捉えることによって、そうしたメカニズムの連続性と断絶性を視野に入れることができるのである。

こうした「日韓連帯」の連続と断絶の契機を突き止めるにあたり、韓国の民主化によって断絶することなく一九七〇―八〇年代から冷戦崩壊以後にも運動組織として、あるいは脱帝国化・脱植民地化の課題として連続した戦後補償運動を対象にする。ひとえに戦後補償運動といっても、サハリン残留韓国人問題や韓国人被爆者問題のように、性格を異にしながら二つの時期にまたがって継続する場合もあれば、「徴用工」や「慰安婦」のように一九九〇年代以降に浮上する問題もある。本章では、さしあたり一九九〇年代以降の戦後補償裁判にかかわる市民団体として、「戦後責任を問う・関釜裁判を支援する会」（福岡）および「日本の戦後責任をハッキリさせる会」（東京）を事例とする。

こうした「日韓連帯」の連続と断絶の契機を見出すために、公共圏／親密圏の構図からアプローチすることになるが、これら二つの領域は社会運動の動員論／行為論に代表される理論的潮流から考察することで明瞭に浮かび上がってくる。さらに、「親密圏が公共圏を支える」という立論を提示するため、「日韓連帯」としてあらわれる集合行動の内的で文化的なダイナミズムに迫るものとしてナラティブ・アプローチの有効性を示し、日韓の市民社会が育んできた信頼と紐帯、規範と価値を捉える意義について考察する。

2　社会運動論からみる「日韓連帯」

社会運動としての「日韓連帯」

台湾の文化研究者である陳光興は、東アジアに内在する米国の新帝国主義が日本の植民地主義を切断すると同時に継承もしてしまったと指摘し、そこで冷戦を植民地主義と新帝国主義を仲立ちするものと位置づけている。冷戦が植民地主義を延命させる構造的条件となっていると指摘する陳は、「ポスト植民地の規範にさらにひねりを加え、脱植民地化と脱帝国化の視野から物事を扱い直すこと」の必要性を提唱する(6)。こうして戦後東アジアの「脱植民地化、脱冷戦化、脱帝国化は同一の歴史過程の中で絡まり合ったもの」とする論を立てる(7)。したがって、脱植民地化と脱帝国化の課題に挑む「日韓連帯」においても冷戦が「終結」したことの意味はきわめて重要である。ただし、東アジアでは冷戦はただ終ったのではなく、冷戦の最中で振るわれた国家暴力の問題を解決すべく脱冷戦化がいよいよ始まろうとしていた。

「日韓連帯」の連続性は、東アジアで失敗してきた脱帝国化・脱植民地化・脱冷戦化の課題について、それを「同一の歴史過程の中で絡まり合ったもの」としてアプローチする〈ポスト帝国〉の視点に立ち、[8]「旧植民者と被植民者が共に植民地帝国主義の歴史が遺した傷に向き合う」ことによって、[9]国家暴力に対抗するトランスナショナルな連帯を軸に据えるところにその潜在的な意義がある。しかしこれらの連帯の歴史的実践を追うだけでは、その断絶を超えることはできない。重要なことは、「日韓連帯」というコンタクト・ゾーンの歴史文化的な双方向性の系譜をたどり、そこから日韓の市民的な連帯を突き動かしてきた言説と構造を丹念に導き出す作業である。

言い換えると、「日韓連帯」を、民主化運動に軸心を置く狭義の概念ではなく、戦後補償運動や社会・文化の交流などを含めたトランスナショナルな公共圏の基盤となる市民的実践としての概念に広げてその外部と内部に迫り、そこに作用する理念／共感の連続と断絶、継承と消滅をもたらす言説に挑むことである。日韓関係を取り巻くヒト・情報・文化の越境を歴史・理論・実践にもとづいて探求すれば、その全体像を貫く思想と行動のメカニズムを浮き彫りにすることができるのだ。そのためには、一九七〇―八〇年代の「日韓連帯運動」はもとより、一九九〇年代以降に活発化する戦後補償運動や各種NGO、文化芸術や宗教、女性運動、学術交流も視野に入れなければならない。

こうしたさまざまな「日韓連帯」の実践を長期的・市民的な社会運動として位置づけることができるだろう。それは、「日韓連帯」が個別の市民運動の領域を超えて、戦後の日韓関係の脱帝国化・脱植民地化・脱冷戦化という未完の課題に向けて培ってきた「政治的な体験の形式・様式」（後述）として作動する縦と横の連関性をそなえているからにほかならない。日韓の市民社会が、歴史問題だけではなく、諸領域において連帯のネットワークを形成していることは、「日韓連帯」が戦後の日韓関係において構築された越境する公共圏の一部であることを示唆する。しかしこれまで日韓の市民社会の実践を連続する運動体験の蓄積として統合的に把握する試みはなく、「日韓連帯」の実践的・象徴的イメージは途切れてきたのである。

それでは、冷戦の「終結」を挟む二つの時期に、「日韓連帯」においていかなる連続と断絶の契機が作用しているのだろうか。その手がかりとして、社会運動論から「日韓連帯」の歴史と現在を照射し、その連続／断絶をたんに運動の形態や組織の継続か否かの問題ではなく、社会運動観や理論的枠組みの変化を反映するパラダイムの問題として把握することが緊要だ。なぜなら、「日韓連帯」の行動と言説の歴史的展開を視野に入れるのであれば、運動がめざす目標実現の動員力や遂行性のみならず、参加者同士が共鳴する認知的枠組みをあぶり出す必要があると思われるからだ。

「日韓連帯」への文化論的アプローチ

こうした社会運動としての「日韓連帯」に対するアプローチの方法は、「動員論」と「行為論」という二つの理論的潮流に対応する。これらの社会運動論の分析視角を、社会学者の富永京子は「変数の布置と連関を問う研究」と、「変数の発見とその作用を問う研究」に区分する。「動員論」は、「資源」や「フレーム」、「政治的機会構造」といった概念により、社会運動が担う「組織」を主たる研究単位として、組織による社会運動を成功させるための理論として発達してきた。そこで研究者たちは、資源や人員といった諸変数をいかに調達し、分配し、行使するかという「布置」を問うてきた。こうして人々が「どのように」運動を組織し、運動へと参加するのかという、社会運動が発生・持続・発展するメカニズムを論じるのである(10)。

一方、社会運動を構成する変数の「作用」について関心を向けるのが「行為論」である。たしかに「動員論」でも、運動に参加する個人の内的な心情である不満や怒りを源泉とする「集合的アイデンティティ」や「認知的解放」を変数として、組織現象としての運動を考察する。それに比して「行為論」は、社会運動に参与する個人の心情や感情を再解釈しながら、現代社会のどのような特質が人々を社会運動に参加させるのか、社会運動の生起は社会構造の変動をどのようなかたちで反映するのかということに注目する。その代表格である「新しい社会運動論」は、組織という形態をなさないために社会運動として論じられなかったような運動や、それを形成する主題・担い手のあり方に注目するというかたちで、運動の変数を「発見」するものであると富永は位置づける(11)。

こうした社会運動論の理論的枠組みにおける近年の展開として、「経験運動論」は、異質な他者と「経験」を共有すること自体が運動であると論じる。社会運動が元々の出自や社会的立場ではなく、その場その時において集合した人々が「経験」を共有することによって成り立つというのだ。その場合、社会運動が生起する要因である「経験」は、不満や怒りとは必ずしも言い切れるものではない。むしろ人々のキャリアが個人化・流動化するグローバル化した現代社会において、共通の不満や怒りが「集合的アイデンティティ」として成立することはなく、「経験」の内実は人によって大きく異なるのである(12)。

ただし、富永はこうした経験運動論に立脚しながらも、政治的体験に固有にみられる、従事者同士が異質性を乗り越える際の「経験の様式・形式」があることに注目する。それを明らかにするために

「活動家たちが日常と出来事を往還する中で共有され、伝達され、再生産される、個人のこだわりや理想、あるいは組織的なしきたりや規範を通じて意識的・無意識的に表出されるもの」として「サブカルチャー」という分析概念を提示し、二〇〇八年のＧ８洞爺湖サミットの抗議行動について考察した[13]。

社会運動としての「日韓連帯」も、そこに作用する特定の問題意識やアイデンティティの共有を動力として持続し発展する。富永は経験運動論を重視しながらも、あくまで政治的な体験の形式・様式が存在すると主張する立場である。このように、活動家のこだわりや理念、しきたりや規範の特殊性を考察するうえで、出来事／日常、組織／個人、そして社会運動の動態／参加者の情態という分析枠組みは、「日韓連帯」の考察においても有効である[14]。なぜなら、東アジアにおける脱帝国化・脱植民地化・脱冷戦化に向けた実践であるトランスナショナルな公共圏としての「日韓連帯」の展開において、その個別の運動体験もまた、歴史的ダイナミズムに富む「政治的な体験の形式・様式」と絡まり合って形成されていると思われるからだ。

富永が社会運動論における動員論／行為論の枠組みを、変数となる資源の「布置」か「作用」かを区分して敷衍したならば、社会学者の西城戸誠はそれを、社会運動を社会構造上のタームで説明する「構造的アプローチ」（資源動員論、政治的機会構造論）と、もうひとつは、運動の主体の認知的な要因に着目する「文化的アプローチ」（集合的アイデンティティ、フレーム分析、運動文化）に大別する[15]。西城戸は、運動体を取り巻く外部環境が、どのように運動の展開に影響するのかという問いに答えようとする「動員論」のアプローチは、おおよそ「構造」から社会運動を説明していくものとみた[16]。

この「構造的アプローチ」では、運動内での個人のアイデンティティや文化的ダイナミズムが構築されていくプロセスについては解明できない。ところが社会構築主義からすると、社会運動は集合的に組織された行為の表現に収まるものではない。集合的に構築され共有された意味、解釈、儀礼、アイデンティティをも含んでいる。[17] こうした運動の内的で文化的な動態に注目するのであれば、「文化的アプローチ」が必要となる。とくに西城戸は社会運動の「運動文化」の側面を強調している。これは富永が「サブカルチャー」を概念化したことと通じる。だからといってこれらのアプローチが資源の配分や組織の論理といった構造的な要因を軽視するわけではない。社会運動の文化的側面や主体の認知的な側面となるインフォーマルなネットワークとコミュニケーションのあり方を、「動員論」ではそれを資源とみなし、「行為論」ではその作用に注目する。

西城戸の社会運動論のアプローチは、さらにその分析視角や対象がマクロかミクロかという対立構図を提示する。それも、分析視角がマクロであると「構造的アプローチ」であり、ミクロであると「文化的アプローチ」というわけではない。「文化的アプローチ」に依拠する西城戸は、同時にマクロな動員の議論において指摘されている資源や動員構造といった構造的要因を加味して議論している。[18] 以上の社会運動論の理論的展開の動向から見てとれるのは、近年の社会運動の分析視角が、「行為論」を批判的に継承しながら、「経験」や「文化」を積極的に導入する試みがなされていることであろう。

そこで重要なのが、社会運動のあり方が、担い手の特質から無条件にあらわれるわけではなく、偶発的な要素によるものであるとか、場や諸資源といった構造的な要因にも左右されるものであるということだ。[19] 同じく、「日韓連帯」が何かしらの理想や信念にもとづいて明確な目標を共有したり、特定の政治勢力が主導したりして組織的に展開するよりも、むしろ各々の実践を重ねながら「経験」を共有し、帝国主義的で植民地主義的な問題を発見していく歴史的・政治的プロセスであることがみえてくる。こうした折衝的な分析視角を、以下では「文化論的アプローチ」と呼ぶ。

日韓関係における市民運動の相互の動態・交錯・浸透は、「経験」を共有し問題を「発見」する歴史的・政治的プロセスにおいて絡まり合って展開してきた独特のものがある。「日韓連帯」の多様なフィールドにおける集合行動の形態はさまざまであっても、そこではトランスナショナルな公共圏における「政治的な体験の形式・様式」として独自の「運動文化」が形成されているのではないか。これこそが本書を通じて見出すべき課題である。このような「運動文化」を成り立たせるインフォーマルなネットワークや、紐帯・規範・価値というコミュニケーションのあり方が連続／断絶するメカニズムの解明は、次節で論じるように文化論的アプローチをもって公共圏と親密圏の領域を措定することから始まる。

3 「日韓連帯」における公共圏と親密圏

親密圏が支える公共圏

社会運動の目標を追求するプロセスを突き動かすのは「語り」である。公共圏における『語り』が行為の表現として当局や敵手、世論に向けて発せられるならば、親密圏における「語り」は、感情というきわめて個人的な要因をすくいあげる領域として社会運動を展開する組織の内部で共有され、「物語」を生成する。[20]もっとも語り行為はそれが行われる現場、社会・文化・歴史的文脈や状況と切り離せないため、そこに生成された物語は日韓の市民社会を貫通する「運動文化」の文化的・象徴的な特徴を示すことになるだろう。

文化論的アプローチの立場からすれば、権力に対峙することでダイナミズムを示してきた「越境と連帯」の社会運動が、じつは「人と人、人とモノや出来事とが具体的に出会い〔…〕、紆余曲折と浮沈をくりかえしながら」進められてきたことを見逃せない(21)。国家暴力に抵抗して正義（規範の妥当性）を争うことの「公共性」の議論に、あえて「親密性」を対照させるのは、「出会い」という親密圏が連帯をもたらすもうひとつの条件、富永がいうところの「運動が組織的に行われる集合行動であると同時に個人の生活を通じて担われる身体的実践」であることに注目するからだ(22)。「出会い」はたんに人的動員の手段ではなく、そうした変数の「作用」として「経験」を共有し問題を「発見」する親密圏をも構築するのである。

京都府宇治市ウトロ地区に居住する在日コリアンの権利運動について考察する地理政治学者の全《ジョン》ウンフィの研究は、「日韓連帯」における親密圏の潜在的意味を指し示している(23)。一九七〇年代以降の韓国人被爆者の支援運動は、一九九〇年代以降は「戦争責任論の問題提起に裏づけられた歴史問題」として戦後補償裁判へと結びついていった。しかし「日韓連帯」の意議は継続性を示すよりも、冷戦構造が解体する国際情勢の変化に阻まれることが多い。ところが、全は一九七〇年代後半以後のウトロ地区に居住する在日コリアンの権利運動における日本人支援者の形成過程に潜む連続性を浮き彫りにしている。そこで注目するのが、知識人層における「日韓連帯」とは異なるあり方で活動を継続した日本人支援者の生活史に焦点を当ててあぶり出した、非知識人層で非コスモポリタン的な「大衆的市民」による運動の偶然性である(24)。

全の考察からみえてくるのは、「活動家たちが日常と出来事を往還する中で共有され、伝達され、再生産される、個人のこだわりや理想、あるいは組織的なしきたりや規範を通じて意識的・無意識的に表出されるもの」（富永京子）であろう。全はこうした親密圏の領域を見出すにあたり、越境的な連帯を構築する重要な要素として、運動の異なる主体間の認識的な共同性、すなわち「集合的アイデンティティ」よりも、地続きの朝鮮の民衆との「具体的な出会い」に着目している。このように「接触」がもたらす偶然性あるいは可変性に「日韓連帯」の連続性の契機が潜んでいるならば、親密圏の意味もあらためて問われなければならない。すなわち、親密圏が公共圏を支えることの蓋然性だ。

こうした偶然性は、支援者グループが社会・文化的な背景のなかで関係を構築していく空間としての親密圏なくして発生しえない。親密圏においては、程度の差こそあれ、愛情、友情、ケアの感覚など、必ずしも合理的な思考に還元できないような感情にもとづいて、人々の関係性が形成される。[25] 人々が運動を組織し参加する体験の構造と行為の動機は参加者の心理状態を指し、それを内側から読み解く文化論的アプローチは親密圏における「具体的な出会い」の政治的機能を導き出す。運動の参加者が「出会い」を通じて感情を共有することで成り立つ「政治的な体験の形式・様式」としての「運動文化」が、親密圏と公共圏の交錯する場で形成されているのだ。これを明らかにすることが「日韓連帯」の連続と断絶の契機を探るカギとなる。

親密圏と公共圏の交錯する場

連続／断絶する「日韓連帯」の歴史と現在に注目することは、東アジアにおける未完の脱帝国化・脱植民地化・脱冷戦化に向けた成果と限界をあぶり出すことに役立つだろう。もっとも、一九九〇年代以降に浮上した歴史問題や、新自由主義の拡大によるグローバルな社会・経済の歪みに対処するためにも、日韓の市民社会の「連帯」は過去とは異なる双方向的・相互作用的なかたちでいまこそ必要とされている。

冷戦解体を挟む二つの時期における「日韓連帯」の政治社会学的な意味を突き止めることが、その断絶を超えて国家権力の暴圧的な行使に異議を唱える「トランスナショナルな公共圏」のありかを指し示してくれる。ただし、一九九〇年代以降の日韓にまたがる対抗的な公共圏は、両市民社会の親密圏によって支えられていたのではないか。つまり、「親密圏が公共圏を支える」というのが本章の提示する作業仮説である。

経済的・社会的関係としての市場と対峙しつつ、政府・国家と交渉・緊張関係にある市民社会の行為領域である公共圏は、私的領域＝親密圏とともにわれわれの生活世界を構成する。実態として親密圏と重なっている公共圏を舞台に、参入と排除の力が拮抗し、その規範の妥当性をめぐって争われてきた。したがって、戦後日韓において市民社会レベルで取り組まれてきた共同の歴史・言説・実践としての「日韓連帯」の多様な経験が、日韓関係の同時代史と現実政治において位置づけられる国際政治的な性格を解明するためにも、「日韓連帯」を国家との対抗関係を含む公共圏の概念からアプローチすることは有効である。とりわけ、こうした「正義（規範の妥当性）」についての判断が相互に交わされるコミュニケーション」としての公共性の次元は[26]、「日韓連帯」が立ち向かう対象への外部性に焦点を当てている。

しかし、「日韓連帯」の実践的意味は、日韓関係に政治的影響や変革をもたらす制度的手段の構築としてのみ成果を示すのではない。「日韓連帯」という実践形態の相互作用として公共圏と親密圏が交錯する場を突き止めようとするならば、そこには越境する集合行動の内的で文化的なダイナミズムが浮かび上がってくる。したがって、「日韓連帯」がどのような仕組みによって成り立ち、またどのようにナショナルな枠組みを越える潜勢力を生み出すのか、その構造の解明に取り組むのであれば、公共圏の概念だけでは不十分である。「日韓連帯」という集合行動の内的で文化的なダイナミズムに注目して両国の市民社会が育んできた信頼と紐帯、規範と価値を考察するには、これらの内在的連関性を意味する親密圏のもつ政治的機能にも注目する必要がある。

親密性がつむぐ連帯の条件は、加害－被害を二項対立ではなく重層的な連鎖構造として捉えることである。「日韓連帯」は、かつての植民者と被植民者が双方向的・相互作用的に共同作業し、共感にもとづく信頼と敬意を育むことから始まる。それは必ずしも「運動の異なる主体間の認識的な共同性」に裏打ちされるものではない。ジュディス・バトラーが「開かれた連帯」について語るように、「定義によって可能性を閉じてしまうような基準的な最終目標にしたがうことなく、多様な収束や分散を容認する開かれた集合」といえる(27)。この「開かれた連帯」に依拠するならば、戦後補償運動において日本政府の謝罪と賠償という歴史問題の「解決」に直結する成果以外にも、「最終目標」を追求するなかで発生した「具体的な出会い」や、その過程で落ちこぼれた継続する苦痛を補完するさまざま取り組みにも正当な評価を与えるべきであろう。

戦時動員された人々の被害の救済と名誉の回復を「最終目標」として日本の戦後責任を追及する戦後補償運動は、多くの場合その解決を見出せなかった。公共性の次元として「正義についての判断が相互に交わされるコミュニケーション」の最終審級が訴訟だとするならば、戦後補償裁判が日本と韓国で異なる判決を下すことで「正義の分断」が日韓関係にいっそうの緊張をもたらすことは、日韓の政治的公共性が危機に立たされていることを意味する。

しかし、公共圏の危機がただちに親密圏の危機であることを意味しない。親密圏での語りは裁判での証言のように、「客観的事実」や「個人の内的世界」をどれだけ正しく反映しているかという問い方をしない。親密圏では、「お互いに語り、聴き、考えを共有し、感情を共有すること」で、「開示する親密性」が重要な役割を果たす[28]。一九九〇年代以降、日本で国や企業を相手取って提訴した戦後補償裁判において原告たちと支援者とのあいだに親密圏が形成されたのも、それが「双方が信頼と敬愛を深め合いながら自己変革していった過程」であったからにほかならない[29]。

　だからこそ、日本での戦後補償裁判がことごとく原告の敗訴に終わっても、裁判をとおして原告は人間としての尊厳を回復することができた。また、被害者たちの恨《ハン》は、裁判で勝訴に至らなくても、支援者との具体的な出会いの過程で解きほぐされることだってあった。このことは、「日韓連帯」の実践的意味は、両国の市民社会が育んできた信頼と紐帯、規範と価値としても重要であることを指し示している。親密圏は「相対的に安全な空間」として、「とくにその外部で否認あるいは蔑視の視線に暴かされやすい人々にとっては、自尊あるいは名誉の感情を回復し、抵抗の力を獲得・再獲得するための拠りどころにもありうる」のである[30]。

　このように「正常なものとして社会的に承認されていない生のあり方や生の経験が肯定されうる余地をつくりだす[31]」ことは、政治学者の齋藤純一がいうように、親密圏の「社会的なもの」への抵抗の側面を示している。親密圏は、歴史のなかで忘却され、闇のなかに押し込められようとしている生の経験、社会から遠ざけられ、黙殺されようとする生のリアリティに一定の光を当ててきた。親密圏は、それまで個人的と思われた事柄を公共的な不正義として捉え返す途が開かれ、自らの存在が否定されない関係性を持ちうる「現われの空間」である[32]。

　こうした「現われの空間」は、従来は非-政治的な空間として扱われたが、「具体的な他者への生の配慮／関心を媒体とするある程度持続的な関係」である親密圏の政治的機能を浮き彫りにする。(33)齋藤純一が、「公共圏が人々の〈間〉にある共通の問題への関心によって成立するのに対して、親密圏が具体的な他者への生／生命への配慮・関心によって形成・維持される」と分析的に区別したのは、親密圏が同時に公共圏の機能を果すことの政治的ポテンシャルを示すためであっただろう。(34)こうした社会・文化の交流などを含めた親密性にもとづく連帯が、トランスナショナルな公共圏の基盤となる市民的実践をより太く、強固にしているに違いない。

そうだとするならば、日韓の市民社会が脱帝国化・脱植民地化・脱冷戦化の課題として戦時動員された被害者の苦痛に共感する親密圏での「感情の機制」（齋藤純一）はどのように公共圏へとむすびつくのだろうか。それは、「呼びかけ」ようとする試みと、「語りかけられる」ことのできる主体との「出会い」によって生成される。こうした親密圏と公共圏が交錯する場における「出会い」の媒体となるのが「語り」である。

4 「日韓連帯」へのナラティブ・アプローチ

ナラティブの機能――「親密圏の物語」と「公共圏の物語」

社会構築主義の立場から、臨床領域や精神治療のミクロなセルフヘルプで隆盛してきたナラティブ・アプローチは、近年、文学や法学、経済学や社会学などマクロな社会状況にも導入されている。逆にいえば、セルフヘルプ運動やアイデンティティ・ポリティクスのように私的で親密な諸関係さえも公共性の領域に位置づけられるようになったのである。

米社会学者のジョセフ・デイビスは、社会運動論において「物語」が軽視されてきたことを指摘する。そして社会運動の理論的な分析と物語の実証研究を結びつけることで、物語が運動にかかわる言説において核心的な一形態であり、重要な分析概念であることを示している。デイビスも本章第2節で考察したように、社会運動論における文化と意味構築の理論的な展開の浮上について言及しているが、特徴的なのは既存の理論的潮流を批判しながら、「物語」の概念と機能について提示していることだ(35)。

社会運動論における新たな理論の動向によって、行動主義の文化的でパフォーマティブな側面が強調されることで、研究の新しくて生産的な道が開かれ、社会運動の動態の見過ごされてきた側面に光が当てられるようになった。しかしデイビスは、これらのアプローチが認知的な要素、あるいは論理的な説得や信念の同意を過度に重視する傾向にあると批判する。つまり、運動の内的なプロセスや、状況づけられ交渉する参加者の関与と連帯の性質には十分に注意を向けてこなかったというのだ。ある種の文化論的アプローチの主張であるが、デイビスは、「新しい社会運動論」については、集合的あるアイデンティティの構成的な性質を強調しながらも、活動家がどのように自らのアイデンティティや利害関心を形成しているかについて一般的には示すことがなく、「フレーム」の概念も論理的な説得や信念の同意を誇張することに苛まれてきたと批判する(36)。

それに対してデイビスは、道徳や情動、アイデンティティ、運動の内的な文化などと同じように、「物語」がこれまで看過されてきた社会運動の文化的次元ついて考察する方法を提供してくれると期待する(37)。こうしてナラティブ・アプローチの導入を提唱するのであるが、そこで注目するのが、物語の語り手と聞き手／読み手が生成する情動的な紐帯や連帯の感覚を含んだ「われわれ」という共同性である。[38] 参加者が運動に関与するのは、たんに論理的で手段的であるだけでなく、想像的で直感的で情動的でもあるのだ。[39]

したがってナラティブ・アプローチは、アイデンティティを分類可能で生得的なものとみなすのではなく、アイデンティティと差異は交渉／再交渉されたるものとして、対話的な主体および積み重ねられた相互作用や関係を強調する。[40] このことは、イギリスの文化理論家スチュアート・ホールが、「アイデンティティ」を起源と内的同一性に閉ざされたものではなく、「「呼びかけ」ようとする試み、語りかける試み、特定の言説の社会的主体としてのわれわれの場所に招き入れようとする試みをする言説・実践と、主体性を生産し、「語りかけられる」ことのできる主体としてわれわれを構築するプロセスとの出会いの点」として捉えたことと通じる。[41]

ところで、ナラティブを社会運動が起きるメカニズムの解明に用いるのであれば、社会運動の形成におけるナラティブの役割を特定しなければならない。ナラティブは、テクストの提示の手法を含めた語りの媒体としての「物語行為」と、テクストが描くものとして「物語られたもの」に区別できる。[42] 戦後補償裁判において、法廷空間で原告の「語り」は、証言の信憑性を担保するセオリーに即してのみ意味を与えられる。[43] 原告の当事者性はつねに不安定なものであり、一人称の語りは三人称の語りの下位に置かれるのだ。したがって、公共圏では、当事者による語り直しや修正の可能性は避けられるべきこととされ、「物語行為」よりも規律によって管理される「物語られたもの」が重視される。

一方、親密圏では当事者性が否定されることなく物語を語ることができる。親密圏では一人称の物語がつむぐ情動の価値が排除されることなく重視され、語り直しの可能性にも開かれている。[44] 先述したように、親密圏では「お互いに語り、聴き、考えを共有し、感情を共有すること」を優先するのだ。

親密圏での「語り」は、ナラティブの構造（＝「物語られたもの」）よりも機能（＝「物語行為」）に重点が置かれていることを意味する(45)。

こうした社会運動において発せられる「語り」には、ロバート・ベンフォードがいうように「運動の物語」と「参加者の物語」の二種類がある。「運動の物語」は、運動あるいはそれが変えようとする支配的世界に関する参加者により集合的に構築された神話や伝説、説話について言及する(46)。主に指導者が運動がめざす方向と共同性について示すものといえる。一方で、「参加者の物語」は、各参加者がどのようにして、なぜ運動にかかわることになったのか、その過程でどのようにエンパワーメントしたのか、自身（や場合によっては他人）の運動関連の経験について語るものである。これらの多様な「参加者の物語」はグループの「イデオカルチャー」となる「集団的アイデンティティ」を構築することに役立ち、「運動の物語」が形成される判断材料にもなる(47)。

このように「運動の物語」が公共圏で語られるならば、人々が自らについて語り自我に意味を付与する「参加者の物語」は主に親密圏で語られるといえなくもないが、必ずしも対応するものではない。そもそもベンフォードが描くのは、「運動の物語」を追求することで「参加者の物語」を制限する様相である。「運動の物語」は、運動の正しさを決める物語を運動自身がもつことで、参加者を制御し、抑圧する力となりうるのだ(48)。他方、「日韓連帯」の「政治的な体験の形式・様式」を見出そうとする本章は、親密圏と公共圏が交錯する場がどのように戦後補償運動を成り立たせているのかを考察するものであり、時代を貫く連続性に主眼を置く。

もっとも「日韓連帯」は、大概の社会運動理論にみられるような、国家をターゲットにした運動と、あからさまな政治的な運動ではない私的で親密的な諸関係を分離する視点に立つのではなく(49)、「国家をターゲットにした運動における私的で親密的な諸関係」に注目する。公共圏のなかに埋め込まれている親密圏を問題にするのだ。すると、デイビスが示した、分離されたものでもなく一致するものでもないが、分析的に区別できる物語の「私的なレベル」と「集合的レベル」の分類が有用であろう。

「私的なレベル」では、人々は自己について語り、自己語りは自らの経験と自身に意味を与える。こうしたことはその時間的な推移とともに、人生のあり方から重要な生活の一幕および実存的な瞬間、またトラウマ的な出来事まで多様である。[50] デイビスにしてみれば、運動が追求する世界の領域について参加者が語る「運動の物語」はいうまでもなく、それと重なりながら集合的アイデンティティを強固にする「参加者の物語」はいずれも「集合的レベル」なのだ。

さらにデイビスは、個々によって語られる私的／集合的な物語を超えて、行為者たちの物語を制御・支配したり、影響を及ぼしたりする公的な物語のモデルにも目を向けなければならないという。「公的な物語」は、文化に内在して、もっともらしく受け入れ可能な物語のタイプを押しつける規範的な「文化的な物語」、あるいは特定の理想を具現したり、新たな秩序を予期したり、個々の自己語りを編成するような、制度や集合的行為者によって規定される思想構造のことである。[51]「公的な物語」は親密圏と公共圏を覆うものとして、社会の支配的な言説編成のことを指している。

したがって、以下では、デイビスが示した物語の「私的なレベル」／「集合的なレベル」の区分に「公的な物語」を加味し、さらに「日韓連帯」の考察に向けて提示した親密圏／公共圏の議論を踏まえて、「親密圏の物語」／「公共圏の物語」という枠組みを用いて運動の当事者の物語に迫ることにする。

ナラティブ・アプローチからみる戦後補償運動

「言語」や「物語」の作用を重視することで独自の視界を切り開いてきたナラティブ・アプローチが、いまだ語られていない経験に言葉を与えることで「複数の主体」「複数の声（多声性）」を示したことは、「言説に支配されたシステム」に挑む力を当事者にもたらした。こうした「ポスト構造主義的視点」が日常世界の政治的・社会的な関係性の再編を促し、新たな共同性を生み出したことは間違いない。[52]一九九〇年代以降、戦後補償運動は「いまだ語られていない物語」をもって「証言の時代」を開いた。

既存のドミナントな物語に対抗するオルタナティブな物語は、実際に世論や政治を突き動かす影響力を発揮する。しかし証言はしばしば、裁判や歴史研究において、それを外部から観察可能なものとして因果や真理を明らかにするニュートラルで特権的な立場から裁断される。むろん現在では、「非感情的で公的な領域と感情的で私的な領域」という従来の前提が成り立たなくなり、感情が重要な役割を果たすことで裁判や歴史研究でも物語は無視できないようになった。[53]ところで、ナラティブ・アプローチでは、「語り」を、内に蓄積した記憶を外へ表現するものとしてではなく、今ここの現場で語り手と聞き手の共同行為によって、共同生成されるものと考える。また自己やパーソナリティも、固定した同一物とみなさず、「物語としての自己（複数形）」という見方をとるので、多様性と変化可能性を重視する。[54]

そうだとすれば、戦後補償運動における「政治的な体験の形式・様式」では、「語り」が語り手と聞き手のインタラクションとして進行してきたことにも目を向ける必要がある。つまり、原告と運動参加者の関係性や問い方によって、語られる物語も変化するのである。ナラティブ的な見方では、その「語り」が、「客観的事実」や「個人の内的世界」をどれだけ正しく反映しているかという問い方をしない。たとえ「嘘」が語られたとしても、その「語り」には「語り」の形式とルールがあるため、フィクションによって「真実」が語られる場合もある。共同生成された「ナラティブ」を研究対象にして、その相互行為的なやりとりによる語られ方、物語の構成の仕方や意味づけ方、「語り」の変化のプロセスなどを問うことができるのである。(55)

このように「語り」による主体の脱構築を示唆するナラティブ・アプローチの能動性は、物語の個人的なものから社会への接続にも応用され、フェミニズムや貧困など、社会運動的な共同性においても注目されるようになった。問題的な状況に対するナラティブを得ることによって、自らを語り直そうとする強い主体、場合によって社会変革を目指そうとする主体が立ちあらわれるのである。(56)やがて社会運動論においても導入されることになるナラティブ・アプローチは「日韓連帯」においてどのようにトランスナショナルな公共圏を活性化させるのであろうか。それを戦後補償運動において親密圏と公共圏が交錯する場からみてみよう。

先述したように、日本で行われたアジア各国の戦時動員被害者の裁判所への訴えはことごとく退けられてきた。たとえば、一九九二年一二月、釜山地域の元日本軍「慰安婦」および元「女子勤労挺身隊」の被害者が、山口地裁下関支部に日本国の公式謝罪と賠償を求めて提訴した釜山朝鮮人従軍慰安婦・女子勤労挺身隊公式謝罪等請求訴訟（以下、「関釜裁判」）は、一九九八年四月の一審判決では一部勝訴を勝ち取ったものの、二〇〇三年三月に最高裁で原告の敗訴が確定した。

しかし、「関釜裁判」をはじめとする戦後補償裁判の意義を、裁判での勝ち負けだけで評価することはできない。戦後補償に向けた運動・実践は、戦後補償裁判のみによって実現するものではないからだ。戦後補償運動が公共圏における裁判をとおした世論の喚起と事実の認定によって突き動かされたことは間違いないが、援護措置の拡大や被告企業との和解、補償立法や行政措置による救済なども戦後補償運動の重要な成果である。

そして何よりも重要なことは、戦後補償裁判の過程で原告が新たな物語を獲得し、尊厳を回復したことであろう。およそ一二年にわたり「関釜裁判」を支えたのが「戦後責任を問う・関釜裁判を支援する会」(以下、「関釜裁判を支援する会」)であるが、同会は、来日する原告の裁判闘争の支援のほか、ニュースレター「関釜裁判ニュース」を発行し、講演会・学習会を開催した。また、裁判のたびに行う報告集会や街頭デモ、意見広告の掲載や国内外の現地調査および資料収集、各種交流会への参加、戦後補償の立法要求など、その活動は多岐にわたる。

こうした活動を展開した支援運動の金銭・人員・ネットワークなどに注目し、利用可能な資源の諸変数をどのように調達し、分配し、行使したのか分析することも可能であろう。一九九〇年代が、「戦後日本の戦争責任論」が「加害者性」に向きあうことでピークを迎えたことからすれば、それは冷戦の「終結」とともに始まる戦後補償運動の転換点としての政治的機会であった。しかし、日韓連帯としての「関釜裁判を支援する会」の意義は、社会運動における「資源運動論」をもって集合的に動員する資源や「政治的機会構造論」としての客観的条件にのみあるのではない。運動の主体(組織と活動家)と参加者、そして原告は何らかの社会的紐帯によって結ばれていて、それが一二年間の持続的な裁判支援活動を可能とする原動力となったに違いない。

また、「関釜裁判を支援する会」の活動は合理的行為主体として運動へ参加することの根拠を揺るがしてもいる。敗訴後も原告と支援者の関係は継続され、その活動は二〇年に及ぶからだ。「関釜裁判」は、そもそも勝訴することよりも、裁判の過程で実態として謝罪と賠償すべき現実が明らかにされることを期待して起こされたものであった。(57) これは弁護団の裁判戦略としてだけでなく、「関釜裁判を支援する会」の支援者は「裁判は負ける」と弁護士にいわれていた。(58) したがって、同会は、ただ裁判を支援すればいいということではなく、集合行動を方向づけるその先を見据えていた。ナラティブ・アプローチは、案外捉えどころがなく、想像力に富み前置きよりも先の水準で行われる説得や共有するビジョンに光を当てる。(59)

そういう意味で「日韓連帯」は、集合行動に導かれる主体の自律性とアイデンティティを重視し、日常生活にもとづいたネットワークによって満たされる「新しい社会運動」でもあった。また、集合行動は、自動的に運動の認識枠組みができるのではなく、問題の所在、集合行動の必要性と可能性を認識することによって発生する。「関釜裁判を支援する会」の場合、運動は成果を収めなかったとしても、「日韓の和解が可能ではないか」ということを「認知的解放」のスローガンにして共同性を醸成した。「フレーム分析」からすれば、こうしたフレームは、行動が必要でありそれを引き受けることが望ましいということをもって、集合行動を動機づけ正当化することを理解する方法であることは確かだ。(60)

しかし、「関釜裁判を支援する会」の文化的・象徴的な集合行動をかたちづくるのは、先述のディビスが注目した、集合行動をもたらすうえで必要な説明的なコミュニケーションとは異なる「情動」である。物語は知性だけではなく情動や想像力に、論理的な理性だけでなく道徳的で美学的な直感にも訴えかける。(61) これは「公共圏の物語」が知性にアピールし、「親密圏の物語」が情動に依拠するということではない。むしろ「活動家のこだわりや理念、しきたりや規範」がどのように「開かれた連帯」を保証するのか、親密圏と公共圏が交錯する地点にある「政治的な体験の形式・様式」に目を向けなければならないのだ。

「関釜裁判を支援する会」が共有した「日韓の和解が可能ではないか」というフレームは、裁判での正義をめぐる活動として日本政府に謝罪と賠償を求めるための「公共圏の物語」であった。しかし、同会の指導者によって語られ運動全体の方向を示す「語り」は、こうしたフレームを「集合的アイデンティティ」や「認知的解放」という共同性の醸成のために用いたわけではない。それは国家間の和解という空虚な「語り」ではなく、「被害者にとことん向き合い、被害者が何で傷ついて、何を求めて、何をしたいのか、あらゆる情報を集めて、自分で考えて整理して運動をつくっていく」ような、親密性としかいいようがない「政治的な体験の形式・様式」を築いていくのである(62)。

実際、戦後補償運動において、運動体の性格にもよるが、その問題の所在そのものよりも運動が政治目的化することは珍しくない。つまり、戦時動員被害者と運動団体との亀裂が発生することもしばしばあるのだ。それは戦後補償運動の前提となる「被害者中心主義」が「公共圏の物語」に包摂されたからにほかならない。こうした亀裂は運動の停滞も引き起こしかねないが、「公共圏の物語」がもたらす亀裂を「親密圏の物語」が縫合しうるのである。「関釜裁判を支援する会」は、被害者に寄り添いながら、「私達自身の生きざまを問いつつ、戦後責任を問うこの裁判を自分自身の問題として」取り組んだ(63)。その過程で築かれた「親密圏の物語」によって、「公共圏の物語」だけでは頓挫しかねない「関釜裁判」は継続された。

このように、「日韓連帯」における集合行動は「公共圏の物語」だけではなく、親密性に彩られた「活動家のこだわりや理念、しきたりや規範の特殊性」によっても方向づけられる。次節では、親密圏と公共圏が交錯する場として「政治的な体験の形式・様式」がどのように戦後補償運動を成り立たせているのか、「関釜裁判を支援する会」および「日本の戦後責任をハッキリさせる会」をとおして具体的にみてみよう。

5　資源から当事者へ——被害者に寄り添う「関釜裁判を支援する会」

「関釜裁判」の原告団を組織したのが、挺身隊問題対策釜山協議会（以下、釜山挺対協）の金文淑《キムムンスク》会長である。金文淑会長は、たまたま光州地域が中心となる別の裁判準備で訪韓中であった山本晴太弁護士に協力を依頼した。山本弁護士らは地元の「「従軍慰安婦」問題を考える会・福岡」に裁判支援を呼びかけた。同会は裁判にそなえて「関釜裁判を支援する会」の準備会を立ちあげ、一九九三年四月に原告らを迎えて結成集会を開いた。同会の公式活動は、二〇一三年九月に解散するまで二〇年続く。

先述したように、およそ一二年に及ぶ裁判を「関釜裁判を支援する会」が支えた。一九九八年四月の一審判決では、他の戦後補償裁判がことごとく原告の敗訴に終わるなか、はじめて一部勝訴を勝ちとった。元「慰安婦」に限られたものの、戦後の国の不作為を認める画期的な判決であった。ただ、二〇〇一年四月の広島高裁判決ではそれも取り消され、二〇〇三年三月に最高裁が上告を棄却することで敗訴が確定した。訴訟が終了しても、「関釜裁判を支援する会」は韓国で裁判を傍聴したり、元原告を見舞ったり葬儀に参列したりするなど交流を重ねた。(64)

ところで画期的な判決となった一審判決の場に金文淑会長の姿はなかった。「関釜裁判」の原告の多くは「女子勤労挺身隊」の戦時動員被害者であったが、「慰安婦」問題への関心が高まり、支援者も急増する。四人の原告で始まった「関釜裁判」は、その後、第二次・第三次提訴を経て一〇名の原告が日本国と争った。山本弁護士が原告代理人を務める別の裁判の原告らが所属する太平洋戦争犠牲者光州遺族会（以下、光州遺族会）のメンバーの梁錦徳《ヤンクムドク》も原告に加わった。三菱重工業名古屋航空機製作所に戦時動員された元「女子勤労挺身隊」の梁錦徳は、第四回口頭弁論での意見陳述で「日本人を全部殺したとしても恨が溶けることがないと思う」と迫力のある訴えを披瀝した(65)。

このように元「女子勤労挺身隊」の原告は裁判をとおして成長し、証人尋問過程でも原告の主張を裏づける重要な論点を提起した。とくにのちに合流した光州遺族会のメンバーの付添人として来日する李金珠《イグムジュ》会長が包容力のある人柄をもってリーダーシップを発揮するにつれて、金会長の立場も揺らぐことになる。金会長は自身の影響力を維持するため、原告たちの独自活動を牽制したが、「関釜裁判を支援する会」からすれば原告こそが集会で晴れ舞台に立つべき当事者であった。結局、金会長は一審判決の直前に運動内部の軋轢が表面化することで主導権を失い、その後は支援活動からも距離を置くことになる。梁錦徳は一九九九年に始まる名古屋三菱・朝鮮女子勤労挺身隊訴訟の原告にもなる。

元「女子勤労挺身隊」の原告は、自ら指導力を発揮できるリーダーシップを持ち合わせていた。裁判をとおして当事者として成長していったのである。ところが、こうした原告のエンパワーメントされた当事者性は、「運動の物語」を重視する側からすると好ましくなかった。「韓国挺身隊問題対策協議会」（以下、挺対協）、現「日本軍性奴隷制問題解決のための正義記憶連帯」（以下、正義連）は、組織が運動を主導することで日韓関係における問題を解決できると思っていたのだろう。つまり、戦後補償裁判において挺対協など運動組織が当事者であり、原告は運動の目標を実現するための「資源」でしかなかったのだ。

原告が「資源」でしかなかったのは、韓国で行われる各種集会や式典における原告の位置づけにも如実にあらわれる。「関釜裁判を支援する会」を率いた花房俊雄・恵美子夫妻は、日本で支援活動に取り組む一方、調査や裁判結果の報告のためたびたび韓国を訪れた。運動組織の代表らは、地元の議員を集めて華やかにイベントを開催するが、そこでの原告らの姿はみすぼらしかったと、花房夫妻は振り返る。[66] 会合で原告らは主役になれなかったのだ。

こうした原告と支援組織の軋轢は至る所で浮き彫りになった。記者会見などの場で原告のマイクを金文淑釜山挺対協会長や尹貞玉《ユンジョンオク》挺対協会長が奪いとるようにして、運動団体の方針を述べる場面も少なくなかったという。二〇二〇年五月に元日本軍「慰安婦」である人権運動家の李容洙《イヨンス》が「運動に利用された」として挺対協／正義連を痛烈に批判したのも、「慰安婦」問題への取り組みが「運動の物語」として営まれてきたことへの異議申し立てであった。このように「公共圏の物語」がもたらした亀裂は、運動の主体と被害者の乖離したコミュニケーションの現状をあらわにしたといえる。

戦後補償裁判において運動組織と原告らの亀裂を縫合したのが日本の支援団体であった。「関釜裁判を支援する会」は、裁判や立法活動などをとおしてドミナントな物語に対抗するオルタナティブな物語を打ち出していった。花房俊雄・花房美恵子の著書『関釜裁判がめざしたもの』もこうした「公共圏の物語」だといえる。しかし「関釜裁判」には、同著に書き記せなかった「親密圏の物語」がある。たとえば、元「女子勤労挺身隊」の朴小得《パクソドゥク》は、裁判で来日中に花房宅の台所で茶碗洗いをする途中、ふと「自分はセカンド」だと漏らしながら、戦後の境遇について語り出した。韓国では語ることのできない言葉であった。

梁錦徳も法廷や報告集会では力強く発言したが、花房宅での交流会で語った韓国での生活の苦しみを花房恵美子は「関釜裁判ニュース」につづっている。そして、こうした元「女子勤労挺身隊」らの物語が「日本の戦後責任」という言葉にずっしりと重みをもたらしたと記す[67]。梁錦徳が「裁判長様、どうぞ、私たちが死ぬ前に、お願いします」と血を吐くように語ると、裁判長は「後は、法律上の手続きに則ってやります。ご希望は、わかりました」と応答した。山本弁護士が「法的争いよりも、事実を明らかにする事、原告の体験を出発点にする事を主張し」たのも、親密圏と公共圏が交錯していると確信したからであろう[68]。

もっとも裁判では原告たちの動員される前と動員先での生活のみが重視され、原告が帰国後の苦難については長らく語ることはなかった。それは、公共圏では当事者による語り直しや修正の可能性は避けられるべきこととされるからである。しかし親密圏では当事者性が否定されることなく物語を語ることができる。韓国では語れないことが、日本では支援者に寄り添われることで語ることができた。ここでは、戦時動員の「歴史」だけでなく、自らの「過去」について語ることができる。「関釜裁判」で、支援者は「語りかけられる」ことのできる主体となって親密圏を構築し、山本弁護士は「親密圏の物語」を裁判の戦略として「公共圏の物語」につなげようとした。しかも、原告らが当事者として覚醒したことが裁判を闘い抜く原動力になったならば、親密圏は公共圏と分離した空間ではない。

それとは裏腹に、「関釜裁判」から親密圏を削除して「公共圏の物語」として再構成したのが、「関釜裁判」を題材にして製作された韓国映画『ハーストーリー』(二〇一八)である。『ハーストーリー』のポスターは、「日本をひっくり返した関釜裁判の実話 われわれは国家代表だった」と謳っている。「日韓連帯」を「国家代表」の物語にすり替えるこのキャッチフレーズが示すように、映画に「関釜裁判を支える会」の姿はほとんど描かれていない。同作を「公共圏の物語」にするため、裁判のために訪日した原告団は温泉旅館の宿泊を拒否され、裁判所には右翼団体が押しかけるという架空の場面が登場する。

花房恵美子は「関釜裁判」を振り返って次のように語る。「関釜裁判の肝は原告・被害者たちと支援者たちが共に闘っていく中で信頼を深め合い、共に成長していったことであり、とりわけ被害者ハルモニたちが日本政府代理人と対峙する中で自尊感情を高め、尊厳を回復していった過程です」[69]。ところが、同作では日本の支援者が原告との関係をとおして形成した親密圏は削除され、映画のクライマックスには、一審判決には立ち会っていない金文淑（映画ではムン・ジョンスク）会長が威風堂々と登場する。

原告のソ・ギスン（朴小得がモデル）と、彼女を挺身隊として送り出したことで自責の念から証言台に立つ担任教師のスギムラが法廷で抱擁する場面も、被告弁護人を窮地に追い込む証人審問、つまり裁判の行方を決定づける「公共圏の物語」を完成させるための舞台装置に過ぎなかった。スギムラのモデルである杉山とみは、実際は朴小得の四年生のときの担任であって、挺身隊に勧誘してはいない[70]。こうした劇的な効果のための脚色は映画につきものであるが、同作で最も感動的と思われるソ・ギスンとスギムラの法廷での抱擁シーンに、花房恵美子は「悲しくて、悔しくて、申し訳なくて」泣かずにはいられなかった[71]。

「関釜裁判」を「公共圏の物語」にしたのは、金文淑会長や『ハーストーリー』の製作者だけではない。もっとも女性活動家・人権運動家として、金文淑が「慰安婦」問題の解決に注いだ功績は尊重されるべきであろう。金文淑が私財を投じて設立した「民族と女性の歴史館」の資料を展示する特別展〈関釜裁判と終わらない Herstory〉（昌原大学校博物館、二〇二三年二月一五日—五月一九日）も「公共圏の物語」から逃れられていない。特別展では、『ハーストーリー』が実話として定着することを懸念し、ファクトを中心に構成をしたとされる。それが「関釜裁判」と金文淑の理解に役立つと思われたからである。実際、映画のストーリーと事実関係との違いについても特別展のパネルでは丁寧に説明がなされている。[72]

「民族と女性の歴史館」の膨大な記録には、被害者たちの傷ついた姿ではない、日本滞在中に楽しく歌ったり笑ったりする姿を映した写真もある。昌原大学校博物館のキム・ジュヨン学芸室長はそれを目の当たりにして驚きを隠せなかったという。メディアをとおして接した暗くて悲しむ姿こそが元「慰安婦」や元「女子勤労挺身隊」であると思っていたからだ。結局、日本滞在中の宴会の写真は展示しなかったと告白しつつ、次のように語る。「ある種の癒しの過程であり、当然そうあるべきであって何ら問題がないにもかかわらず、展示を準備した私自身が検閲をかけていたのだ」[73]。韓国社会には依然として、「親密圏の物語」よりも「公共圏の物語」を優先させる「公的な物語」が漂うのである。

6 「公共圏の物語」と「親密圏の物語」の衝突――「すすめる会」から「ハッキリ会」へ[74]

「慰安婦」運動がフェミニズム運動や他の歴史問題の分野と協働してきたのは確かだ。しかし、映画『ハーストーリー』をめぐって「関釜裁判を支援する会」が抗議したように、「女子勤労挺身隊」が日本軍「慰安婦」の後景に追いやられたのは、韓国の歴史認識問題における構造といえる「公的な物語」がまかり通っているからにほかならない。二〇二〇年六月一日、太平洋戦争犠牲者遺族会（以下、遺族会）が挺対協／正義連を非難する記者会見を開いたのも、日本軍「慰安婦」に関心が集まる「公的な物語」に対抗するためであった。遺族会は一九七二年に結成された、韓国でもっとも古い第二次世界大戦における戦時動員の被害者団体である。

「慰安婦」問題が一九九〇年代以降、被害への補償をめぐって政府間の協議の対象になっても、「徴用工」や「女子勤労挺身隊」の問題は韓国社会でも「日韓協定により解決済み」との認識によりあまり注目されることがなかった。もっとも、それまで遺族会などが強制動員被害者に対する補償や真相究明を求めても、民主化が喫緊の課題である韓国で、これらの運動に関心を寄せることはなかった。そうしたなかで遺族会の戦後補償裁判を支えたのが日本の「戦後責任をハッキリさせる会」（以下、「ハッキリ会」）である。[75]

一九九一年一二月に遺族会が主体となって、元日本軍の軍人・軍属および元日本軍「慰安婦」が日本国に賠償を求めたアジア太平洋戦争韓国人犠牲者補償請求訴訟は、東京地裁への提訴からおよそ一〇年後の二〇〇一年に一審判決が言い渡され、二〇〇四年に最高裁で原告の敗訴が確定した。およそ一五年にわたる裁判闘争を支えたのが「ハッキリ会」である。ところで、遺族会は、前年の一九九〇年にも個人訴訟を提起している。この公式陳謝・賠償請求訴訟に至る過程で協力したのが「日本国に朝鮮と朝鮮人に対する公式陳謝と賠償を求める裁判をすすめる会」（以下、「すすめる会」）である。

「すすめる会」の中心的な人物が、一九六九年に日本国籍確認訴訟を起こして敗訴し、一九七三年には法務省前で外国人登録証を焼き捨てるパフォーマンスを披露したことで知られる、在日朝鮮人の「孤高の活動家」宋斗会《ソンドゥフェ》である。宋斗会は一九七四年には樺太抑留朝鮮人帰還請求訴訟（却下）を起こし、一九九〇年代の「証言の時代」に入ると遺族会の公式陳謝・賠償請求訴訟（一九九〇年）や光州千人訴訟（一九九二年）、浮島丸事件訴訟（同）、朝鮮人ＢＣ級戦犯訴訟（一九九五年）、朝鮮人元日本兵シベリア抑留訴訟（一九九六年）など立てつづけに提起した。

これらの提訴は場当たり的にもみえるが、朝鮮人が戦後は外国人になったとして戦後補償から排除されたことの「不条理」を訴えるという一貫性が「証言の時代」を切り開く発火点になったことは評価するべきであろう。宋斗会がのちに「すすめる会」となる「朝鮮と朝鮮人に公式謝罪を百人委員会」を結成して、一九八九年に朝鮮と朝鮮人に対する日本政府の謝罪を求める意見広告を『朝日ジャーナル』に掲載すると、(76)当時事務局長を務めた青柳敦子らは同年一一月に訪韓して韓国の戦争被害者遺族に「公式陳謝と賠償を求める裁判」を呼びかけた。(77)携行した意見広告の韓国語訳が遺族会の目に止まり、両者の連携が始まることになる。

遺族会は世論を喚起するため一カ月間の全国徒歩大行進を展開するなど、問題解決に向けて積極的に活動し、一九九〇年八月には、青柳事務局長と小野誠之弁護士、田中宏愛知県立大教授（当時）らを迎え、「対日謝罪および賠償請求裁判に関する韓・日共同説明会」をソウルで開催した。こうして同年一〇月に原告のうち一〇人が来日し、東京地裁への提訴にこぎつけたのが公式陳謝・賠償請求訴訟である。ところが、これは原告代理人を立てない本人訴訟であった。

公式陳謝・賠償請求訴訟の訴状には「朝鮮人に多大の犠牲を強い、戦後放置してきたことを朝鮮人総体に対して公式に陳謝」を求めるとあるように、(78)同訴訟には日本政府の「不条理」を訴える宋斗会の意思が反映されていた。こうした訴訟のかたちは、実質的な成果を望む遺族会としては納得できるものではなかったのだろう。実際、提訴のため来日した遺族会が宋斗会に異議を唱えたところ、宋斗会は「これは私の裁判だ」といって大口論になったとされる。[79] 宋斗会にとって遺族会は自らの政治的目的を追求する運動の「資源」でしかなかったのだ。

こうして同訴訟は提訴後に早くも原告団と日本の支援団体が分裂する。遺族会は、一九九〇年の全国徒歩大行進を取材し、一〇月の東京での提訴記者会見にも取材のため駆けつけていたフリージャーナリストの臼杵敬子に協力を要請した。臼杵は周辺に呼びかけて、一九九〇年一二月に新たな支援団体となる「ハッキリ会」を結成した。[80] 以降、「ハッキリ会」は積極的に遺族会の訴訟を支えた。裁判の費用や原告の滞在費などを工面しただけでなく、関係省庁前でビラを撒き、また、「ハッキリ通信」を発行して運動の輪を広げた。

一九九一年四月に初の訪韓調査に乗り出した「ハッキリ会」は、それからも実態調査や弁護団の訪韓調査を重ね、遺族会との交流を深めた。このとき、提訴に向けて相談に応じたのが高木健一弁護士である。そして一九九一年八月に元日本軍「慰安婦」の金学順《キムハクスン》が実名で名乗り出ると元「慰安婦」らも原告に加わり、同年一二月にアジア太平洋戦争韓国人犠牲者補償請求訴訟を起こした。元日本軍「慰安婦」は急遽訴訟に便乗することになったが、元「慰安婦」が日本政府を提訴したはじめての訴訟ということがクローズアップされた。

同訴訟の日本側の支援活動が、「すすめる会」ではなく「ハッキリ会」によって営まれたのは、遺族会がたんなる運動の「資源」となることを拒み、運動の当事者として自ら語り出したことを意味する。日本の戦後補償における「不条理」を糾弾するため宋斗会が訴える「運動の物語」は、遺族会を制御し、抑圧する力となった。しかし遺族会には、ようやく語り出すことができた「関釜裁判」[81] の原告以上に、長い活動の経験をとおして当初から「運動の物語」を跳ね除ける力を兼ね備えていた。アジア太平洋戦争韓国人犠牲者補償請求訴訟も「公共圏の物語」が中心であることに変わりないが、原告らは「ハッキリ会」の支援のもと、「陳謝」ではなく実質的な「賠償」を求めて自らの物語を生成したのである。

ところで「ハッキリ会」は、アジア女性のための平和国民基金（以下、アジア女性基金）に事務局員を派遣した。アジア女性基金をめぐっては、「ハッキリ会」も「関釜裁判を支援する会」も「民間基金」方式の撤回を強く要求し、戦争被害者への「国家責任による個人補償」を訴えたが、やがて「ハッキリ会」は事務局員をアジア女性基金に派遣することを決める。こうした路線の変更は内部で激しい議論を巻き起こした(82)。裁判で敗訴してからはNPO法人「C2SEA 朋」を結成して、アジア女性基金のフォローアップ事業にも参加する。

臼杵敬子は、アジア女性基金を全面的に否定するのではなく、被害者の救済を重視したと当時の決定を振り返る(83)。韓国の挺対協や日本の多くの市民団体が求めた「公共圏の物語」よりも、原告に寄り添う「親密圏の物語」に耳を傾けたのだ。すなわち、「定義によって可能性を閉じてしまうような基準的な最終目標にしたがうことなく、多様な収束や分散を容認する開かれた集合」としての「開かれた連帯」を追求したといえる。「ハッキリ会」は遺族会会長からは「物心両面にわたってわが遺族に理解と協力を惜しま」なかったと評価された(84)。

7 「公共圏の物語」と「親密圏の物語」の乖離を超えて

二〇二三年三月六日、韓国政府は日韓の懸案になっているいわゆる「徴用工」問題の「解決策」を発表した。日韓をまたいで活躍する在日コリアンのジャーナリスト徐台教《ソデギョ》は、当日の日韓の外交当局や市民社会、経済界の動向をつぶさに追いながら、韓国政府の「解決策」がもたらす波及に注目した。徐台教は、原告の失われた人生と尊厳の回復とは程遠い韓国側の発表に戸惑いながらも、「関釜裁判」や名古屋三菱・朝鮮女子勤労挺身隊訴訟の原告であり、日本での敗訴確定後は韓国で三菱重工に損害賠償を求めて提訴した梁錦徳の「語り」を取り上げて、当日のドキュメントを締めくくった。

私はなぜ日本に行ったのかと心底悔しく、残念に思います。故郷で勉強を続けていたら、私は何になれたでしょうか。先生になりたい思いで日本に行ったために、ついに先生にはなれませんでした。(85)

徐台教が直前の二月に光州を訪れて直接聞いたというこの一節は、市民団体が糾弾する韓国政府の「反人権的・反国家的・反憲法的」な「解決策」の問題点に収まるものではない。二〇一八年一一月に勝訴を勝ち取った梁錦徳は、「日本政府や日本の被告企業を免責するものだ」と反発する市民団体の先頭に立ってきた。しかし「望むことは日本からの謝罪」だと訴える根底には、歴史問題をめぐる正義の追求ばかりではなく、教員になる夢を絶たれた人生への悔いもあるのではないか。徐台教は、個人の救済と国家間の親善が両立しうる「和解」への手がかりを、「公共圏の物語」と「親密圏の物語」に偏光する梁錦徳の「語り」が個別ではなく一体化している戦時動員被害者としての実存的意味に求めているのであろう。

韓国政府の「解決案」は、東アジアにおける帝国日本の記憶に対する感情、感覚、その他の情動的態度について大衆文化をとおして分析した『反日――東アジアにおける感情の政治』の著者であるレオ・チンの次の言葉を彷彿させる。「国民国家は、無条件な和解が創出される場として重要ではない。なぜなら、その基本的な運営が条件付きの交渉にあるからだ。それゆえに、反日、親日主義を乗り越えるためには、国家同士の関係に代わる協力関係を模索し、別の形の和解を創造しなくてはならない」[86]。そのためには「親密性を理論化する」(レオ・チン)ことが必要なのだ。

戦後補償裁判が日本と韓国で相対立する判決を下す「正義の分断」によって危機に陥った日韓の政治的公共性は、いわゆる「六五年体制」の克服に向けた市民社会の格闘に日韓両政府が呼応することでしか回復できない。未完の脱帝国化・脱植民地化・脱冷戦化の課題に向き合うには、過去の力の体系にもとづいた国家/安保主導ではなく、近年の被害者の人権侵害に対する救済を重視する国際人権法の進展に沿わなければならないからだ。

ところが個人の救済をないがしろにした国家間の利害関係のための「解決策」は、日本における戦後補償裁判において認定された数々の被害の実態や非人道的行為まで否定する政治家の発言にお墨付きを与え、一〇年以上にわたり日韓の市民社会が模索してきた対話の方向性を振り出しに戻した。日本政府が「韓国内部で解決する問題」と公言するのは、日韓の政治的公共性が日米韓擬似同盟関係(ヴィクター・チャ)の再生を謀る新帝国主義の論理に取り込まれたことを意味する。

だからといって韓国側の「解決案」を「反人権的・反国家的・反憲法的」であると糾弾するだけでは、それも「正義の分断」を強固にしかねない。日韓の政治的公共性の土壌で「六五年体制」を乗り越える対抗的な公共圏を打ち立てるのであれば、梁錦徳の「語り」を「公共圏の物語」としてだけでなく、「親密圏の物語」としても受け止めていかなければならない。徐台教が梁錦徳の「親密圏の物語」を召喚したのもそのためであろう。

一九九〇年代以降の代表的な戦後補償裁判をめぐる「日韓連帯」をとおして確認したように、そこにはさまざまな実践のなかで語られた「公共圏の物語」と「親密圏の物語」があり、その連続性は親密性が構築した「政治的な体験の形式・様式」によって支えられていることがみえてきた。本章では一九九〇年代以降の戦後補償運動をとおして、「日韓連帯」を社会運動として考察するにあたり有効と思われるナラティブ・アプローチの意義を示した。これは、その対象を一九七〇―八〇年代から冷戦解体以後の二つの時期をまたぐようにして展開した戦後補償運動など、数多く存在する「日韓連帯」のさまざまな体験に拡大することでいっそう明確になる。

こうして東アジアにおける脱植民地化・脱帝国化・脱冷戦化の課題を総体的に把握することによって、「日韓連帯」が示す諸形態と諸局面の連続と断絶を捉えることができる。それをとおして、「親密圏が公共圏を支える」ことで成り立つ越境的な市民社会のネットワークの何が、どのように継承されたり阻まれたりしているのか、その歴史的・政治的・社会的な意義をつかむことができるだろう。

註

（1）李美淑『「日韓連帯運動」の時代――一九七〇～八〇年代のトランスナショナルな公共圏とメディア』東京大学出版会、二〇一八年。

（2）玄武岩「なぜ今「日韓連帯」なのか」玄武岩・金敬黙『新たな時代の〈日韓連帯〉市民運動』寿郎社、

二〇二一年、五頁。
（3）玄武岩「被害と加害を再編する結節点としての「戦後50年」――国境を越えてゆく戦後補償の運動と言説」蘭信三ほか編『シリーズ戦争と社会 第4巻 言説・表象の磁場』岩波書店、二〇二二年、一八三頁。
（4）玄武岩『〈ポスト帝国〉の東アジア――言説・表象・記憶』青土社、二〇二二年、三〇八頁。
（5）富永京子『社会運動と若者――日常と出来事を往還する政治』ナカニシヤ出版、二〇一七年、五頁。
（6）陳光興『脱 帝国――方法としてのアジア』以文社、二〇一一年、四八頁。
（7）陳光興前掲書『脱 帝国』、二二頁。
（8）〈ポスト帝国〉は、東アジアの歴史的・政治的・地理的特性を視野に入れ、帝国として歩みだした近現代日本の連続に注目し、植民地帝国としての「宗主国」の場所から東アジアを問いなおす方法的視座をもって脱帝国化・脱植民地化・脱冷戦化の課題に向き合い、帝国日本の版図にあった旧支配国と被支配国が「新たな関係性」を発見する道筋を模索するための概念である。玄武岩前掲書『〈ポスト帝国〉の東アジア』を参照。
（9）陳光興前掲書『脱 帝国』、三六頁。
（10）富永京子前掲書『社会運動と若者』、一五頁。
（11）富永京子前掲書『社会運動と若者』、二七―二八頁。
（12）富永京子前掲書『社会運動と若者』、三二―三三頁。
（13）富永京子『社会運動のサブカルチャー化――G8サミット抗議行動の経験分析』せりか書房、二〇一六年、二七―二九頁。後に富永は「若者の社会運動」に注目して、「日常」と「出来事」を往還する政治を「社会運動サブカルチャー」として概念化している。富永京子前掲書『社会運動と若者』、七頁。
（14）富永京子前掲書『社会運動のサブカルチャー化』、二八頁。
（15）西城戸誠『抗いの条件――社会運動の文化的アプローチ』人文書院、二〇〇八年、四三頁。
（16）西城戸誠前掲書『抗いの条件』、四二頁。
（17）Joseph E. Davis, "Narrative and Social Movements: The Power of Stories" in Joseph E. Davis (eds), *Stories of change: narrative and social movements*, State University of NY Press, 2002, p.8.

(18)西城戸誠前掲書『抗いの条件』、四四頁。
(19)富永京子前掲書『社会運動と若者』、九頁。
(20)やまだようこ『ナラティヴ研究――語りの共同生成』新曜社、二〇二一年、一六七頁。
(21)大野光明・小杉亮子・松井隆志「越境と連帯の運動史――日本の「戦後」をとらえかえす」大野光明・小杉亮子・松井隆志編『社会運動史研究4 越境と連帯』新曜社、二〇二二年、一三頁。
(22)富永京子前掲書『社会運動のサブカルチャー化』、二九頁。
(23)全ウンフィ「地続きの朝鮮に出会う――ウトロ地区と向き合った東京府南部地域の市民運動の軌跡」大野光明・小杉亮子・松井隆志編前掲書『社会運動史研究4 越境と連帯』、一〇五―一〇六頁。
(24)全ウンフィ「「朝鮮」はいかにして「私たちの問題」となったか――一九七〇年代後半以後の宇治市における日本人支援者の形成」『都市文化研究』Vol.20、二〇一八年、五六頁。
(25)田村哲樹「親密圏における熟議／対話の可能性」田村哲樹ほか編『政治の発見5 語る――熟議／対話の政治学』風行社、二〇一〇年、四七頁。
(26)齋藤純一『公共性』岩波書店、二〇〇〇年、一〇四頁。
(27)ジュディス・バトラー(竹村和子訳)『ジェンダー・トラブル――フェミニズムとアイデンティティの攪乱』青土社、一九九九年、四四頁。
(28)野口裕二『ナラティヴと共同性――自助グループ・当事者研究・オープンダイアローグ』青土社、二〇一八年、七八頁。
(29)関釜裁判を支援する会「映画『허스토리』(ハーストーリー)の製作者に抗議する!」二〇一八年九月一四日。http://kanpusaiban.bit.ph/PDF/20181002ja.pdf.
(30)齋藤純一前掲書『公共性』、九八頁。
(31)齋藤純一『政治と複数性――民主的な公共性にむけて』岩波書店、二〇〇八年、二〇四頁。
(32)齋藤純一前掲書『政治と複数性』、二〇四―二〇五頁。
(33)齋藤純一前掲書『政治と複数性』、一九六頁。

（34）齋藤純一前掲書『公共性』、九二―九五頁。
（35）Joseph E. Davis, "Narrative and Social Movements", pp.4-5.
（36）Ibid., pp.8-9.
（37）Ibid., p.9.
（38）Ibid., p.19.
（39）Ibid., p.24.
（40）Ibid. pp.26.
（41）スチュアート・ホール「誰がアイデンティティを必要とするのか？」スチュアート・ホール／ポール・ドゥ・ゲイ編（宇波彰監訳）『カルチュラル・アイデンティティの諸問題――誰がアイデンティティを必要とするのか？』大村書店、二〇〇一年、一五頁。
（42）M・マルティネス／M・シェッフェル（林捷・末長豊・生野芳徳訳）『物語の森へ――物語理論入門』法政大学出版局、二〇〇六年。
（43）文化人類学者の松田素二がいうように、首尾一貫しない個人的思いや感情の表出が認められない一方で、事件の責任については、徹底して個人に帰属されるという構造が、社会的癒しの能力を欠く法廷空間にはある松田素二「過去の傷はいかにして癒やされるか――被害を物語る力の可能性」棚瀬孝雄編『市民社会と責任』有斐閣、二〇〇七年、一一七―一一八頁。
（44）野口裕二前掲書『ナラティヴと共同性』、六五―六七頁。
（45）野口裕二前掲書『ナラティヴと共同性』、三七頁。
（46）Robert D. Benford, "Controling narratives and narratives as control within social movement", in Joseph E. Davis (eds), *Stories of change: narrative and social movements*, State University of NY Press, 2002, p.54.
（47）Ibid.
（48）Ibid.
（49）Joseph E. Davis, "Narrative and Social Movements", p.5.

(50) Ibid., pp.22-23.
(51) Ibid.
(52) 野口裕二前掲書『ナラティヴと共同性』、一二四頁。
(53) 野口裕二前掲書『ナラティヴと共同性』、八〇頁。
(54) やまだようこ前掲書『ナラティヴ研究』、一六七頁。
(55) やまだようこ前掲書『ナラティヴ研究』、一六五頁。
(56) 崎山治男「語りへの包摂・語りへの排除――ナラティブと心理主義化」『立命館産業社会論集』第五四巻第一号、二〇一六年、七八頁。
(57) 「関釜裁判ニュース」三号、一九九三年九月三〇日、八―九頁。
(58) 花房俊雄・花房恵美子前掲「日韓のナショナリズムによる負のスパイラルを超えるために」、二〇九頁。
(59) Joseph E. Davis, "Narrative and Social Movements", p.24.
(60) Ibid., p.7.
(61) Ibid., p.19.
(62) 花房俊雄・花房恵美子前掲「日韓のナショナリズムによる負のスパイラルを超えるために」、二〇九頁。
(63) 「関釜裁判ニュース」第一号、一九九三年四月三〇日、二頁。
(64) 玄武岩『〈ポスト帝国〉の東アジア――言説・表象・記憶』青土社、二〇二二年、一六六頁。
(65) 「関釜裁判ニュース」第六号、一九九四年六月二五日、一頁。
(66) 花房俊雄・恵美子夫妻へのインタビュー、二〇二一年六月二七日(札幌)。
(67) 「関釜裁判ニュース」第六号、一九九四年六月二五日、三頁。
(68) 「関釜裁判ニュース」第六号、一九九四年六月二五日、二頁。
(69) 花房俊雄・花房恵美子前掲「日韓のナショナリズムによる負のスパイラルを超えるために」、二一七頁。
(70) 朝鮮の大邱で成長して教師となった杉山とみは敗戦後引き揚げて、一九七六年に韓国の元教え子らに迎えられて以来、毎年のように訪韓して日韓交流に務めた。元教え子の朴小得が原告となる「関釜裁判」に何度も駆けつけ、証人としても出廷し皇民化教育の実態について証言している。中野晃『植民地朝鮮に生きて――百歳の元教師からの伝言』工房草土社、二〇二一年。

(71) 花房俊雄・花房恵美子前掲「日韓のナショナリズムによる負のスパイラルを超えるために」、二一七頁。

(72) 筆者は二〇二三年四月一二日に特別展を観覧した。

(73) キム・ジュヨン「〈関釜裁判と終わらない Herstory〉展示、このように生まれた」『キョル 日本軍〝慰安婦〟問題研究所ウェブマガジン』二〇二三年二月二七日(韓国文)。https://kyeol.kr/ko/node/502

(74) 本節は、玄武岩前掲「被害と加害を再編する結節点としての「戦後50年」」で取り上げた事例を、本章のテーマに合わせて再構成したものである。

(75)「ハッキリニュース」第五七号、一九九七年一二月一〇日、六頁。

(76)『朝日ジャーナル』一九八九年六月二日、一〇五頁。

(77) 宋斗会『満州国遺民――ある在日朝鮮人の呟き』風媒社、二〇〇三年、三三四頁。

(78)「公式陳謝・賠償請求訴訟」東京地裁、一九九〇年一〇月二八日。「法律事務所の資料棚(アーカイブ)」http://justice.skr.jp

(79) 臼杵敬子氏へのインタビュー、二〇二一年一一月一〇日(札幌)。

(80)「ハッキリニュース」第五七号、一九九七年一二月一〇日、八頁。

(81) 一九七二年に発足した遺族会前身の太平洋戦争遺族会は、一九七一年に成立した「対日民間請求権申告に関する法律」により死亡した軍人・軍属および労務者に限って直系遺族(八五五二人)を対象に慰労金を支給し、金額も当時わずか三〇万ウォン(一九万円)にすぎなかったことに憤慨した。日本領事館への抗議もはばまれるなど、軍事政権下で活動が制約された遺族会は、民主化後に組織を立てなおし、一九八八年六月に現在の名称で再発足した。

(82)「ハッキリニュース」第四三号、一九九五年九月一二日。

(83) 臼杵敬子氏へのインタビュー、二〇二一年二月四日(電話)。

(84)「ハッキリニュース」第五七号、一九九七年一二月一〇日、六頁。

（85）徐台教「〝二度奪われた人生〟と〝イバラの道〟…日韓関係、激動の三月六日の先に待つもの」二〇二三年三月七日。https://news.yahoo.co.jp/byline/seodaegyo/20230307-00340039

（86）レオ・チン（倉橋耕平監訳）『反日――東アジアにおける感情の政治』人文書院、二〇二一年、二二六頁。

第一部　親密圏としての戦後補償運動

第一章　親密圏からみるアジア太平洋戦争韓国人犠牲者補償請求訴訟の展開と市民運動

「日本の戦後責任をハッキリさせる会」の活動に着目して

金　誠

はじめに

沈黙を強いられる人々はいる。ある時空間の政治的・社会的抑圧のなかで、なんとか自身の生活圏を保持し、生きていかねばならなかった人々は確かに存在している。時代が移り変わるなか、沈黙を守り続けて静かに生を全うした人々も多くいるだろう。

かつて帝国日本による朝鮮半島の植民地支配は三五年に及んだ。その間、多くの朝鮮人ディアスポラが生み出され、彼らは満洲へと、ソ連へと、日本へと、アメリカへと向かった。帝国日本による朝鮮の植民地支配が起因となったことは疑いようもないが、彼らが祖国を離れる理由は様々であった。本章の主題である戦後補償問題に深く関わる朝鮮人らが「生」の尊厳に関わる被害を被ったのは帝国日本の戦争が加速していく最中であった。一九三七年に日中戦争が始まると朝鮮半島は銃後の役割を担わされ、さらにアジア太平洋戦争へと戦争は拡大し、朝鮮人は戦時の人的資源として戦時体制に組み込まれていった。彼らは帝国日本への戦争協力を余儀なくされた。志願兵として、軍人・軍属として、軍慰安婦として、徴用工や工場労働者として。植民地下の朝鮮人が従事した戦時の行為は権力主体の下で行わざるをえない一蓮托生の行為であったとしても、解放後、それらは帝国日本への戦争「協力」行為であると見なされ、アジア太平洋戦争終結後の彼らの苦しみに拍車をかけることになった。彼らや彼らの遺族たちは沈黙せざるをえない存在となるのである。犠牲者、被害者であるにもかかわらず、加害者でもあるというアンビバレントな存在として、その後の人生を生きねばならなかった彼らの身体的苦痛と精神的苦痛、その「生」の悲惨さを我々は如何に共有することができるのか。

人的資源として動員された朝鮮人らは、「日本人」としてのアイデンティティを植え付けられていった。もちろん同化そのものを果たしえたかどうかは疑問の余地が残る。しかし、日本の文化を、強制的であれ、日常的に「学ぶ」ことにより、彼らのなかに朝鮮民族の文化的アイデンティティに上書きされる帝国日本の文化的アイデンティティが折り重なったことは事実であろう。植民地主義の罪は現地の政治的・経済的な搾取に止まらず、人々の生活や命を差し出すことまでもを要求し、かつ動員された朝鮮人のアイデンティティの揺らぎを作り出したことにも着目せねばならない。戦争が終わり、朝鮮が解放されたにもかかわらず、彼らの身体と精神に刻まれた帝国日本の記憶は、払拭しようとしても、その記憶とともに拭い去ることのできないアイデンティティの揺らぎを生み出したのである。これは植民地を生きた人々の「生」の根幹を揺るがした重大な罪だと考えて良いだろう。なぜなら、帝国日本の崩壊後もこうしたアイデンティティの揺らぎこそが、沈黙を強いる政治的・社会的強制力を甘受する意識形成につながったからである。被害者でありながら、複層的なアイデンティティの桎梏から逃れられず、それらが彼らの人生に重くのしかかり続けた。ゆえに彼らの「生」を語りうる方法こそが見出されるべき課題であり、彼らの「生」を学び直すことにこそ、その可能性を見出すことができるであろう。

本稿ではこうした帝国日本の戦後責任の問題をアジア太平洋戦争韓国人犠牲者補償請求訴訟の展開とそれに関わった市民団体に着目し、考察するものである。日本の市民団体である「日本の戦後責任をハッキリさせる会」と韓国の被害当事者らで構成された「太平洋戦争犠牲者遺族会」との協働が如何なるものであったのか、彼らの関係を親密圏から捉えなおしてみる。ここで言う親密圏は、齋藤にならえば、「具体的な他者の生／生命への配慮・関心によって形成・維持される」[1]ものであり、社会で否定されるかも知れない、あるいは社会が否定しようとするものに社会的な承認を与え、「生」の存続を可能にするものと規定される。ゆえに本稿では日韓連帯の可能性を戦後補償裁判に関わった市民団体と被害当事者団体との関係に見出し、彼らの親密圏がどのように形成され、またそれがどのように維持されたのか、さらにはその親密圏に現われた若干の問題についても触れてみたい。

1 告発―アジア太平洋戦争韓国人犠牲者補償請求訴訟の始まり

一九九一年一二月六日、韓国の太平洋戦争犠牲者遺族会（以下、韓国遺族会[2]）を中心とする原告三五名（のちに四〇名）は、戦時に受けた被害に対する損害賠償を求めて東京地方裁判所に提訴した。この裁判の原告団のなかには同年八月に自身が元日本軍慰安婦（以下、慰安婦被害者）であったことを告白していた金学順がおり、その他にも二名の慰安婦被害者が含まれていた。そのためこの裁判は慰安婦被害者が初めて起こした戦後補償裁判としても注目されるものとなった。(3)

まず確認しなければならない点は、この裁判を含む一九九〇年代の戦後補償裁判がいわゆる東京裁判において欠落していたものを多くの日本国民に気づかせたことであろう。東京裁判においては「朝鮮、台湾の植民地支配が審理から外されたため、植民地における日本の犯罪は取り上げられて(4)」おらず、また「朝鮮人の強制動員は東京裁判でもBC級裁判でも全く取り上げられていない(5)」状態だったのであり、一部の知識人や市民運動家たちが日本の戦争責任に対して自己反省を迫ってはいたものの、旧植民地住民からの訴訟裁判に到るまではアジアの人々に対する日本の戦後責任は等閑にされていたのである。それは冷戦期におけるアメリカのアジア戦略のなかでアジアのパワーバランスを保つために日本のプレゼンスが相対的に向上するとともに、アジア諸国が日本の戦争責任を追求しない方向へと舵を切っていたことに起因する。すなわち帝国日本の崩壊後、アメリカが志向する秩序形成力とそれに相反する力の拮抗がアジアにおいて現れ、その対立の渦中にあるアメリカの意図の下で日本のアジア諸国への戦後補償はうやむやにされていったのである。そうなるとアジア諸国と日本との国家間において優先されるべき課題は、帝国日本の戦争責任を追求し、日本の戦後責任を果たすことにおかれず、冷戦期におけるそれぞれの国の安全保障と経済発展へと傾倒していき、帝国日本の犯罪は免罪符的に見過ごされることになったのである。

このことは日韓関係においても明白であった。一九六五年六月に日本と韓国との間で締結された日韓基本条約と日韓請求権協定は、やはり上記の問題を孕んでいた。すなわち「これらの条約および諸協定に特徴的なことは、第一に、日韓会談の議題が日本の植民地支配にかかわる問題であったにもかかわらず、それらの問題の背後にある過去を語らないということ」[6]になっていたのである。被害と加害の状況を曖昧なままにして植民地支配の問題を棚上げにし、日本と韓国の国家間での契約が被害当事者抜きに進められたのである。このいわゆる「一九六五年体制」[7]という分厚い壁が、日本の戦争に巻き込まれ、被害を受けた韓国人犠牲者ら（遺族を含む）の前に大きく立ちはだかることになっていく。

一九九一年に始まった戦後補償裁判の訴状には、請求の理由として、これまで抜け落ちてきた帝国日本の戦争責任と日本の戦後責任を明らかにしようとするものになっている。まず初めに帝国日本による朝鮮の植民地支配の歴史が記述され、さらに原告らが「軍人」、「軍属」、「軍隊慰安婦」、「徴用工」として帝国日本の戦争に従事せざるをえなかった状況、原告個々の戦時中の被害経験が記述されている。[8]

この裁判の原告側弁護士であった高木健一は帝国日本が朝鮮半島に暮らす民間人としての朝鮮の人々の被害を訴えるための法理の基礎に「人道に対する罪」（＝人間性に対する犯罪）を置くことによって、国内法で裁くことができない国家の犯した罪を裁こうとした。この訴状において帝国日本の罪を「人道に対する罪」とする訴えの一部を抜粋してみる。そこでは、帝国日本は朝鮮の人々を「戦時体制の遂行のために、大量の若者を強制連行して労働力となし、軍人・軍属としても強制し、果ては軍隊慰安婦として若い女性を日本軍の性的処理の道具とすることによって「種」の断絶まで期した。これは明らかに、民族抹殺政策を採ったと言えるものである。朝鮮の人々は、朝鮮の人々であるというだけでこのような迫害を受けたのである」[9]とされている。

「朝鮮の人々は、朝鮮の人々であるというだけでこのような迫害を受けた」とする訴状の記述内容は何も植民地期や訴状が書かれた一九九〇年代だけに当てはまるものではないだろう。現代においてもこうした意識に裏打ちされる差別的な言動が日本で暮らす在日コリアンへのヘイトスピーチに容易に転化していることが見受けられるからである。そのように見れば、この裁判は戦後日本社会が胚胎する問題の核心をつくものであったと言っても過言ではない。なぜ日本社会にはアジアの人々を蔑視し、他者を受け入れることができない価値観が蔓延っているのか、このことは日本人に対し、過去からの問いかけとして現在も未来も常にあり続けるだろう。戦争の記憶、帝国日本の加害意識が薄まっていく社会において、この裁判が訴えたことを反芻することの意義は大きい。

高木弁護士は裁判の係争中に本裁判について講演した際に、次のようにも語っている。「日本国民全体としてアジアに対しては加害者側であったことは確かなわけですから、自分達は加害者であるという認識が必要なわけです。ですから、道徳的な意味で謝罪し、償わなければならない。償いは補償です」(10)

戦後補償において加害国側の加害意識は重要であり、かつ被害を受けた人々のことをどのように慮ることができるのかという共感も大切な要素となる。多くの国民の理解、すなわち民意が国家の諸機関へ影響を与え、ようやく償いへとつながっていくからである。

この戦後補償裁判で求められた戦後責任は、戦争による被害の回復責任、すなわち原状回復責任であった。ゆえにその償いには物と人の原状回復と金銭的補償が要求されることになった。ここにはサンフランシスコ講和条約によって国籍を剥奪され、不公平な状態に置かれていた原告らの立場の理解が必要となる。日本国内においては一九五二年に戦傷病者戦没者遺族等援護法、さらに一九五三年に復活した軍人恩給による国家補償の制度が運用され始めたものの、その対象は日本国籍を有するものに限定され、朝鮮人軍人・軍属らは日本国籍の剥奪とともにその援護法の枠外に置かれたため一切の補償がなされていない状態だったのである。ゆえに訴状では「被告国（日本）は、戦後、自らの責任を誠意を持って履行せず、原告らの被害を放置してきたのは新たな権利侵害というべき「不正義」であった」[11]と日本の戦後責任についても言及されている。また帝国日本よる植民地支配を受けていた朝鮮の人々の置かれていた状況を考えると「これら原告らが被った生命・身体の自由に関する損失は、日本民族たる「国民」が受忍しなければならない損失とは、異質の特別の犠牲なのである」[12]とされ、幾重にも重なっている被害者らの被害状況について受忍論で収束を図ることはできないものであることを明言していた。

原告らのこうした被害状況のなかでも、日韓両社会において目を見張る出来事だったのが、女性の人権を蹂躙した慰安婦被害であった。先にこの戦後補償裁判は慰安婦被害者の人たちが起こした最初の裁判だと述べた。この裁判が始まる三ヶ月前に自身が日本軍の慰安婦被害者であったことを告白した金学順も原告に加わっていたため、この裁判はメディアも含めて慰安婦被害者に焦点が当てられるようになっていったのである。例えば訴訟を起こした当日の朝日新聞の夕刊には「韓国の元従軍慰安婦ら日本政府に訴え「人道への罪」問う」という見出しの記事が掲載され、記事中にも金学順の名が記され、慰安婦被害の実態について簡潔な説明が付されている[13]。

この時の訴訟に関して上野千鶴子は次のように語る。

一九九一年に金学順さんをはじめとした三人の韓国女性が、強制性労働の被害者として初めて名乗りをあげたとき、それが与えたショックは二重だった。ひとつは生きて地獄を経験するような経験のすさまじさに対して。もうひとつは半世紀にわたる強いられた沈黙に対して。トラウマ(外傷)的な経験はさらにスティグマ(烙印)化されて二重に彼女たちを抑圧し、沈黙を強いた。[14]

慰安婦被害者たちの経験のすさまじさはその悲惨さゆえに語ることができない。ここで上野の指摘するもう一つのショックである「半世紀にわたる強いられた沈黙」とは、韓国社会の家父長制における女性の抑圧された存在のあり方を指しており、さらには性被害のみならず、朝鮮の解放後における「親日派」というスティグマも同時に沈黙を強制する力として被害者らを抑圧してきたのであった。この裁判は、こうした折り重なる力の前に慰安婦被害者らが戦時のトラウマ的経験だけでなく、アジア太平洋戦争後の社会においても、どれだけの苦しみを背負わねばならなかったのかを日本人、韓国人ともに窺い知るきっかけにもなった。

このように慰安婦被害者らの経験と立場があまりにも悲惨であったがゆえに、この裁判での提訴は日韓両社会において慰安婦被害者を中心にセンセーショナルに受け止められることになった。そのためこの原告団の多くが元軍人・軍属、あるいはその家族や遺族、徴用工の人たちであったにも関わらず、彼らの存在を見えにくくしてしまったことも事実であった。

一九九一年に始まったこの裁判は先にも述べたように等閑にしてきた日本の戦後責任の流れに楔を打ち込む役割を果たした。しかし、この裁判についての日本側の見解は、被害者らに対して同情は禁じ得ないものの「一九六五年の日韓基本条約と関連協定で完全かつ最終的に解決済みだ」という、その後繰り返される「一九六五年体制」を盾にした紋切り型の回答が繰り返されるばかりであった。

2　共闘――支援活動と親密圏の形成

臼杵敬子を中心とする「日本の戦後責任をハッキリさせる会」（ハッキリ会）が結成されたのは上記

で見てきた韓国遺族会の訴訟を支援すると同時に日本の戦後責任を追求するためであった。まずは結成までの経緯を確認し、遺族会の人々との親密圏がどのように形成されたのかをみてみよう。

ハッキリ会の組織と親密圏

一九九〇年六月に韓国遺族会の人々は釜山の日本領事館前からソウルの日本大使館前まで「日本戦後処理促求」のスローガンを掲げて、約五〇〇㎞の道のりを行進する「戦犯者日本の戦後処理を促す大行進」を実施した。この行進は日本の戦後処理・戦後補償の不作為に対して抗議するものであり、戦時動員で犠牲となった人々の苦しみが続いていることを示すためのものだった。六月一五日から七月一四日の一ヶ月間に渡って実施されたこのデモ行進には、アジア太平洋戦争において軍人・軍属あるいは労働者として徴用され、戦地や日本に送られて犠牲となった人々や、その遺族らおよそ五〇〇〇人が参加していた。当時フリージャーナリストであった臼杵敬子はこのデモ行進を取材し、日本が旧植民地の人々に対して戦後責任を果たしていない事実を知る(15)。

大行進から三ヶ月後の一九九〇年一〇月二九日、韓国遺族会のなかから代表者の原告二二名が東京地方裁判所へ日本政府の「陳謝と補償」を求める訴訟を起こした（韓国太平洋戦争遺族会国家賠償請求訴訟）。韓国遺族会はこの提訴ののちに「日本の戦後処理追及のための声明書」を出し、日本政府に対し以下の問題の解決を求めていた。

一、犠牲当事者たちに対する心からの謝罪
一、七五〇〇人以上を強制連行した朝鮮人「軍人・軍属・徴用者・挺身隊」名簿を公開し、その生死確認を公表し、戸籍整理できるようにすること。
一、東南アジアや南太平洋諸島などに放置されたままの朝鮮人犠牲者たちの遺骨を発掘し、祖国送還し、その遺族を慰労すること。
一、遺家族及び参戦犠牲者「軍人・軍属・徴用者・挺身隊」たちに対し、国際慣例に基づく賠償をすること。(16)

謝罪と朝鮮人犠牲者の生死確認、遺骨返還、賠償、これらを韓国遺族会の人々は戦後補償として要求した。しかし、この年に始まった裁判は本人訴訟であったため、なかなか進捗しない状況が続き、本格的な裁判とはなりえなかった。そのため弁護士を選んで代理人を通じた訴訟を再度行わねばならなかったのである。韓国遺族会が臨む本格的な裁判に協力するため、臼杵は一九九〇年一二月一〇日にハッキリ会を組織する。ハッキリ会は日本のアジア太平洋戦争の戦争責任が十分に果たされておらず、そのことが新たな戦後責任を生じさせているという立場から、①韓国の「太平洋戦争犠牲者遺族会」の対日訴訟などの行動を支援する。そのために裁判支援金を設ける。②アジア・太平洋戦争下での、韓国・朝鮮人の軍人・軍属、強制連行による徴用者の名簿調査を「遺族会」(17)と連携して行う。③日本政府に対し、名簿の完全収集とその公開をあらゆる手だてを用いて求めていく、ことを活動方針とし、韓国遺族会と協働して戦後補償裁判に取り組むことにした。

翌年、四月二四日から二八日まで、ハッキリ会は第一次訪韓実態調査を行った。その目的は裁判のための基礎的データの収集であった。韓国遺族会の人たちへ聞き取りを行うなかで「日本に対する謝罪や補償の要求もさることながら、まずその前に、徴用された父や夫や兄弟らの消息、生死を明らかにしてほしい、もし死んでいるとしたら遺骨を収集し、家族のもとに返してほしい[18]」と訴える声を多く聞くこととなった。ハッキリ会の代表者たちはソウル、光州、全州へと移動し、聞き取り調査を進めたが、ハッキリ会が韓国遺族会に協力する姿勢であったとしても、当初、全ての韓国遺族会の人々が日本の市民団体を容易に信頼したわけではなかった。光州では、「市民団体なんて頼りにならん」という声や、「日本人はうそつきだ。これからは絶対うそはつかんでもらいたい」、「日本人は泥棒である」といった不信や怨嗟の言葉がハッキリ会に投げつけられることもあったという[19]。

ただその後の討論会などでハッキリ会の面々も自らの経験や考えを集まっていた韓国遺族会の人々に率直にぶつけることになった。ハッキリ会の一人は「日本でも韓国民の多くが、日韓条約に反対していたことは知っている。しかし当時は国民同士が、共に闘うことができなかった。いまこそ、市民が手を取り合うべきだ[20]」と述べると韓国遺族会の人々が拍手をし、共感を得ることになった。

また臼杵は韓国遺族会の人々を前に、

いま、遺族会は謝罪と補償を求めて新たな裁判を起こそうとしているが、もともと、裁判の背後にある韓国民の日本に対する「恨」は一片の法律で片がつく問題ではない、裁判も長期にわたるし、結果が原告の勝利に終わる保証もない、裁判に過大な期待をかけないほうがよい、裁判とは別に議員立法による補償など幅広い活動を行うことが大切だ、裁判は、みんなの要求を訴えるワン・オブ・ゼムと考えたほうがよい[21]

と述べたという。この言葉は理想主義のみに走らず、あくまで現実的な路線を取る臼杵の戦後補償裁判に臨む姿勢を表してもいる。筆者のインタビュー調査においても臼杵は「(被害者に対して) オール・オア・ナッシングではいけない」と何度も話していたが、被害当事者らの補償がいかになされるべきかを一つの方法でのみ捉えるのではなく、多方向から柔軟に対応しようとしていたことがうかがえる。これはのちの「女性のためのアジア平和国民基金」(以下、アジア女性基金) への参加にも影響しているように思われる。ともあれ、こうした意見のやり取りは日本の市民団体と韓国の遺族会という日韓の国家という属性を超えた交流のなかで手を取り合う関係の萌芽となりつつあった。ハッキリ会は韓国遺族会の人々との親睦と交流の重要さを認識した。親密圏形成の始まりであった。

そして八月、前節で述べたように金学順のカミングアウトがあり、日韓双方の社会に衝撃が走る。その三日後の八月一七日、ハッキリ会は対日訴訟に協力することになった弁護団とともに訪韓し、第三回の本格的な聞き取り調査を韓国遺族会の八六名に行い、さらに一〇月二一日から二五日までは、その追加の調査を実施した。そして最終的な聞き取り調査を一一月二三日から二七日に金学順に対して行ったのであった。

裁判の始まった翌年、ハッキリ会は一月一四日からの三日間、日本全国から慰安婦被害者に関する情報を電話で受け付ける「慰安婦一一〇番」を市民団体の「在日韓国民主女性会」、「ウリヨソンネットワーク」、「従軍慰安婦問題を考える会」らとともに開設し、情報提供を募った。すると三日間で二三五件の情報提供の電話があり、その九割が実に旧日本軍兵士からの電話だった。この頃はまだ現在のような歴史修正主義的な発言はなく、慰安婦被害について旧日本軍人らは知っている情報を自身の良心の呵責から真面目に話してくれたという(22)。

軍の慰安所の管理については絶対に関与していたという証言が多く、ただ少数派ではあるが元憲兵の人からは関与していないといった意見もあった。強制連行については意見が分かれており、待遇が良い地域も実際にあり、慰安婦を承知で志願し、お金を貯めていた人もいたという証言もあった。しかし、一方で朝鮮人慰安婦、日本人慰安婦、中国人の子ども、東南アジアの現地の女性たちが騙されて連れてこられたと言っていたという証言が多数あり[23]、それらは強制あるいは騙されて連れて来られた慰安婦が戦地にいたことを窺わせる貴重な証言であった。このようにハッキリ会は他の市民団体とも協働しながら、慰安婦被害者の問題についても調査を進めていた。さらに二月の訪韓では挺身隊問題対策協議会（以下、挺対協）とも交流をし、さらなる聞き取り調査も進めたのだった[24]。

六月には第一回の口頭弁論を迎える。この時原告側からは慰安婦被害者の金田きみ子、元日本軍人であった朴七封、韓国遺族会の会長金鍾大の三名が法廷に立った。この口頭弁論で証言した慰安婦被害者の金田きみ子とハッキリ会の臼杵敬子は、この戦後補償裁判を通じて親密な関係を築いていく。臼杵は金田きみ子の最初の印象について「最初は暗くて話をしようとしない人だった」と述べている。しかし、少しずつ打ち解けてくると金田きみ子は臼杵を信頼し、家族同様の付き合いをしながら臼杵の自宅にも訪ねてくるようになったという。金田きみ子が亡くなった時に韓国の望郷の丘に墓を建てたのは臼杵であった。

裁判のみならず、ハッキリ会と韓国遺族会は戦後補償を求める行動を毎月のようにともに行っていたが、協働した行動後には交流会も行われていた。例えばこの九月一四日には「平日の夜、値の張る交流会だったにもかかわらず、遺族会も含めて八〇人ほどの参加者がありました。食べ、飲み、歌い、楽しくも充実した夜でした。圧巻は文玉珠さんのチャンゴ。みごとなバチさばきで来訪者を感嘆させました。文さんのチャンゴを聞き、これまでにない生き生きとした表情に出会えただけでも、私たちは幸せでした[25]」とあるように、こうした親睦や交流を図る機会は互いが親密圏において行動をともにする意識を高め、被害者たちの「生」の尊厳を感じ、互いが互いを知る（学ぶ）ことにもなっていた。

この年、裁判が始まり、一年が経過しようとしていたが、一九九二年の活動は互いにとって非常に良好な関係が築けていたことが次の言葉からもうかがえる。

私たちハッキリ会の支援している「太平洋戦争犠牲者遺族会」のメンバーも、口頭弁論のたびに来日しては各地の集会で講演をしたり、アピールをおこない、顔と顔の見える関係の中で、この問題の存在を訴えてきました(26)

こうした「顔と顔の見える関係」のなかでハッキリ会は戦後補償裁判に臨みつつ、韓国訪問を通した被害の実態調査や戦後補償問題の広報活動、さらに「戦後補償法」の法制化を要求するための検討を始めており、要求する素案作りの勉強会を行いながら、被害者が元気なうちに日本側に何らかの譲歩が引き出せないかを模索していたのである。

年が明けて一九九三年になると、二月に大統領に就任した金泳三が三月に慰安婦問題について言及する。三月一三日の大統領府秘書官会議で金泳三大統領は「日本が真相を明らかにすることが重要である」という認識を示したうえで、『物質的補償を日本に求めない』との方針を述べ、「元慰安婦などへの補償は、来年から韓国政府予算で行う」ように指示したのであった(27)。この発言に韓国遺族会、ハッキリ会、挺対協などの市民団体は動揺した。何故なら裁判の係争中であり、被害当事者には慰安婦被害者の人たちよりも元軍人・軍属とその遺族たちの方が多く、裁判への影響を懸念したからである。各団体はその真意を知るために韓国政府に事の詳細の照会を行うことになる。三月二二日、本裁判の弁護士を務める高木健一が日弁連の調査で訪韓し、弁護士四人と韓国外務部の兪炳宇アジア局長と面談し、韓国側の意図を確認した。高木は「今回、はっきり確認出来たことは三点で、一つは真相の徹底究明。二点目は、そうした真相の徹底解明がなされない段階でいかなる金銭的解決には応じない、ましてや現在日本政府が提示している元慰安婦にたい《ママ》する基金支援には応じないということ。三点目は、個人の補償請求権に基づく日本での裁判は、今回の大統領発表とは関係なく、韓国政府としては裁判を事実上、精神的に支援するということが確認されました」と報告した(28)。

金泳三発言を受けて日本政府は慰安婦問題の真相究明に取り組むこととなる。そして、これまで実施して来なかった慰安婦被害者たちへの聞き取り調査実施の方針を固めた。日本政府としては資料からは出てこない「強制性」の事実を証言から補填しようとしていたのであった。そのため脅迫などの精神的圧迫を受けたとする証言があった場合、強制的に連行されたと幅広く解釈していこうとしていた(29)。しかし、調査は難航する。政府は当初四月から聞き取り調査を行う予定だったものの、韓国で元慰安婦を支援する挺対協との交渉がうまく行かず、聞き取り調査に入れない状態が続く。この時、挺対協が日本政府に提示した条件は、「①聴き取り調査をする前に「強制連行」(30)の事実を認める②元慰安婦全員に聴き取り調査をする③日本の元慰安婦支援団体が調査に立ち会う」という内容のものであった。政府はこの三つの条件全てを受け入れることはできず、慰安婦被害者の人たちに会うことさえ困難な状況だった。頭を抱えた日本政府は韓国遺族会の戦後補償裁判を支えているハッキリ会の仲介を経て韓国遺族会と接触し、7月に韓国遺族会に所属する慰安婦被害者の人たちにようやく聞き取り調査を実施することができたのであった。この結果、8月に当時の官房長官であった河野洋平が慰安婦被害者たちへのお詫びと「強制性」を認めた談話を発表するに至る。

アジア女性基金の発足と混乱

裁判を継続しながら、韓国遺族会とハッキリ会は個人補償を求める活動を行う。一九九四年の春には第一回の口頭弁論から一年を迎えようとしていた。河野談話に代表されるように、日本側から過去の謝罪の言葉が出るようになったけれども、現在の補償が全くなされない状況に韓国遺族会もハッキリ会も苛立ちを募らせていた。なぜなら被害当事者が次々に亡くなっている状況だったからである。裁判の開始から二年間で四名の慰安婦被害者が亡くなり、ハッキリ会が聞き取り調査をした元軍人・軍属の人たちも次々に亡くなっており、遺族や証言者の訃報も止まない状況だった。さらに韓国遺族会の人々は高齢であり、入退院を繰り返す人たちも少なくなかった。[31] 被害当事者らは焦りと苦渋のなかにいた。

六月の第九回の口頭弁論は金学順が法廷で証言を行った。この第九回の口頭弁論を機にハッキリ会は六月行動として韓国遺族会、挺対協とともに衆議院議員面会所前で二日間の座り込みデモを決行する。このデモは謝罪と個人補償を求めるものであった。

金学順さんをはじめとする九人の元「慰安婦」のハルモニたちも、また在日の宋神道さん、フィリピンのF・ダビッドさんたちも駆けつけた日本人支援者と一緒に嘔吐やめまいを耐えながら、命を削りながらの要求行動でした。大勢の私服警官が取り巻くなか、こぶしを振り上げ、誠意ある解決を国会議員に懸命に訴える被害者の姿は、それぞれ胸を痛める光景でした。もうこれ以上、彼らを苦痛の中に放置することは新たな責任を負うことになるといえます[32]

「死んだあとでは何もならない」という被害当事者の悲痛の思いがこうした座り込みデモに込めら

れていた。こうしたでデモ活動は九月にも実施され、また一一月二四日から一二月八日の一四日間にかけては衆議院第一議員会館前でハンストが決行されたのであった。この時のことを臼杵は回想しながら答えてくれている。みんなでシュプレヒコールを行い、謝罪と個人補償を強く訴えたこと、また韓国遺族会のハルモニたちがキムチを作ってきて販売していたこと、会館の警備員が親切で「寒いだろう」と冷たい風の当たらない場所に入れてくれたりしたことなど、悲痛ななかにもストに関わる人たちの人間味を垣間見ることのできるエピソードであった。警備員の方のことを思い出して「あの頃の日本人は親切だったわよ」とも語っている。

この頃、韓国遺族会やハッキリ会だけでなく、被害当事者らを支える市民団体が警戒を強めていたことがあった。日本での「民間基金」の設立である。市民運動家たちにとってこの「民間基金」の設立は国家の責任を曖昧にし、まやかしのためのものだとの見方が大勢であった。韓国遺族会もハッキリ会も「民間基金」設立の動きに猛反対を行う。

この間、ハッキリ会は会の内部で「ケア基金」を募り、その基金を特に慰安婦被害者の人たちの生活費に充てるなど、生活の苦しい被害当事者らへの援助を行っていた。日本側が打ち出してきたこの「民間基金」構想はそうした地道な活動とは違い、日本の戦後責任を放棄して「金で問題を解決する」といった疑念を持たざるをえないものだったのである。この「民間基金」が一九九五年七月に発足し、八月には新聞メディアを通じて広く公開された「女性のためのアジア平和国民基金」、いわゆる「アジア女性基金」であった。この基金は市民運動を混乱に陥れる。

ほとんどの市民運動団体がアジア女性基金に対して「NO」を表明するなか、ハッキリ会の動きは少し変化してくる。国家責任で償う拠出金であれば、それを受け取っても良いのではないかという議論が内部で出てきていたのである。これは長引く裁判のなかで被害当事者らが困窮のうちに亡くなり、あるいは生活するだけでも大変な状況であったことを目の当たりにしてきたことが影響している。「ハルモニたちにとって必要なのは、今日のおかず代であり、明日の薬代であり、すきま風が吹き込まない代わりにエレベーター費用の負担の増えた「永久賃貸住宅」の管理費なのです」[33]という言葉は韓国遺族会の被害当事者らと親密圏を形成してきたハッキリ会の立ち位置を示している。

またハッキリ会の代表でもある臼杵はこの時期の自民党ならびに日本遺族会の動きに戦後補償裁判と市民運動とに対するバックラッシュを感じていた。長引く裁判、謝罪と個人補償を求める活動への微妙な空気感の変化はハッキリ会がアジア女性基金とどのように向き合うのかを考えさせるものであった。

ハッキリ会はアジア女性基金を現実的に受け止め、内部と外部で呼応しながら個人補償を模索する方向を選ぶ。そのためハッキリ会のメンバーである原田信一をアジア女性基金の事務局に入れて、アジア女性基金の運用その他の情報を把握しようとしたのである。この動きはハッキリ会を支援してきた人たちを失望させてもいた。国民基金の事務局にハッキリ会のメンバーが入るということは国民基金事業の運用に与することを意味していたからである[34]。ただ一方で韓国遺族会とハッキリ会は共同で申し入れ書を作成し、日本政府の謝罪と補償が明確に示されない場合は基金への協力はできない、としており[35]、アジア女性基金がどのようなものになるのかを手探りしながら、その受け入れをどのようにすれば良いのかも全く不明であった。

そんな中、韓国遺族会とハッキリ会は自治労の協力を受けながら、ソウルの龍山に戦争犠牲者ケア・センター（韓国では「太平洋戦争犠牲者遺族会援護センター」としていた）を設立する。このケア・センターを維持し、韓国遺族会のなかでも特に生活が困難な人たちを支えることがハッキリ会の一つの目的ともなってきていた。ある日、このケア・センターに一人の女性が現れて、臼杵と話をすることがあったという。挺対協の尹貞玉だった。戦後補償裁判が始まった頃にはともに被害当事者の支援で協働していたのだが、いくつかのすれ違いと、アジア女性基金への対応の違いにより、挺対協とハッキリ会は協働しづらい状況となっていた。臼杵と尹貞玉は議論を交わした後に「それぞれのやり方で支援をしていきましょう」という結論になり、これまで協働して臨んできた活動に終止符が打たれ、この頃から強く反目し合うこととなる。

一九九六年八月、アジア女性基金が転換期を迎える。フィリピンの慰安婦被害者であったロサ・ヘンソン、アナスタシャ・コルテス、ルフィナ・フェルナンデスの三名がアジア女性基金の償い金と日本首相のお詫びの手紙とを受け取ったのである。アジア女性基金そのものに対しての批判もあるなか、[36]当然のことながら被害当事者らが受け取るべきかどうかも賛否が分かれていた。それは被害当事者自身においても同様で、それぞれの理念や利害もさることながら、親密圏をともにする市民団体との関係もその行動に影響を与える要因になっていたと言えるだろう。ただ実際に受け取る慰安婦被害者らが現れてきたことはアジア女性基金を推進する側にとっては大きな進展であった。ハッキリ会はアジア女性基金の問題を把握しつつも、被害当事者らが受け取りの可否を決定・選択すべきだと主張するのだった。

3　流用――親密圏の陥穽

大沼保昭はその著『「慰安婦」問題とはなんだったのか[37]』において、実際に自身が呼びかけ人として関わったアジア女性基金の創設からの展開を、事業に関わった側の視点から詳細に記述している。

このアジア女性基金の事業が上手く展開できた国と、できなかった国との比較を通して、その要因をNGO、メディア、政府に求め、市民運動を担うNGOの役割や取り組みがその成否を分けたものと捉えられている。

大沼にとって被害当事者の支援に早くから取り組み、政府へ協力もしていたハッキリ会の評価は高い。それはオランダでのアジア女性基金の成功例とオーバーラップする。

先にも見てきたようにハッキリ会は現実路線を取って、高齢で今の生活もままならない被害当事者への補償を一刻も早くなすべきだという立場から市民運動を行ってきた。そのためその動きは韓国遺族会との親密圏を形成しつつも、日本の政府や外務省、韓国政府との関係も重要になっていた。いわゆるロビー外交の必要性を痛感させられてもいたのである。当初は日本政府に対して猛烈な反対運動を行っていたハッキリ会は、やがて政治的なアクターとの、付かず離れずの関係を保ちつつ、裁判だけに固執せず、被害当事者の現在の状況を踏まえた補償のあり方を求める路線へと転向していった。そのため他の市民団体からは日本政府の御用団体であるかのように疑われ、いくつかの市民団体と乖離せざるをえなくなる。しかしアジア太平洋戦争韓国人犠牲者補償請求訴訟での韓国遺族会との協働は続き、その後の外務省委託のフォローアップ事業(38)を通じても、その親密圏は変わることなく維持されていった。

近年、ハッキリ会の代表者であった臼杵敬子へのインタビューを実施するジャーナリストや研究者が数多く出てきている。筆者もその一人である。臼杵へのインタビューでは市民運動を行っていた時のエピソードが語られ、また様々な心理的葛藤も述べられる。インタビュアーはその言葉をどのように受け止めるべきかが重要なのであるが、その葛藤には多くの困難を経験してきたがゆえに他の市民団体に対する批判的な言動があることも事実である。しかし、その批判的な言葉を現在の日本と韓国との対立に流用しようとする動きが日本において見られることは留意せねばならない点であろう。例えば、

挺対協は臼杵に対する妨害行動にも出た。韓国で基金の活動ができないようにするため、臼杵の入国禁止を韓国法務省に求めた。臼杵は九年から一年余にわたり、訪韓できなくなった。朴は一七年、韓国で公娼売春婦の汚名を着せられたまま死去した。八三歳だった。朴は一生独身で、親戚付き合いもほとんどなかった。臼杵が資金を出し、韓国・天安の国立墓地「望郷の丘」に墓を建てた。(39)

という記事がある。この記事の内容そのものは事実であり、当時、臼杵が不快な思いをしたことも事実である。ただこの記事は、ハッキリ会と挺対協の反目を利用して挺対協批判、日韓を対立させようとする意図が含まれているように読み取れる。もちろん親密圏を形成する市民運動の全てが正しいものであるとは言えない。それぞれの親密圏が上手く融合することもあれば、衝突することもあり、時にはその親密圏のなかである種のヒエラルキーを構成することもあるからである。すなわち「支援グループの「善意の権力」」は、被害者の純潔を強調することで「無垢な被害者」像を作り上げる傾向がある。そのような語りのあり方は、もしかしたらその語りの枠組みから少しでもはずれた人たちに沈黙を強いる効果を意図せず果たしているのではないかと、疑ってみる必要があるだろう。それはちょうど、性暴力の被害者の「純潔」を強調する言説が、意図せず家父長制を再生産する効果と似ている」(40)と上野が分析しているように、市民運動もいくつかの新たな権力を生み出す危険性を孕んでいるのである。市民運動や市民団体のあり方については、そうした点こそ批判の的にすべきであるのに、

臼杵や被害当事者を引き合いに出してきて、臼杵が築き上げてきた被害当事者との関係を流用することと、すなわち親密圏が日韓の対立の物語に落とし込まれることは、その意義を見失わせることになってしまうのである。

おわりに

本稿で見てきた戦後補償裁判を通した韓国遺族会とハッキリ会と親密圏は、非対称的な関係性のなかで、一つの可能性を示唆する関係の場を明らかにするものだった。それは親密圏が相互の「学び合い」の空間となっていた点である。韓国遺族会の人々の「支援」を通じてハッキリ会に関わる人々は彼らの歴史を、あるいは日本の植民地支配の歴史を共有し、学ぶことになった。裁判やこの問題に携わらなければ恐らくは自身の「生」のなかに入ってこなかった他者の「生」を学ぶことはなく、その他者の「生」の位置付けを一九六五年体制との関係のなかで捉え直すこともなかったであろう。韓国遺族会とハッキリ会が協働して実践した市民運動は、互いの「生」の承認の場として機能し、そこで互いを学び、知ることだったのである。それはすなわち日韓関係の歴史をそれぞれのナショナルヒストリーとして捉えるのではなく、帝国日本の歴史として、さらにはポスト帝国日本の歴史として再確認する作業であったとも言えるだろう。現代の日本、韓国において両者の歴史を共有することは研究者レベルでも困難であり、それぞれにとって被縛性の強い行為であると言わざるをえない。戦後補償裁判を通じた市民同士の親密圏の形成が、それを乗り越える一つのヒントを示唆していると言えるのではないだろうか。

彼らを知らねばならない、彼らの存在を知ろうとすることの動機付けは、そのまま彼らの存在を学ぶこととなり、かつ相互の学び合いが構築する関係こそが親密圏にとって最も重要な共感を呼び覚ます。それがネイションステートの枠組を超え、階層やジェンダーを超え、深淵な関係を作り上げる原動力となることを本事例から汲み取ってもらいたい。これは被害当事者が胚胎しているトラウマやアイデンティティの揺らぎを昇華し、「生」の承認を互いに得るきっかけにもなる。ここに日韓連帯の可能性を看取できるものがある。玄武岩が言うように[41]ポスト帝国日本という枠組みから相互の関係を捉えていこうとする視点が重要なのはこの点に尽きる。それゆえにこうした親密圏が、ある対立や政治的思惑のなかに位置づけられるのはその意義を失することになるのである。

二〇一七年三月、筆者は臼杵らのフォローアップ事業に同行した。その時に訪れたある慰安婦被害者のハルモニとの別れ際のことである。他にも同行していた多くの記者たちはもうおらず、臼杵と私の二人が玄関にてお別れの挨拶をするとハルモニは我々が見えなくなるまで見送ってくれた。「さようなら、また来てね」と、かけられた言葉が忘れられないでいる。彼女は多くのメディア関係者がいる場では決して日本語を話さなかった。多くの記者たちに囲まれていたハルモニが特別な存在だと感じていた私は、調査に来ているにもかかわらず、一切の言葉をかけることができなかった。私は「さようなら」と頭を下げてから歩を進め、手を振った。最後まで見送ってくれるハルモニの姿は特別な人ではなく、優しい姿をしたひとりのハルモニだった。何気ないことではあったが親密圏の意味を考えさせられる出来事であったと今、思い返している。

註

（1）齋藤純一（二〇〇〇）『公共性』岩波書店、九二頁。
（2）一九七三年四月に釜山にて結成された市民団体であり、アジア太平洋戦争で徴兵あるいは徴用され犠牲となった軍人・軍属、徴用工、軍慰安婦の人々またはその遺族らによって構成されていた。やがて全州、大田、順天、ソウル、大邱、釜山などで遺族会員が増えていき、結果会員数は二万余名に達していた。
（3）瑞慶山茂編（二〇一四）『法廷で裁かれる日本の戦争責任』高文研、二〇―三四頁。
（4）この裁判が始まる前の一九九〇年代の裁判としては一九九〇年八月のサハリン残留韓国人補償請求訴訟、一〇月の韓国太平洋戦争遺族会国家賠償請求訴訟、さらに九一年には一月の在日韓国・朝鮮人援護法の援護を受ける地位確認訴訟、七月の堤岩里事件公式謝罪・賠償義務確認請求訴訟、八月のサハリン上敷香韓国人虐殺事件陳謝等請求訴訟、九月の日本鋼管損害賠償請求訴訟、一一月の韓国人ＢＣ級戦犯国家補償等請求訴訟などが起こされていた。
（5）内海愛子・大沼保昭・田中宏（二〇一四）『戦後責任―アジアのまなざしに応えて』岩波書店、三八頁。
（6）吉澤文寿（二〇一五）『日韓会談一九六五 戦後日韓関係の原点を検証する』高文研、三九頁。
（7）吉澤の説明を仮借すると、「一九六五年体制」とは、一九六五年に締結されたいわゆる日韓基本条約ならびに日韓請求権協定に基づく日韓関係を指し、またこの条約の基礎に一九五二年のサンフランシスコ講和条約があり、この体制は「サンフランシスコ体制」を補完するものとしてとらえることもできる。（吉澤文寿編著（二〇一九）『歴史認識から見た戦後日韓関係』社会評論社、六頁参照）
（8）訴状の軍慰安婦に関する記述には吉田清治の著書の情報なども使用されており、現在においては、その内容についての誤りが認められている。訴訟当時の慰安婦問題を取り巻く状況と情報の混乱を示すものと言える。
（9）アジア太平洋戦争韓国人犠牲者補償請求事件訴状〈http://www.awf.or.jp/pdf/195-k1.pdf〉（参照 2019-2-28）、五三頁。
（10）日本の戦後責任をハッキリさせる会（一九九二）『ハッキリ通信』第４号、日本の戦後責任をハッキリさせる会、三四頁。

（11）アジア太平洋戦争韓国人犠牲者補償請求事件訴状、前掲書、六一頁。

（12）アジア太平洋戦争韓国人犠牲者補償請求事件訴状、前掲書、六二頁。

（13）朝日新聞「韓国の元従軍慰安婦ら日本政府に訴え「人道への罪」問う」一九九一年九月六日夕刊

（14）上野千鶴子（二〇一二）『ナショナリズムとジェンダー　新版』岩波書店、二五四頁。

（15）日本の戦後責任をハッキリさせる会（1991）『ハッキリ通信』創刊号、日本の戦後責任をハッキリさせる会、四―七頁。

（16）日本の戦後責任をハッキリさせる会、前掲書、二六頁。

（17）日本の戦後責任をハッキリさせる会、前掲書、三頁。

（18）日本の戦後責任をハッキリさせる会、前掲書、一三頁。

（19）日本の戦後責任をハッキリさせる会、前掲書、一四頁。

（20）日本の戦後責任をハッキリさせる会、前掲書、一四頁。

（21）日本の戦後責任をハッキリさせる会、前掲書、一四頁。

（22）日本の戦後責任をハッキリさせる会（1992）『ハッキリニュース』NO.4、日本の戦後責任をハッキリさせる会、一―二頁。

（23）日本の戦後責任をハッキリさせる会、前掲書、一―三頁。

（24）日本の戦後責任をハッキリさせる会（1992）『ハッキリニュース』NO.5、日本の戦後責任をハッキリさせる会、一―二頁。

（25）日本の戦後責任をハッキリさせる会（1992）『ハッキリニュース』NO.11、日本の戦後責任をハッキリさせる会、一〇頁。

（26）日本の戦後責任をハッキリさせる会（1992）『ハッキリニュース』NO.15、日本の戦後責任をハッキリさせる会、一頁。

（27）朝日新聞「「日本に物質的補償求めぬ」従軍慰安婦で韓国大統領　真相解明重視」一九九三年三月一四日朝刊

（28）日本の戦後責任をハッキリさせる会（1993）『ハッキリニュース』No.18、日本の戦後責任をハッキリさせる会、一頁。

（29）朝日新聞「「強制」幅広く認定、精神的苦痛含め判断　従軍慰安婦調査で政府方針」一九九三年三月二五日

朝刊
(30) 日本経済新聞「慰安婦問題　報告書、秋にずれこむ　韓国で聴き取り調査難航」一九九三年五月二二日夕刊
(31) 日本の戦後責任をハッキリさせる会（1994）『ハッキリニュース』NO.31、日本の戦後責任をハッキリさせる会、一頁。
(32) 日本の戦後責任をハッキリさせる会（1994）『ハッキリニュース』NO.33、日本の戦後責任をハッキリさせる会、一頁。
(33) 日本の戦後責任をハッキリさせる会（1995）『ハッキリニュース』NO.41、日本の戦後責任をハッキリさせる会、一頁。
(34) 日本の戦後責任をハッキリさせる会（1995）『ハッキリニュース』NO.45、日本の戦後責任をハッキリさせる会、四頁。
(35) 日本の戦後責任をハッキリさせる会（1996）『ハッキリニュース』NO.46、日本の戦後責任をハッキリさせる会、三頁。
(36) アジア女性基金が官なのか民なのかがよく分からない性格を有しつつ、最終的には国家補償を行うのではなく、「国民」の謝罪によって「国家」の責任が見えなくなるという批判は根強く、ゆえに受け取った被害当事者は「国家」の意図を受け入れたものと判断され、批判の対象ともなった。（上野千鶴子、前掲書、三〇六―三〇九頁参照）
(37) 大沼保昭（二〇〇七）『「慰安婦」問題とは何だったのか』中公新書
(38) アジア女性基金の事業が終了し、臼杵らは新たにNPO法人「C2SEA朋」を組織し、二〇〇八年から二〇一七年までの間、外務省に委託されたフォローアップ事業に携わっていた。
(39) 産経新聞「韓国で元慰安婦バッシング「日本の汚い償い金、なぜ受け取る」」二〇一四年一〇月一六日
(40) 上野、前掲書、一七九頁。
(41) 玄武岩（二〇二二）『〈ポスト帝国〉の東アジア――言説・表象・記憶』青土社、三八―四〇頁。

第二章　戦後補償運動における支援者と被害者の連帯

「関釜裁判を支援する会」の実践を事例に

金　明柱

はじめに

本章では、一九九〇年代の日本の市民社会による戦後補償裁判の支援運動について検討し、その過程における日本人支援者と韓国人被害者の連帯の経験について論じる。

一九九一年に日本軍慰安婦被害者だった金学順氏による初証言以降、日本政府に対する法的解決を求め、被害賠償と名誉回復を求める裁判が活発に行われた。戦後補償運動・戦後補償裁判の動きは以前から存在はしていたが、一九九〇年代における戦後補償裁判は日本全般に認知され、多くの市民に支持されていた。そのような社会的な関心の高まりを背景に、戦後補償裁判のために来日する被害者たちを日本の市民が支援し、裁判の勝訴のために多様な活動を繰り広げていた。しかし、こうした戦後補償裁判をめぐる日本人支援者の存在や彼らの実践はこれまで研究の対象としてはあまり論じられ

てこなかった。また、日本の市民社会による戦後補償裁判への支援の事実も、韓国社会においてはほとんど知らされておらず、日本の市民活動家を理解しようとする見方すら形成されていない(김 2013)。しかし、植民地支配や侵略戦争から派生するさまざまな問題に抵抗し、解決のために取り組んできた日本市民社会の努力を評価し、戦後補償運動における日韓市民の共同の対応や連帯を再検討する作業は、今後の日韓関係の在り方を考えるにあたり重要な示唆を与えうる。

　こうした問題意識のもと、本稿では韓国釜山の日本軍慰安婦被害者と女子勤労挺身隊被害者たちが提訴した「釜山従軍慰安婦・女子勤労挺身隊公式謝罪等請求訴訟」、通称「関釜裁判」と呼ばれる戦後補償裁判を支援した「関釜裁判を支援する会」を事例に、戦後補償に対する法的解決とともに、被害者の名誉回復を目指した支援活動から、支援者と被害者が得た連帯の経験について論じる。関釜裁判を支援する会の特徴は、被害者に「寄り添う」という運動の方式をとり、被害者との関係性の構築を重視したことである。戦後補償の法的解決を求めただけでなく、被害者にとっての補償や名誉回復とはいかなるものかを常に模索していた様子が伺える。このような運動の方式は、実存する被害者という具体的な他者と直接出会うことが可能であったこと、また対面的な相互作用の中で「親密性」が深化したことによると推測される。戦後補償運動において、「親密性」は運動の在り方にどのように影響したのか、またそれが日本の支援者たちの運動への参加や継続にどのような意味があったのかについて考察していく。

1　戦後補償運動と親密性

前述したように日本軍慰安婦被害者の登場と彼女らの証言は一九九〇年代の日本に衝撃を与え、日本人の関心の高まった契機となり、全国各地で被害者を招いた証言集会が行われた。その過程で被害者の声を直接聞くことができ、生身の人間として被害者に触れ合うことができた。そのような被害者との出会いは、多くの市民にとって慰安婦問題に対する関心や共感を呼び起こし、支援の輪が広がった要因にもなったと考えられる。当時の戦後補償運動に関わった支援者にとって、被害者はどのような存在であり、支援者は被害者の何をどのように支援しようとしたのか。また、支援者と被害者の対面的な出会いは戦後補償運動の在り方にどのような影響を与えたのか。

日本政府にかつての植民地支配やアジア太平洋戦争の被害者に対する賠償を求める戦後補償運動を展開してきた市民活動家の参加動機には、戦後世代の場合、幼い頃から家族や周りの人びとに戦争体験を聞くことで戦争の恐ろしさを集団的記憶として内在させていたこと、それに伴う「加害者意識」や「原罪意識」に基づき、反戦・反差別意識と日本社会の変革を目指す「公共性」を持っていたことが重要な要因となっただろう。一方、一九五〇年代から平和運動とともに芽生え始め、一九八〇年代以降、市民社会一般に広がり始めた戦後補償運動の動きは、一九九〇年代に入ってから日本軍慰安婦被害者の証言と訴えをきっかけに関心を集め、国際化されていった（本庄 2013）。すなわち、被害者の証言に多くの日本市民が共感し、被害者を支援しようとする動きが促進されたのである。それは人びとの支援活動への参加において被害者との出会いが重要なきっかけであったことを示し、したがって戦後補償運動における被害者と支援者との出会いの意味を探るべく、市民活動家は被害者の何に対して共感し、そのような共感がどのように支援運動につながったのかを捉える必要がある。

齋藤純一によると、「公共圏（公共性）」は人々の間で共通して持つ問題への関心によって成り立つのに対し、「親密圏（親密性）」は具体的な他者の生や生命への配慮と関心によって形成され維持される。親密圏においては人格的（inter-personal）な関係が形成され、他者の生命と身体に対する配慮が関係を結ぶ媒介となる。親密圏は相対的に安定的で感情的な空間であり、その中で人々は自分の存在が相手に尊重されているという経験をすることができる。しかし、公共性と親密性は両面性を持っているため、新しく創出される公共圏が親密圏の転化した場合もある（齋藤 2000:92-97）。例えば、公共に対する関心や問題意識により社会運動に参加した場合にも、親密性は運動体の共同性形成を促進させることがある。一方で些細な自己利益や参加者との個別的な親密さのような目的で運動に参加したとしても、運動の実践過程を通じて新しい公共性を獲得することもありえる。たとえば、橋口昌治は若者の労働運動における関係性の創造といった居場所としての役割が運動への参加に重要となっていることを指摘した（橋口 2011）。参加者同士の親密性が形成され深化されることによって、運動の場が参加者たちの居場所化していくのである。しかし、居場所化する社会運動の共同性が運動の「目的性」を冷却させるという指摘もある（古市 2011）。すなわち、参加者同士の親密性が深化することで、参加者に安心感や所属感を与え、その結果運動の目標よりも、運動の場そのものの維持が重要になってしまうということである。このように社会運動の場には同じ問題意識を共有するもの同士が集まることで、仲間意識や情緒的安心感を生みやすいが、それだけが一人歩きする場合、運動の目的自体が薄れてしまうことや、運動体の中で多様な声が共存しない（同化してしまう）危険性もある。

社会運動における公共性と親密性について、本稿では戦後補償運動という公共の場が、親密性の深化により公共性もより強化していく側面に注目し、運動方法としての親密性の意味について考察する。具体的には、「関釜裁判を支援する会」が目指した被害者に「寄り添う」という運動の方向性を捉えるにあたり、親密性は支援の在り方としてどのような実践と結びついたのかについて論じる。被害者の証言から触発された支援活動は、被害者の生全体を理解するため被害者に寄り添い、話を積極的に聞き、被害者の必要に応じて支援を行おうとした。親密性を基盤とする運動はいかなる支援の場を形成していたのだろうか。

戦後補償裁判の支援という経験を考えるにあたり、「支援」という言葉をどのように考えるべきか。三井さよは、様々なケア・支援の現場におけるベースとなるような支援の源泉について、「ともに生きる」ことだという。何らかのケアや支援を必要とする人たちを、自分たちと別枠の人間とみなすのではなく、彼らと「ともに生き」ようとすることを指す。具体的には、支援者と支援を必要とする人が一方的なケア関係ではないという特徴を持つ。支援者はケアや支援を必要とする人たちに一方的にケアや支援を与えていればいいというわけではなく、お互いに支え合ったり、あるいはケアや支援を提供する側が反対に支えられたりするような存在であるということを前提にして付き合うという（三井 2018:49-50）。

関釜裁判を支援する会において、他者の生に対する関心と配慮という親密性をもとに、他者と「ともに生きる」という支援を通じ、慰安婦問題や女子勤労挺身隊といった戦後補償の問題がいかに普遍的な問題に拡張されていくのか。市民活動家へのインタビューや、活動日誌『関釜裁判ニュース』を中心に、関釜裁判を支援する会の支援者と被害者たちが作り出した支援の場の在り方と、それがどのように運動の実践として現れたのかについて記述する。

2　関釜裁判を支援する会とは

「戦後責任を問う・関釜裁判を支援する会」（以下支援する会）の成立と活動は、一九九二年一二月二五日に「挺身隊問題釜山協議会」に被害事実を申告してきた日本軍慰安婦被害者と女子勤労挺身隊被害者四人が日本政府に公式謝罪と賠償を要求する訴訟を山口地方裁判所下関支部に提訴することから始まった。一九九八年四月に慰安婦原告に一部勝訴判決が出たが、二〇〇二年三月に広島高裁で慰安婦原告逆転敗訴、挺身隊原告の請求は全面棄却となり、二〇〇三年三月、最高裁で上告棄却となり裁判が終了した。このように一〇年以上続いた裁判過程において、支援する会は裁判のために来日する原告たちを支援しながら、日本の戦後責任を問うてきた。支援する会が掲げていた問題意識は、「平和と人権を謳った日本国憲法の下で、植民地支配や侵略戦争によるアジアの戦争被害者を五〇年間にわたって放置してきた責任を自らと日本社会に問いかけていく」（花房・花房 2021:64）ことであり、日本軍慰安婦被害者・女子勤労挺身隊の被害事実に対する法的解決を求めることだけではなく、裁判過程を通じて日本の植民地支配や侵略戦争の責任を戦後日本社会に問いかけることであった。

関釜裁判は山口地方裁判所下関支部で行われ、地理的に近い福岡を拠点に支援組織が構成されたのだが、支援する会は裁判のために来日する原告たちの裁判準備や移動、宿泊などをすべて支援した。二審裁判が進められることにつれて広島県の市民たちとも連帯し、全国の支援者の支持を得て外縁を拡大していった。二〇〇三年三月に最高裁判所にて上告棄却で最終判決が下された以後は立法運動を中心に活動し、二〇一三年に解散するまで原告たちと親密な関係を維持しながら支援を続けてきた。

当時、支援する会の事務局を務めたのは一〇～一五人余りで、活動するメンバーはそれぞれ本業に従事しつつ、各自の生活パターンに合わせて自由に活動に関わった。会員は全国的に三〇〇～五〇〇人程度で会費と支持者の後援で年間二〇〇万円から三〇〇万円の収益を得た。その収益で原告たちの移動や滞在費用を支援し、活動誌『関釜裁判ニュース』を刊行しながら全国の支持者や会員たちに運動への意気込みや進捗状況を伝えた。その他学習会と講演会、交流会、署名運動、立法活動など多様な活動を展開した。

3　支援者たちの活動参加への経緯

関釜裁判を支援する会の中心人物は支援活動を行う以前から日本の植民地支配や侵略戦争に起因するさまざまな差別問題や人権問題に対する問題意識を持っており、市民運動への参加履歴も持っていた。以下では、支援する会の中心人物の個人史とともに彼ら・彼女らがどのような経緯で支援活動に関わったのかについて述べる。

花房俊雄氏・花房恵美子氏夫婦（関釜裁判を支援する会　元事務局長）

花房俊雄氏は一九四三年岡山県生まれ、花房恵美子氏は一九四八年富山県生まれで二人は大学時代にセツルメント活動をしながら出会った。花房俊雄氏は大学時代から学生運動に参加していたのだが、一九五八年に発生した「小松川事件」やそれに関する朴寿南著書『罪と死と愛と』（三一書房、1963）から在日差別問題に対する問題意識を持っていた。幼い頃に周りの人びとから聞いた戦争体験も戦後補償運動への参加に影響を与えた。在日差別問題について問題意識を持つきっかけとなり、憧れの対象でもあった朴寿南氏が日本軍慰安婦に関する映画を製作した際に、福岡で上映運動を行った。一九九一年に慰安婦被害者のペ・ボンギ氏が登場する朴壽南監督の映画「アリランの歌―沖縄からの証言」を上演するために花房俊雄氏、花房恵美子氏は上映実行委員会に関わっていた。同年、慰安婦被害者の金学順氏の証言で慰安婦問題への関心が高まっていたなか、日本各地では慰安婦被害者の証言集会が開かれていた。映画上映実行委員会でも慰安婦被害者の文玉珠（ムン・オクチュ）氏を招いて福岡、北九州、筑豊、下関で証言集会を開催した。証言集会以降、「このまま会を解散してはいけない」という実行委員会の一人の参加者の意見と会員の熱い思いがあり、具体的にどのような行動をとるかは決定されていない状態で「『従軍慰安婦』問題を考える会・福岡」が発足された。代表を務めるようになった花房恵美子氏は慰安婦問題をライフワークとして取り組んでいくことを予感したという。

同年韓国釜山では、「挺身隊問題対策釜山協議会」に被害事実を明かした慰安婦被害者二名、女子勤労挺身隊被害者二名と山本晴太、李博盛、山崎吉男弁護士が日本政府に対する訴訟を準備していた。そして「『従軍慰安婦』問題を考える会・福岡」に原告たちが裁判のため日本に訪問する際の支援を依頼することに至る。福岡の天神でレストランを運営していた花房夫婦は支援運動を機に既存のレストランを閉め、自宅で予約制の精進料理店を開き、仕事と運動を並行していった。新しい運動組織を作るためにキリスト教団体、部落解放運動、在日朝鮮人差別反対運動、労働運動など反戦反差別運動を行っていた運動家たちと連帯し、運動の枠組みを形成し「戦後責任を問う・関釜裁判を支援する会」が結成された。

花房夫妻は自宅を支援する会の事務局にして支援者たちの活動場所を創り原告たちが日本に滞在す

る際には、自宅で食事と宿泊を提供した。裁判を支援する過程では、被害を受けた原告たちが、「加害者である日本人」の支援や歓待を受けることで、日本人の懐で日本人に受けた傷を治癒してほしいと願いながら支援に取り組んだ(1)。

都築寿美枝氏（関釜裁判を支える福山連絡会　元代表）

一九五二年岡山市生まれで母方の祖母は朝鮮人である。元広島県の公立中学校教師で広島教職員組合出身であり、「関釜裁判を支援する福山連絡会」の元代表を務めた。一九八〇年代に広島県で被爆に関する教育、現地学習を実施していたなか、当時の広島では被爆の「被害者」としての事実のみが強調されていたことに問題意識を持ち、植民地支配や戦争を起こした「加害者」としての認識が欠如されていることに違和感を持った。当時、朝鮮人被爆者慰霊碑が平和公園の外にあったことから「なぜ同じ被爆者なのに、朝鮮人の慰霊碑は外にあるのか」という問題意識を学生たちと考えたりもしていたと言う。広島県福山市は朝鮮通信使関連の遺跡が多数残っていたこともあり、日韓交流の歴史も教育資料として活用していた。

保健体育の教員として性教育を担当したが、一九九一年に金学順氏が日本軍慰安婦被害の事実をカミングアウトしたことを見てその関連新聞記事を持って「戦争と女性の性」等の性教育資料としても活用した。当時、被害者の生の声を聴き、それを学生たちにも伝えたいという思いから、韓国挺身隊問題対策協議会に手紙を送った。そこからナヌムの家に訪問し、ハルモニたちにインタビューをし、教育資料を制作した。とくにハルモニたちが心理治療のために描いた絵を見てショックを受け、絵をはがきにしたものを持って広島で教材に使用した。

一九九七年には日本の二六カ所でハルモニたちの絵が絵画展で展示されるようになるのだが、各地から絵画展示実行委員会の人たちが集まり、交流集会が開かれた。一九九八年七月には家族ぐるみで親しい関係を持っていた慰安婦被害者のキム・スンドク氏が北海道の札幌、函館で絵画証言をすることになり、そこに付き添いで行った都築氏は、国鉄労働組合の運動家に出会い、関釜裁判が今後広島で行われるとのこと、それを広島の人々が支援するのはどうかという話を聞く。被害の側面だけではなくて、加害の側面を直視すべきと、広島の人々が支援すべきと考え、広島に戻ってから広島の国労の運動家に会い、関釜裁判を支援する会の連絡会を組織し、一九九八年一二月に「関釜裁判を支える福山連絡会」が結成された。(2)

土井桂子氏（関釜裁判を支える広島連絡会　元代表）

一九四四年に山口県現在の岩国市生まれで、三〇歳頃結婚と共に広島へ移住した。広島で行われた三つの戦後補償裁判をすべて支援しており、現在は「第九条の会ヒロシマ」、「日本軍「慰安婦」問題解決・ひろしまネットワーク」の共同代表を務め、その他多数の活動を展開している。土井桂子氏は二〇歳であった一九六四年に山口県岩国基地で行われた広島原爆問題や部落問題に関するワークキャンプに参加した。そこで教会とのつながりもでき、教会との関わりで平和運動や差別反対運動に参加することになる。これまで様々な差別問題に取り組んできたが、はじめての活動は日立就職差別問題（一九六四年〜一九六五年）だった。一九八〇年代には、外国人指紋押捺問題、外国人登録法、出入国法に取り組む運動を行っており、また「外国人住民との共生を実現する広島キリスト者連絡協議会」で地域の中で生じる差別問題にも対応してきた。

一九九〇年代に慰安婦問題に関する関心が高まっていたなかで、土井氏も上映会に参加したり、少しずつ勉強をしていたところ関釜裁判を知り、一九九八年一〇月に「関釜裁判を支える広島連絡会」を結成した。記者会見を開いて支援の意思を明らかにし、意思をある人が自発的に集まり、八名のメンバーで支援活動を行った(3)。

4　親密性を基盤にする支援の場

関釜裁判を支援した中心人物の場合、反戦・反差別運動に関わった経歴がありそれぞれの活動領域は異なるが、平和と人権という問題意識を共有していたように考えられる。また市民運動で培ってきた経験や組織力をもとに、支援組織をつくり体系的な活動を展開していた。しかし、すべての支援者が市民運動への参加経歴があったわけではない。関釜裁判を支援する会に関わった福岡の市民たちは、花房夫妻が運営していたレストランの常連客や勉強会のメンバーなど、必ずしも日韓の歴史問題や慰安婦問題、戦後補償運動に対する問題意識を内在していた人びととは限らず、支援者同士や被害者との親密性が形成されていくなかで、戦後補償をめぐる問題により理解を深めていった場合もある。本章では、関釜裁判を支援する会における「支援の場」というものがどのような意味合いを持っていたのかについて、支援者の経験や被害者との関係性から考察していく。

支援者と原告たちの出会い

社会運動に参加してきた経験があった支援者たちはこれまで培った経験を土台に「運動のための運

動ではなく被害者のための運動」という理念の下に原告たちが必要とする支援の在り方について悩み、したがって原告の話を聞き共感しようとし、被害者に「寄り添った」支援を行った。支援する会の実践をみると、支援者たちは原告たちとの多様な交流の場を設けており、支援する会の支援者たちは原告のため裁判に勝つために頑張れた当時のことを楽しく、懐かしく語っていた。花房夫妻は初めて原告たちと会った時から、彼女たちの人間性を感じさせる言動に親密感を感じたと言う。たとえば金文淑《キム・ムンスク》会長と通訳、原告四人が花房夫妻の家で初めて泊まった時に最初は緊張していた様子だったが、原告たちがウォシュレットで騒ぎになり、また夜寝る前に一人ずつ花房夫妻の部屋を見に来るなど、「家を乗っ取られた気がした」と花房恵美子氏は原告たちとの初対面の時の思い出を懐かしく語った原告たちの人間性もあり支援者と原告たちの関係が最初から親密なものになっていたことがわかる。また、裁判が進行されることにより三か月に一回程度で原告たちが来日し、その際には花房夫妻の自宅で合宿をするような気持ちで滞在するという、原告たちの訪問と支援がルーティン化していた。その際にも原告たちは来る時は「ただいま!」と言い、すぐに自宅のキッチンの冷蔵庫に向かって、韓国から持ってきたキムチや食べ物を入れていたと言い、裁判のために来日することが原告たちにも楽しい経験であったことや、支援者の花房夫妻とも親密な関係性が形成されていたことが伺える。

支援する会は裁判のために三~四日間来日する原告たちと裁判準備をしながら交流会や近郊観光を兼ねたりしていた。また支援者たちが定期的に韓国を訪問し、原告たちの生活環境や健康を尋ねながら親睦を深めた。その過程においては、支援者たちは原告たちの小さな言動にも注意を傾け、観察し理解しようとする努力が見えた。支援活動を通じて関釜裁判を支援する会は、裁判の勝訴という目標だけでなく、被害者一人一人の生において植民統治や戦争がいかなる影響を及ぼしたのかを幅広く理解しようとしたのである。

【事例1】みんなの日本語の歌に当時の日本の同化政策を垣間見ることができ、これも「立派な歴史の証言」だと思い、心が熱くなり、複雑な気持ちになりました。(…)また、昼食時に行ったため、このままで帰しては悪いとのハルモニの思いから食事をご馳走になりました。被差別の立場にたたされた方の相手を思いやる気持ちは、本当に熱いものがあると改めて感じました。(…)今後もこの定例学習や裁判に積極的に参加し、「従軍慰安婦」問題をはじめさまざまな差別や矛盾を無くしていくよう努力する人になりたいと思います。(『関釜裁判ニュース第三号』、一九九三年九月三〇日、一〇―一一頁)

【事例2】福岡までの帰りの車の中は軍歌の大合唱でした。挺身隊で日本にいた時、苦しい生活を忘れようとして歌った軍歌(海ゆかばなど)を実によく覚えているものだと感心する程でした。皇国少女として教育された結果だと複雑な気持ちでした。「意見陳述」という緊張から解放されるため、軍歌を歌う原告たちに、同乗した自分はただただ呆然とさせられました。(『関釜裁判ニュース第五号』、一九九四年五月七日、二頁)

支援者たちは原告たちの言動を注意深く観察し、そこから彼女たちの生全体にわたる被害の深さを想像していた。戦争当時に身につけた日本軍歌を歌い、日本語を自由に話す姿からも、当時の日本の同化政策を連想することや、原告たちの支援者への配慮や心遣いに対しても、深刻な被害を受けたにもかかわらず他人に対する思いやりと強さを持った姿に彼女たちを純粋に尊敬していた。

支援者と被害者を超えた人間的交流

支援者たちは生身の人間として原告たちへの関心を持って接していたのであり、花房恵美子氏は「個性のあるおばあさんたちが心から好きだった」と言い、支援活動を「楽しかった経験」と語った(4)。そのような原告たちへの思いは活動日誌『関釜裁判ニュース』でもよく見られている。

【事例3】裁判で来日されるたび、日本人といい出会いをして、彼女たちが少しでも癒されてほしいと生意気なようですが願ってきました。今回も祈りにも似た思いでそのことを強く願っていました。しかし皆が帰国されて、若干の疲れの中で、空虚というか、寂しい思いに浸っていると、癒されていたのはこちらのほうではないかと感じさせられます。(…)彼女たちの生活の知恵の一端を聞きかじりながら、働き者で賢い「女性」の姿が見えてきました。そう!魅力的な女性たちです。こちらが真心をもって接すると、あふれるほどの愛情を注いでくれます。(『関釜裁判ニュース第一〇号』一九九五年六月三日、六頁)

支援者たちは生身の人間として、原告たちと交流しながら原告たちの人間性に魅了されたり、彼女たちを支援することによってむしろ支援者が癒される経験をした。それは支援者が原告一人一人に関心を持ち、彼女たちを知ろうとした努力があったからこそ可能であっただろう。ただし、支援者たちは原告たちとの楽しい交流の中でも、彼女たちとの出会いから自分自身のことを省察し、支援の在り方に悩んだりもしていた。たとえば、支援する会では若い世代と原告たちとの交流の機会を設けようとし、学生ＹＭＣＡの若者たちが支援活動に関わることもあった。以下のように、当時二〇代だった支援者が慰安婦問題を現代の問題と絡ませながら自分自身の支援活動への関わり方について悩んでいた様子が伺える。

【事例４】こうして元日本軍「慰安婦」について学習すると、当時の日本兵と自分との共通点を見出す。男性で日本人で、「女も抱けずに一人前の男か。」と言われ、管理と暴力の組織で生活させられ、性的「慰安」しか休みのなかった日本兵の環境は、私の育ってきた環境と本質的に同様と断言さえできる。差別者としての自分に気付いた先述の二つの参加体験が、元日本軍「慰安婦」について学ぶにつれ、つながってきた。（…）ただ、現状として日本兵と本質的に同様の私が元「慰安婦」や女子勤労挺身隊と出会って行くのは相当にしんどいことだろう。挫折もあろうし、はっきり言って怖い。だから、謙虚さと勇気と伝える視点にしがみついて、学習し出会って行きたい。（『関釜裁判ニュース第一四号』一九九六年二月二四日、七頁）

支援する会において支援者たちは、「原告たちとどのように向き合っていくか」を常に悩み、彼女たちにとって良い、または必要とされる支援の在り方とはいかなるものかについて模索しつづけたように考えられる。そのためには、彼女たちに寄り添って声を聴き、彼女たちを知っていく必要があった。そのような支援の過程を通して、支援者たちにとって原告たちは、裁判の原告や慰安婦、女子勤労挺身隊の被害者というカテゴリーではなく、個性を持った一人ひとりとして互いへの理解が深まり、つながりも深まっていたのであった。裁判支援過程を振り返り、花房恵美子氏は原告たちとの関係を以下のように語っていた。

【事例5】私に言わせれば、慰安婦被害者の何々さん、勤労挺身隊被害者の何々さん、じゃなくて、それはもう取っ払って、ハルモニ、一人ひとりなんですよね。もうその属性っていうか、何々被害者っていうのはもうないって言うか、だからおばあさん一人ひとりが、もう、面白い。素朴な人もいれば、頭の良い人もいれば、有能な人もいれば、色んな人がいるんだけど、その、一人ひとりの人間性と生身で触れ合うっていう、その全然今までの日本人の、あの世代の人たちとは全く違う、例えば母とか、同じ世代じゃないですか。また違うたくましさ、生活のたくましさ、知恵とか、それがもう一人ひとりのそれが、生で触れ合うのがとっても楽しい。(5)

【事例6】関釜裁判の支援を通して原告たちとの出会いは、一般論としての被害者ではなく、顔を見つめ合い、膝をつきあわして過去のつらい体験を聞き、共に涙した隣にいる固有名詞の被害者です。（『関釜裁判ニュース第四二号』二〇〇二年七月二七日、五頁）

親密性を土台にした支援者たちと原告たちの関係形成は被害者たちを単純に「被害者」というカテゴリーではなく「固有名詞」としての隣人と認識させていた。支援者たちは運動を始める前から人権や反転・反差別に対する問題意識を持って慰安婦や勤労挺身隊に対する知識もあったが、原告たちとの出会いを通じてより具体的で、普遍的な問題として認識することになる。

支援活動を通じた普遍的問題の発見

裁判が進むにつれ、原告たちは次第に自信を取り戻し、支援者たちと親しくなり、裁判のために日本に訪問することを非常に期待したという。韓国社会の中ではまだ被害事実をカミングアウトできていない状況で、日本に来ると自分と似たような被害を受けた原告たちがいて自分の話を聞いてくれる、自分をありのまま受け入れてくれる人々がいたのである。さらにその対象が加害国である日本の市民であり、彼ら彼女らと直接交流することで精神的に慰められたように考えられる。そのような原告たちの変化は、支援者たちにとっても大きな励みになっていた。とくに支援活動に参加していた若い支援者の中には、被害者の苦痛と傷に支援者自身の経験をリンクさせる場合もあったという。

【事例7】原告たちに励まされた若者たち

花房恵美子氏：人の役に立ちたいから、支援する会に関わってるんだけど、でも、その中でおばあさんたちの傷とリンクするわけね。若い人はやっぱりいじめにあったり、そこに書いてないけど、性被害にあってる子もいるし。ずっと抱えてますよね。ずっと抱えながら、解決できないけれども、あの支援する会でおばあさんたちと関わってる時は、おばあさんにエネルギーもらいながら、自分も支えるって感じ。

花房俊雄氏：そういう人が、そういう被害者たちを支援する、そういう市民運動やったら、そこに自分の居場所があるんではないかって。そこに行けば、自分の問題も何とかかね。自分の中で一緒に解決できるんじゃないかって、思いもあって、来る人も、若い人の中には結構いたと。ハルモニたちが自分の痛みを、裁判なんかで訴えて、変わっていくって姿っていうのは、とっても、大きな励みになるよね。

支援活動の主軸となっていた戦後世代にとって、戦争に対する集団的記憶によって内在していた公共性が運動の動機になったとすれば、若い世代の場合いじめや性被害、社会的関係に対する被害や悩みが運動の動機になる場合もあった。彼らにとって想像できないほどの苦痛を体験した原告たちが、裁判を通じてそれを克服していく姿は、支援者たちにも大きな励みになっていたのである。以下の事例では、支援活動を通じて支援者が抱いていた感情がどのように変化していったのかが伺える。

【事例8】当時の参加理由は、日本と韓国の歴史や交流の延長であったり、フェミニズムへの関わりでした。それはそれで、真剣に取り組んでいました。しかし、今振り返って、さらにそれらの理由の奥に、自分個人の共感があると分かります。それは、孤独と不安と怒りです。(…)では、関釜裁判を支援する会への参加の結果、石化したような心が変化したり、また、将来への不安が減ったかというと、そうでもありません。ただ、原告たちの生き様に少しでも接することができ、真剣にかかわろうとしたので、やはり、かけがえのない時間なのです。(花房・花房 2021:254-257)

【事例8】の支援者は日韓の歴史交流やフェミニズムへの関心が支援する会への参加へのきっかけとなったが、自分自身が抱えていた孤独感や不安といったものが原告たちとの出会いを通して緩和されていたと述べる。それによって支援者個人が抱えていた現実問題が解決に至ったとは言えないにしても、支援の場が生き生きとした時間と励みを与えたことには間違いないだろう。

関釜裁判の原告として参加した梁錦徳氏は、裁判の経験について次のように記述した。「私がこのように無我夢中になって闘ったので、世の中の人々が、私、梁錦徳のことを認めてくれたのだ。もし成り行き任せに途中で諦めていたら、誰も私のことを知らなかっただろう。今でも機会さえあれば、日本でもどこでも走って行って、日本の過ちを告発したい気持ちでいっぱいだ」（梁 2021:14）と述べ、裁判の過程が名誉回復に重要な事件だったことを示している。二〇年間続いた裁判が敗訴になり、法的な解決には至らなかったにしても、日本の支援者たちと被害者同士が親密性を基盤にともに作り出した支援の場は、被害者たちを回復させたものとして評価しなければならない。関釜裁判を支援する会において、支援者と被害者たちは、親密性を持って裁判勝訴と名誉回復という戦いのために連帯し、共同の課題と各自の問題に取り組み、励まし合った同僚であった。すなわち、支援者と原告たちの関係性は、「加害者と被害者」または「支援する／受ける」といった関係を越えた、より対等で相互補完的な関係であったと言える。こうした支援する会の実践は、人権という普遍的な問題の解決のために支援者と被害者が連帯し、共に成長または回復を図った過程だったとも言えるだろう。

おわりに

関釜裁判の支援活動における市民活動家たちの参加は、戦後世代の持っていた加害者意識や原罪意識などの公共性に基づいていた。同時に、支援の対象が実在しており、原告たちとの出会いが可能であったことが支援者たちにとっては運動を継続させる原動力になっていた。被害者に「寄り添う」といった運動の方式としての「親密性」は、支援者と原告たちが交流を重ねるなかでより深化し、支援する会の在り方として定着していた。

支援活動における親密性の形成と深化は、支援者たちにとって慰安婦被害者や女子勤労挺身隊被害者といった該当問題が、個別的な被害事実ではなく人権に関わるより普遍的な問題であることを意識させた。そういった意味で、戦後補償運動のあり方や意義を考えるにあたり、戦時中の被害事実を究明し、法的に解決することにとどまらず、それらの被害事実が個人の生全体にわたってどのような影響を与えてしまうのか、またそれはそもそも補償可能なものなのかということを理解し、突き詰めていくことが求められるのではないか。言い換えれば、もし法的解決が実現できたとしても、被害者の傷が完全に回復されるわけではないということを理解することから戦後補償は始まるのかもしれない。そのことを関釜裁判を支援する会の支援者たちは意識し、他者の生や身体への関心と配慮といった親密性の形成を戦後補償運動の過程で実践していたように考えられる。

親密性を基盤とする支援活動と裁判が継続していく過程のなかで、原告たちは尊厳を取り戻していった。その姿から支援者たち自身も励まされた経験をし、支援運動の場が支援者と被害者双方にとって、互いに支え合う場になっていたことが伺えた。こうした支援者と被害者間の親密性は、支援者にとっては支援活動を続けていくことへの勇気や原動力にもなり、支援する会における親密性の深化は、運動の在り方を問い、運動を継続させるものとして、共同体の拡大にも繋がっていったと言える。

註

(1) 二〇二一年九月二三日に実施した花房俊雄氏、花房恵美子氏へのインタビューに基づく。
(2) 二〇二三年七月一六日に実施した都築寿美枝氏へのインタビューに基づく。
(3) 二〇二三年七月一七日に実施した土井桂子氏へのインタビューに基づく。
(4) 二〇二一年九月二三日に実施した花房恵美子氏へのインタビューに基づく。
(5) 二〇二一年九月二三日に実施した花房恵美子氏へのインタビューに基づく。
(6) 二〇二一年九月二三日に実施した花房俊雄氏、花房恵美子氏へのインタビューに基づく。

参考文献

김광열 편저 (二〇一三)『일본 시민의 역사반성 운동――평화적인 한・일관계를 위한 제언』선인（金廣烈編著（2013）『日本市民の歴史反省運動――平和的韓日関係のための提言』ソニン）
齋藤純一 (二〇〇〇)『公共性』岩波書店
花房俊雄・花房恵美子 (2021)『関釜裁判がめざしたもの――韓国のおばあさんたちに寄り添って』白澤社
橋口昌治 (二〇一一)『若者の労働運動――「働かせろ」と「働かないぞ」の社会学』生活書院
古市憲寿 (二〇一一)『絶望の国の幸福な若者たち』講談社
本庄十喜 (二〇一三)「日本国内における戦後補償運動の歴史的展開と「加害者認識」の形成過程」、明治大学博士学位論文
三井さよ (二〇一八)『はじめてのケア論』有斐閣
梁錦徳・金性珠・金正珠著、李洋秀訳 (2021)「梁錦徳さんのお話「死ぬ前に聞きたい一言」、『奪われた青春奪われた人生――朝鮮女子勤労挺身隊ハルモニの自叙伝』勤労挺身隊ハルモニと共にする市民の会
「関釜裁判ニュース」三、一九九三年九月三〇日
「関釜裁判ニュース」五、一九九四年五月七日

「関釜裁判ニュース」一〇、一九九五年六月三日
「関釜裁判ニュース」一四、一九九六年二月二四日
「関釜裁判ニュース」四二、二〇二三年七月二七日

第三章　歴史を語り継ぐための闘いと連帯
「名古屋三菱・朝鮮女子勤労挺身隊訴訟を支援する会」

福島みのり

はじめに

一九九七年一二月二四日大阪地方裁判所で始まった徴用工訴訟は、二〇〇三年一〇月九日、日本の最高裁判所で棄却されたが、元徴用工などはこれを不服とし、二〇〇五年二月、韓国の裁判所で新日鉄住金に対し訴訟を起こした。二〇一八年一〇月三〇日に韓国最高裁は新日鉄住金に損害賠償の判決を下し、長年の損害賠償訴訟は幕を下ろした。これに対し日本政府は猛反発し、一九六五年の日韓条約にて解決済みと主張し、日韓の関係は悪化の一途をたどった。

だが、政府レベルでは膠着状態に陥ったものの、民間・市民のレベルでは日韓の関係を改善しようとする努力は水面下で継続して行われてきた。日韓市民対話や日韓青少年交流、日韓市民連帯に関する模索などがその例である。こうした中、二〇二二年の春、韓国では米韓・日韓の外交、経済、軍事的パートナーシップを重視する政権が誕生すると、状況は急変した。膠着状態に陥っていた徴用工問題が急遽解決の方向に動き出したのである。韓国政府は韓国の企業などが出捐する基金で被害者に補償する計画を発表した。しかし、国家間の政治的交渉が常にそうであるように、日韓政府の対応は依然「被害者」に対する謝罪と歴史的な過ちを直視することとはかけ離れており、人権という普遍的な価値と真摯に向き合う姿勢も全く見られない。よって、市民、個人のレベルでの徴用工問題は、依然未解決のままであるといえる。

本稿は、徴用工の問題を本格的に提起した「名古屋三菱・朝鮮女子勤労挺身隊訴訟を支援する会（以下「支援する会」に省略）」の日韓連帯の活動を検討することで、市民レベルでの日韓連帯の意義を考察する。本稿で主に扱うテクストは『ほうせん花二〇二二――つなぐ記憶と継承』（以下、『ほうせん花』）というミュージカル公演である。このミュージカルは「支援する会」の自伝のようなテクストとして、この団体の過去と現在、未来が凝縮されており、国家と資本という権力と闘ってきた市民らの記憶と連帯、そして未来世代への継承というこれまでの日韓連帯が求めてきたキーワードも含まれている。

1　歴史を語り継ぐミュージカル『ほうせん花』

「歴史を語り継ぐ」とはどのような意味をもつのか。この言葉は、マスコミをはじめとし、教育現場などでよく使われるものの、実情を見る限り頭を悩ませざるを得ない。例として、日本の多くの学生は歴史の授業を通じて、「原爆が投下され、平和の時代がきた」と学ぶ。広島、長崎の原爆の被害者らが犠牲となり、日本に平和が訪れたと記憶しているのである。数年前、世界的に有名なＢＴＳのあるメンバーが原爆Ｔシャツを着たことで大騒動になり、日本のマスコミも大きく取り上げ、「不謹慎だ」と批判した。だが、日本に投下された原爆は、朝鮮半島から見ると日本の植民地からの解放を意味したのである。

日本はいつからか被害者となり、加害者意識はほとんど忘れ去られ、平和、歴史の継承などの言葉も中身を失ったまま、独り歩きしている。そのような状況下では実体がある歴史的な「出来事」を記憶・共有し、連帯していくことが重要となる。『ほうせん花』は、この点を明確に表現したミュージカルである。パンフレットには次のように案内文が掲載されている。

一九八五年四月、ひとりの教師が熱田高校に赴任してきた。教師の名前は高野裕。彼は学校周辺の戦争遺跡と戦時下の軍需工場を訪ね歩き、太平洋戦争末期に名古屋を襲った地震で犠牲となった者たちの「殉職者名簿」を入手する。そこには、朝鮮の各地から集められた少女たちの名前も記載されていたが、驚くことにすべて「日本名」だった。

異国の地で亡くなった六名の少女の本当の名前は何だったのか。幼い子どもたちがなぜ親元から遠く離れた名古屋に来たのか。次々と浮かぶ謎を説くため高野とその仲間たちは韓国に向かう。これは、日韓両国のあいだに横たわる海峡に、冷たい潮流を流そうとする力にあらがい、それを乗り越えようと懸命に生きた両国市民の友情と涙、そして希望の物語である。

引用に出てくる「熱田高校の教師、高野裕」は、「支援する会」の代表を務めている高橋誠氏のミュージカルの中での名前であり、「異国の地で亡くなった六名の少女」は、元朝鮮女子勤労挺身隊である。一九四四年から四〇余年が過ぎた一九八五年、熱田高校に赴任した高橋氏は、名もなくその存在も知られていない四〇余年前に朝鮮から来た少女たちを探し始め、彼女たちに行われた国家と資本の暴力を歴史的な文脈に位置づけはじめたのである。

三菱重工の名古屋航空機製作所道徳工場の殉職者名簿を丹念に調べ、戦時中に朝鮮人少女が連行されていたことを突き止めた。侵略戦争により、労働力不足を補うため、全羅南道、忠清南道の満一二歳～一四歳の少女を対象に、「日本に行けばお金が稼げる」「女学校にも通える」という話の下、航空挺身隊として日本に渡ったのである。だが、実際に日本に来てみると、八時間以上にわたる労働にも関わらず、賃金も満足な食事も与えず強制労働をさせられた。一九四四年には東南海地震により六名の女子挺身隊が命を落としたのである。また、東南海地震で死亡した少女たちは、殉職者慰霊碑の銘板からなぜか欠落しており、韓国に渡るなどして身元を確かめ、追悼碑を建てたのであった。（高橋氏のインタビューより(1)）

四〇余年前、朝鮮から名古屋に強制動員された少女たちの名前を探し、彼女たちに害を加えた国家と資本に対し謝罪と賠償を要求し、彼女たちが経験した悲惨な歴史を世に知らせ、記憶する動きはこのようにしてはじまった。

2 『ほうせん花』の三つのストーリー

『ほうせん花』は三つのストーリーから構成されている。一つ目は、元朝鮮女子勤労挺身隊のストーリーで、彼女たちの過去と現在のことが描かれている。二つ目は、現在における日本の若者の物語である。K‐POPが好きで、隣の国の人々ともっと親しくなりたいが、よく分からない歴史問題が立ちはだかっている。「過去なんか考えてどうするの?」と思う若者もいれば、「過去について知りたい」と思う若者も少なからずいる。三つ目は、「支援する会」のストーリーである。これまでの「支援する会」の歩みを振り返りながら、本会の初期の志を確認するとともに「記憶」「連帯」「継承」というキーワードで纏められる歴史を後世に残す役割を担っている。以下、『ほうせん花』のカギとなる「支援する会」のストーリーから分析する。

「支援する会」のストーリー

二〇二二年九月、名古屋市公会堂で二回公演が行われたミュージカル『ほうせん花』。垂れ幕が上がり、舞台に目をむけると「名古屋朝鮮女子勤労挺身隊 賃金未払い」「三菱重工業は、被害者に謝罪し、賠償せよ!」という横断幕が目に入る。ミュージカルは「フライデーレポート(金曜行動)」の歌からはじまった。舞台に立った一〇代から六〇代までの幅広い世代が「フライデーレポート」を歌った。何よりも力強く、軽快な歌であった。

人並あふれる朝の駅、私は流れに立つ一本の杭です。けっしてくじけない人間の強さを、足早にあなたに伝えたい。おはよう。おはよう。金曜日、品川駅が光に満ちています。傘を離さず雨の駅。私は流れに落ちた一粒のしずくです。決して譲れない人間の誇りを、ビラを受け取るあなたに伝えたい。ありがとう、ありがとう。金曜日、品川駅は雨に煙っています。（彼らは歌を歌いながら、待ちゆく人たちにチラシを渡している）［…］靴音も凍える朝の駅。私は流れに浮かぶ一枚の木の葉です。決して凍らない人間の厚さが励ましてくれるあなたから伝わる。がんばって、がんばって。金曜日、品川駅は木枯らし吹き抜けます。おはよう、おはよう、ありがとう。

ミュージカルを観る前は、太平洋戦争の暗黒な記憶を再現する重くるしい光景の中で、今やハルモニとなった少女たちの受難の物語だと予想していた。だが、このオープニングの一曲から、「支援する会」が結成された一九九八年から今日に至るまで、一度たりとも絶えることなく続けてきた金曜行動を軽快に力強く再現している。ミュージカル『ほうせん花』は、「支援する会」がこれまで歩んできた「記憶」と「連帯」の価値を確認し、未来世代に継承しようとする「支援する会」が主人公となった公演であった。これまで自分たちが行ってきた活動と目的と志を表現した、いわば自伝であった。言うまでもなく、観客はこの公演を観る前から、「金曜行動(2)によって、三菱や日本政府の公式的な謝罪を導き出すことは困難であり、長く続いた日本での裁判は敗訴に終わっている」ことをすでに知っている。しかし、これまで可視化されてこなかった女子勤労挺身隊の存在を世に知らせ、今やハルモニとなった少女たちやその遺族を探し出し、追悼碑を建て、訴訟まで起こすなど歴史を動かす歩みであったといえる。二〇〇九年には韓国の光州で「勤労挺身隊ハルモニとともにする会」が結成されるようになったのも、こうした「支援する会」の活動の成果といえる。ゆえに、彼らが行ってきた活動に対する「誇り」と「プライド」をまず伝えたかったのではないか。

「支援する会」は一九九八年に設立されたが、先述のとおりその歴史は一九八五年にまで遡る。『ほうせん花』には、当時熱田高校の教師であった高橋誠氏（ミュージカルでは高野氏）が、一九四四年の東南海地震によって犠牲になった六名の元挺身隊の本名を突き止め、意志を同じくする人々とともに追悼碑を建てるため、遺族を探す印象深い場面が登場する。彼らは韓国に渡り、犠牲になったチェ・ジョンレの姪であるイ・キョンジャ氏に会う。そこで彼女は泣きながら語る。

戦争が終わり、何年が経っても日本は私たちに何もしてこなかった。なぜ日本人が私たち朝鮮人のために追悼碑を建てるのか。

忘却していた存在（元挺身隊）に追悼碑を建てることで名前を取り戻す場面であり、容赦と和解の場面でもあると同時に、今後裁判における長年の闘いがはじまるため、連帯の場面ともいえる。だが、高野氏をはじめとした日本の人々は、日本という国家を代表し謝罪するわけではない。彼らは日本人という国籍、民族という枠に捕われざるをえないが、それを超え一市民として遺族に向き合うのである。

こうして追悼碑が建てられ、裁判での闘いのため一九九八年には「支援する会」が結成された。会員は一一〇〇人に達し、四〇名ほどの弁護人が名を連ねるようになった。名古屋弁護士会の副会長はこの裁判にかける思いを次のように語った。

韓国のハルモニたちに対して日本人の弁護士がどう理解してどう訴えるか、難しい問題です。理屈の問題は勉強すればできるが、原告の人々の気持ちは勉強してもできないんだ…。これはやらなきゃいかんと思った。原告側は、戦争中、騙されて連行され辛い労働を余儀なくされた。それだけでも十分不条理なのに、戦後も言われのない苦しみに苛まれたわけです。我が国の罪がいかに大きかったのかを突き付けているんだよ。同じことを侵しかねない。原告らの救済を図るのはもちろん、日本人の歴史認識を問うているんだ。（『ほうせん花』のせりふより）

副会長の語った言葉は、裁判のもう一つの目的でもある「支援する会」の存在意義を表したものでもある。それは、国家や資本に捕らわれない人類の普遍的な価値への目覚めでもあろう。

勤労挺身隊の少女たちの過去と現在のストーリー

オープニングの歌が終わると、チマチョゴリを着た女性ヤン・クンドクさんがステージの中央に登場する。挺身隊の被害者である彼女は、今日に至るまで日本政府からの謝罪がないまま不安定な生活を送っている。「外務省に面会の要請をしてきたが、いまだに面会できてない」「賠償金の解決を早くしてもらいたい。一人暮らしで不安。三菱で騙されてきて七六年。裁判以降二一年。まだ給与ももらっていない。謝罪もない。早くお願いしたい」と悲痛の念を語る。

私が一番幸せだったのは一九四四年五月三一日まで。日本に行けば働きながら女学校に行けると思った。だが、私の人生は狂ってしまった。私が六年生になった時、憲兵が来た。「日本に行けばお金も貯まり、仕送りもできる。女学校にも通える。いつでも朝鮮に帰れる。体が丈夫で頭がいい学生を一〇人選べ」と憲兵は言い放った。当時、挺身隊などに絶対行くんじゃないと言っていた父親に対し、「女学校にも通える」と伝えたところ、「日本人は朝鮮人を獣扱いしているんだ」と怒鳴った。当時は、絶対行くんじゃないと言った父親を恨んだ。そして、私は父が外出した際に、印鑑を担任の先生に預けてしまったのである。今思えば、父親が正しかったのだ。

元挺身隊の過去と現在が舞台の上で同時に演出される場面である。少女時代の彼女たちの夢は叶うどころか、大日本帝国によって人生そのものが破壊されてしまったことを表現したのである。続く場面はミュージカルというジャンルを上手く活かしたシーンでもある。同じ灰色のモンペを着、頭には旭日旗の頭巾を被り、一列に並んで歩きながら挺身隊の歌を歌う少女たち。歌が終わると「大日本帝国の臣民であります。私どもは、心を合わせて天皇陛下に忠誠を誓い、立派な臣民になります。」と復唱する少女たち。ところが、夜になると毎日の過酷な強制労働からくる怖さと辛さ、故郷を想うといたたまれず寂しさを感じずにはいられない。声を殺しすすり泣きながら、みなでアリランの歌を歌った。そして、彼女たちの辛くて怖かった記憶が一つ一つ舞台の上で甦る。

何よりつらいのはお腹が減ることであり、寄宿舎の食事は一握りの麦飯とみそ汁、沢庵と梅干二個ほどであった。でもその人たちは食べ残すことが多かったため、食べ残しに目が行って手でつかんで裾に隠したこともあった。

キム・ソンジュさんは板を切断する仕事をしていたが、ある時、機械に指を挟まれる事件が起きた。ほんの一瞬の出来事であったが、指から血が出て激痛に泣いた。そんな状況の中、信じられない光景が起きた。日本人がまるでおはじきで遊ぶように、切れたキム・ソンジュさんの指をキャッチボールしていたのである。彼女は驚いて気絶しそうになった。赤チンだけ塗って包帯を巻く程度でまだ治っていないのに、包帯をはがし、指からポタポタ血が落ちた。キム・ソンジュさんは作業場から急いで飛び出たのである。

一九四五年八月一五日、太平洋戦争で日本が敗戦する。生き残った挺身隊の少女たちが韓国に帰国する際、三菱は「荷物は置いていけ。あとで給与と一緒におくってやる」と言った。ヤン・クンドクさんもやっと故郷に帰ることができた。一九四五年一〇月二二日、最終列車で羅州駅に到着した。母親が朝鮮解放の日からいつ帰ってくるかわからないヤン・クンドクさんを一日中待っていた。その時、「ほうせん花」の歌、故郷を懐かしむ歌が流れる。この歌は、「植民地支配の中でいつか独立を勝ち取る願いをほうせん花に託した」歌であった。

垣根に咲いた鳳仙花よ、君の姿が痛ましい。長い長い夏の日に美しく花ひらくとき、花も恥じらう乙女らが君とたのしく戯れた。

いつのまにか夏がゆき、秋風そよと吹いてきて、美しかった花ぶさを見るも無残にむしばむと散り落ちながら萎れゆく君の姿が痛ましい。

雪降る冬の北風に、君の姿消えようと平和の夢を見続ける。その魂はここにあり、うららかに吹く春風によみがえる日を待ち望む。（訳：船津建）

ほうせん花はもともと朝鮮の少女の魂を表す花でもある。大日本帝国に騙され、人生の始まりから潰されてしまった挺身隊少女の魂、消え去った夢を表すシンボルとしてはこれ以上ないであろう。このミュージカルにおいても、タイトルにこの花の名前を使ったのは納得がいく。

『ほうせん花』では、「大日本帝国＝憲兵＝工場長＝男性」vs「植民地朝鮮＝挺身隊＝少女」という形式で表現されている。単純な図式ともいえるが、二〇世紀までの歴史はこうしたジェンダーバイアスに基づいていたのである。事実、一九八八年に高橋誠氏らは元挺身隊やその遺族に出逢ったが、裁判に訴えるまでには一〇年もかかった。その主な理由は、元挺身隊やその遺族が「自分が元挺身隊であったこと」を、従軍慰安婦と同様、名乗り出るには勇気が必要だったためだといえる。彼女たちは長年、社会的な偏見と闘ってきたのである。

母の近所では、体を売っていくら儲けてきたと言われて。日本に行ってきたという話は絶対するな。そんな話をしたら、相手は逃げていった。

二一歳で結婚。夫は何度も家出をして、他の女に生ませた子供を三人も連れてきて育てろと。お前は汚いからだなんだろう？と言った。喧嘩が絶えず悔しくてたまらなかった。（『ほうせん花』のせりふより）

一九九八年以降訴訟が可能になったのは、東西冷戦の崩壊に加え、女性とジェンダーの問題が世界的に表面化されはじめたことがその背景にある。こうした状況になるまで五〇年の年月が必要だった。元挺身隊のハルモニの悲痛の叫びに心が動き、裁判を起こすため、一九九八年に「支援する会」も立ち上がったのである。(3)

未来世代への継承の語り

オープニングでヤン・クンドクさんの叫びが終わると、同じステージの左側では日本の若者七人が語り合っている。彼らは昨今（二〇二一年の時点）の日韓関係の悪化について語り合っている。若者の一人が話しかけた「日韓関係が悪いのは何が原因かわかってる？」という問いにみな戸惑いを隠せずにいる。「そういえばBTSの原爆Tシャツ問題があったよね？」そんな会話をしていく中で、「昔の話じゃん」「いや、韓国では昔の話じゃない」という会話が飛び交う。あやふやな情報をもとに会話を進めていく中で、「ピース愛知（愛知県名古屋市名東区よもぎ台にある戦争と平和に関する資料館）」にこの間訪問したことがある一人の少女が舞台の前に出る。「一九四四年に朝鮮で起きたこと。太平洋戦争が終わる前。朝鮮人を労働力として動員したのよ」こう語りはじめた少女は、その後の歴史についても語ろうとするが、若者の間で「そんな話を聞きたくない」、「いや、もう少し聞いてみたい」と揉める。少し言い争った後、「もう少し歴史の話を聞いてみたい」という雰囲気に流れていく。そこで「熱田高校の教師、高野裕」が登場し、若者たちに忘れ去った過去の話を語りはじめる。

ミュージカル『ほうせん花』は、教育的な性格を帯びた公演であった。「支援する会」がこれまで歩んできた「記憶」と「連帯」の価値を未来世代に必死に継承しようとする公演だったためである。実際に公演を観にきた観客の殆どは年配の人々で、若い観客は少数であったが、「支援する会」が誰より待ち望んでいた観客は若者であることは間違いないだろう。人々が常に口に出す「未来世代への継承」とはそう容易ではないことが分かる瞬間でもある。しかしながら、「支援する会」は『ほうせん花』の中で自分たちが知る歴史を単に言い伝えるより、ミュージカルの中に現在の若者の考えなどを取り入れるなど、若い世代と対話しようと努めていたことは「継承」の困難に直面している我々に一つのヒントを与えてくれたのかもしれない。

外国人労働者の問題は言うまでもなく、非正規雇用を転々とする現在日本の若者の状況をみてみると、自然と戦前の勤労挺身隊の少女たちと重なり合う。現在、世界中に人権侵害に晒されている大勢の子どもや女性がいる。勤労挺身隊の少女たちの歴史から、国家や資本が踏み躙った「普遍的な人権」に気づく。「支援する会」は、現在日本の若者にこうした普遍性を見てほしいと願っているのではないだろうか。

3　ミュージカル『ほうせん花』誕生の経緯

本ミュージカルは、「支援する会」「愛知・県民の手による平和を念願する演劇会（以下、平演会）」の共同主催である。代表の高橋氏によると、一九九九年三菱に損害賠償請求裁判を起こし、四年半後の二〇〇三年に演劇『ほうせん花――朝鮮女子挺身隊』を作り、朝鮮女子勤労挺身隊の実情を知らせた。当時は高校の教師が中心となり活動をしていたが、「平演会」が高校教師の活動を知るようになり、是非演劇化したいという提案がなされた。二〇、三〇年の間、高校で勤めていたメンバーが中心となり、演劇部の教師が教え子の中学・高校、大学生に呼び掛けた。また、代表の高橋氏によるミニ講義も行われ、四十四回の稽古に励んだ。劇団員は会社員、公務員、教員（高校教員・大学教員）、弁護士から大学生、高校・中学生に至るまで多様な人びとが参加した。さらに、このミュージカルに生存原告の四人も参加するために名古屋に来た。歌と踊りに関しては、在日コリアンと連携し、朝鮮学校関係者の指導を受け、日本の学生が躍った。この時期、平演会の人たちが「大法院の判決」が下されていないけれども、金曜行動をすることになり、演劇化につながっていった。二〇〇三年度は三ステージで一八五〇人、原告は六人中五人参加した。

一方、二〇二二年に開催されたミュージカル『ほうせん花』は、二〇〇三年八月に初公演が行われて以降、一九年ぶりの再演であった。高橋代表は観客一五〇〇人を目標に、過去について知らない日本人に勤労挺身隊問題を伝えるため、一九年ぶりに再上演を企画したが、二〇二二年の参加者は三ステージ九〇〇人と半減し、原告が一人もいなかった理由として、高齢化が影響していると語った。『ほうせん花』は、この二〇、三〇年余り高校で勤めてきた教員のメンバーが中心となり、演劇部の教師や教え子、大学生などが中心となって稽古を続けてきた。ミュージカルの後半では戦後補償問題をめぐる裁判のシーンにおいて、戦後補償問題に関係のない弁護士が事務局長の役を務め、本物の事務局長が褒めたというエピソードを語った。高橋氏は二〇二二年度と二〇〇三年度の公演の違いとして、二〇二二年度が合唱の役割が大きかったと語り、金曜行動につながったことを指摘する。(4)

おわりに

被害者の被った具体的な被害の事実を明確にし、記憶すること、歴史の犠牲者らの中から普遍的な人権の問題を発見し、彼らの名前を取り戻そうとすることが「支援する会」のすべてであった。市民が国家と資本の権力、暴力に対抗し、日韓市民運動につなげていった点で「日韓連帯の歴史」の一つとなった。「支援する会」の自伝のようなミュージカル『ほうせん花』は、いわば「歴史の被害者」について語り継ぐ実践にとどまらず、未来世代への継承を積極的に取り入れた公演であった。

二〇二四年には韓国の光州で韓国の人々が作り上げる『ほうせん花』が予定されている。日本からはじまった元勤労挺身隊の少女たちについて語り継ぐ実践が、韓国に繋がるのは意義深い。民族や国家という理念はそもそも「ある語り」からはじまり、「大きな物語」で完成される。民族や国家という理念に対抗するのも、やはり市民の「語り」からはじまらなければならない。こうした「語り」がうねりを作り、未来世代に響くことに期待したい。『ほうせん花』はその「語り」のはじまりだったといえる。

表1　名古屋三菱・朝鮮女子勤労挺身隊に関する年表

年月	主な出来事
1938年～1944年	「国家総動員法」(1938年)、「国民徴用令」(1939年)「朝鮮徴兵令」(1943年)、「女子挺身勤労令」(1944年) などが発令
1944年5月	忠清南道、全羅南道地域から150余人ずつ、約300人の女子勤労挺身隊が動員。飛行機の部品や枠型の製造、ペンキ塗り作業を行う。
1944年12月7日	東南海地震が発生。光州・全南地域から動員された女子勤労挺身隊隊員6名が死亡
1945年2月	元挺身隊の金正珠氏は13歳で不二越鋼材工業富山工場に強制動員される。1945年5月には不二越の従業員36,253人のうち、1,089人が朝鮮女子勤労挺身隊。
1945年8月15日	日本の敗戦で朝鮮は独立
1994年	元挺身隊の梁錦徳氏、「太平洋戦争犠牲者光州遺族会」へ加入。日本軍「慰安婦」被害者3人、「女子勤労挺身隊」被害者7人等全員で10人を原告とした「関釜裁判」に参加する。最高裁判所で敗訴 (2003年)
1998年	戦後謝罪と補償裁判を起こすために「支援する会」が結成される。
1999年3月1日	名古屋三菱工場に勤労挺身隊として動員された被害者ら8人(梁錦徳含む) は、日本政府と三菱重工業を相手取り、名古屋地方裁判所に損害賠償請求訴訟を起こす。金性珠氏、2000年12月から訴訟に参加。
2003年8月	『ほうせん花2003』の公演
2005年～2008年	日本の裁判所から「1965年協定で解決済み」と伝えられる。名古屋地方裁判所 (2005年2月24日)、名古屋高等裁判所(2007年5月31日)、最高裁判所 (2008年11月11日) も上告を棄却。原告の敗訴が確定。
2006年	歌舞・ヴァイオリン・ピアノ演奏会、『「あの少女」たちは忘れない』
2007年7月～2022年	毎週金曜行動を開始 (518回)・金曜手紙行動 (100回)
2009年3月	光州に「勤労挺身隊ハルモニと共にする市民の会」が結成。日本の市民団体と連帯し、活動を開始。
2010年6月	東京での三歩一拝デモ (22人の遠征団が品川駅から三菱重工本社前まで三歩一拝 (6月23日)

2012年10月	光州地方法院で三菱重工業を相手に、再び損害賠償請求訴訟を起こす。
2013年11月	光州地方法院で初めて勝訴
2014年6月	「日帝強制動員被害者支援財団」設立（韓国ソウル）
2015年6月	光州高等法院でも続けて勝訴
2018年11月	韓国の大法院は、日本企業に元徴用工への損害賠償を命じる。だが、2023年現在、損害賠償は履行されず、名古屋訴訟原告5人と韓国訴訟原告1人が死亡。提訴に至らなかった勤労挺身隊被害者も他界。
2019年3月	三菱重工業が韓国内に所有している「商標権」2件、「特許権」6件に対し差し押さえ措置を取り、売却手続きを進める（2021年12月）。
2019年7月	「徴用工」や「女子勤労挺身隊」をめぐる一連の訟訴についての韓国裁判所の判決と韓国政府の判断に日本政府は不満を抱き、「輸出規制措置」をとり、日韓関係が悪化する。
2022年9月	『ほうせん花　2022』の公演
2022年11月	「2022大韓民国人権賞受賞者」に梁錦徳氏が推薦されたが、尹政権は拒否する。
2024年2月	『ほうせん花』が韓国光州で公演される予定。

註

（1）二〇二三年一月、名古屋にある高橋氏の自宅で「名古屋三菱・朝鮮女子勤労挺身隊訴訟を支援する会」とミュージカル『ほうせん花』についてインタビューを行った。その中から一部を引用した。

（2）こうした経緯も含め、戦後謝罪と補償裁判を起こすために、一九九八年に「支援する会」を立ち上げた。『東京新聞』（二〇二二年八月二四日）によると、戦時中に朝鮮女子挺身隊として動員され、名古屋市の軍需工場で働いていた韓国人女性（九二）は最近、日本年金機構（東京）が厚生年金の脱退手当金として九九円を支払ったことに対し、貨幣価値の変化を考慮せず七七年前の金額通りに支給したのは「愚弄だ」と批判した。「私の命は九九円」と記したパネルを手にした女性が涙ぐむ様子が韓国のテレビなどで伝えられ、社会的な怒りが広がった。

二〇〇七年七月以降、支援の会は毎月第二金曜日に三菱マテリアルと三菱商事の前で「戦後補償」を求めデモを行っている。いわば、金曜行動は、戦前三菱で働いていた幼い女性たちの戦後補償を求める運動の一つである。毎月第二金曜日に行う理由は、三菱銀行、三菱重工、三菱商事、三菱マテリアルを含めた二七社の社長と会長がランチタイムをしているためである。金曜行動を重ねる中で、三菱重工からはやめてほしいといわれ、協議に応じることになったという。事務局会議、協議などを重ねる中で、これまで支援する会のメンバーが東京に出向いていたが、名古屋にも来るようになった。高橋代表によれば、金曜行動はすでに五二五回を達成しており、「名古屋三菱・朝鮮女子勤労挺身隊に未払い賃金を払い、重工は勤労挺身隊隊員に謝罪と賠償をせよ」と書かれた横断幕を広げて抗議行動を行っている。最近は英語で書かれた垂れ幕「pay & say Sorry for the Korean Forced Laborers Now!」も準備し、三菱で働く外国人にもアピールする方向でデモを続けている。筆者も二〇二三年七月に一度同行した。一つ驚いたのは、市民運動家と三菱の関係者の間ですでに関係性が構築されていることであった。もちろん、最初は険悪な関係であったのだろうと推測できる。三菱マテリアルの前には、争いごとが起きないよう警察官も数名いたが、市民運動家との信頼関係はすでに長い年月が経ち、良好な関係のように思えた。だが、金曜行動の最中に何より筆者の目を引いたのは、黒塗りのベンツに乗り、次々と出勤する社員たちの無表情な顔だった。二〇〇七年に開始された金曜行動への参加者は今や一一四七人に達したものの、高齢化が一つの課題となっている。植民地時代の被害体験をどのように語り継ぎ、共有していくべきか、若い世代への記憶の継承が必要といえる。

（3）本ミュージカルは、二〇二一年に出版された梁錦徳・金性珠・金正珠著（李洋秀翻訳）『奪われた青春 奪われた人生――朝鮮女子勤労挺身隊ハルモニの自叙伝』（勤労挺身隊ハルモニと共にする市民の会）に描かれたハルモニの人生がもととなっている。

（4）「金曜行動五〇〇回特別号」（第七九号、二〇二〇年発行）では、「「五〇〇回×東京往復」が約七二〇キロの距離となり、地球を九周回った距離となった。だが、目的は被害者が救済されること。私たちは解決に向けてあと一歩、あと一息と前を向いて新たな歩みをはじめる！」という意思を示した。

参考文献

ミュージカル『ほうせん花二〇二二――つなぐ記憶と継承』パンフレット
梁錦徳・金性珠・金正珠著、李洋秀翻訳（二〇二一）『奪われた青春 奪われた人生：朝鮮女子勤労挺身隊ハルモニの自叙伝』勤労挺身隊ハルモニと共にする市民の会（発売：梨の木舎）
玄武岩・金敬黙編（二〇二二）『新たな時代の〈日韓連帯〉市民運動』寿郎社ブックレット
玄武岩（二〇二二）『〈ポスト帝国〉の東アジア――言説・表象・記憶』青土社
「名古屋三菱・朝鮮女子勤労挺身隊訴訟を支援する会」（ニュースレター）

第四章　「平和の少女像」を展示する実践

〈日韓連帯〉の親密圏から公共圏を成立させる

倉橋耕平

はじめに

一九七〇年代以降、韓国の民主化運動へのコミット、買春観光批判、在日コリアンの法的権利をめぐる運動など、日韓両社会の市民運動は連帯の形をとってきた。韓国社会が民主化したのちの一九九〇年代には、戦後補償裁判や「慰安婦」問題への対応などを通して、改めて日韓連帯のあり方が捉え直されるようにもなってきている。

本章で扱う「平和の少女像（平和の碑）」を展示する日本の市民連帯の実践も、「慰安婦」問題と戦時性暴力の解決を目指す人びとの手によって担われてきたものである。いまや韓国や欧米に複数建立されている少女像だが、問題解決のパートナーであるはずの日本には一基も建てられていない。それどころか、日本の右派歴史修正主義勢力は、九〇年代後半より「慰安婦」問題否定論を展開し、いまや政府の公式見解である「河野談話」すら見直そうとしている。そうした思潮により、戦時性奴隷制被害とその問題解決の運動を象徴する「平和の少女像」は右派からの激しい攻撃にさらされ、日本国内における展示会は毎回のように嫌がらせに遭い、延期や中止に追い込まれることすらある。

「平和の少女像」をめぐる言及も、製作者や展示会実践者たちのものが中心で、学術的なものに限ると極端に少なくなる。その中心は「表象」をめぐるものである。例えば、加納実紀代や上野千鶴子は少女像にたいし、性暴力の被害者が「少女」という一義的あるいは定型的に表象されてしまっていることを問題視する（加納 二〇一七：二〇三、上野 二〇一八：八）。こうした議論の方向性は、朴裕河が「少女慰安婦だけを代表する」（朴 二〇一四：一五四）として、韓国の「反日ナショナリズム」を代表するものであると批判したことの延長線上にある。しかし、玄武岩が指摘するように少女像が象徴する元「慰安婦」は生存しており、完全な過去ではないゆえ、それは「むしろ忘却に抗して意味を構築」する「想起の空間」である（玄 二〇二二：一九二）。定型化されたのではなく、「慰安婦」の証言が社会的な枠組みを再編し、「移行期正義」を追求するように物語が変化したことの方が重要である。加納、上野、朴の言説は、むしろ複数存在する少女像のデザインや文化作品で描かれる「慰安婦」の表象の複数性をこそ捨象し、カノン化することになるため、日本政府や日本の右派言説と重なりあう危険性を常に内包している。

以上のように像の「表象」をめぐるポリティクスは、繰り返し検討されている。しかし、学術的な試みとして、その平和の少女像を日本で展示する実践についての検討というものは管見の限り存在しない。では、平和の少女像を展示する実践は、いかにして市民連帯の親密圏を構築し、平和の少女像という「想起の空間」としての公共圏を成立させる実践なのか。

本稿では、この点をめぐって、日本における実践と妨害の状況、当事者たちの記録、実行委員への取材、筆者による参与観察をもとに検討を加えていく。第一節で簡単に「平和の少女像」とそれへの攻撃を概説したうえで、第二節で平和の少女像を展示する実践が具体的にどのように行われているのか記述していこう。以上を整理したのちの最終節では、少女像を展示する実践の意味はどのようなものかを検討する。以上の検討から、市民連帯の親密圏が持つ政治的な役割とコミュニケーションのあり方や、少女像が公共圏に「現れ」ることの意味を導き出させるのではないかと考えている。

1　平和の少女像と表現の不自由展

平和の少女像

「平和の少女像」は、二〇一一年一二月一四日、「慰安婦」被害者たちの人権と名誉を回復するためにはじまった「水曜デモ」の一〇〇〇回目の日を記念して、韓国挺身隊問題対策協議会（現・日本軍性奴隷制問題解決のための正義記憶連帯）の呼びかけに応え、多くの募金を得て、日本大使館を見つめるように道路を隔てて建てられた平和の碑である。制作したのは彫刻家のキム・ソギョンとキム・ウンソンの夫妻で、「たくさんの人たちと一緒にコミュニケーションできるように」と考え、少女の造形の隣に正義を気に掛ける人が一緒に座って記念撮影できるように隣に椅子が置かれている。

当初のデザインは、現在のような少女像ではなく、水曜デモに立ってきたハルモニたちの姿を構想していたという（キム、キム 二〇一六＝二〇二一：一三）。しかし、日本軍「性奴隷」にされた多くの被害者は少女だったことから、現在の少女像のデザインが採用された。平和の少女像は、故郷・故国を懐かしむ思いを韓服、故郷や家族と縁が切れたことをギザギザの髪、天と地をつなぐ自由、開放、平和の象徴を肩に乗った鳥、痛みの歳月の居心地の悪さを浮いた踵、長い年月をハルモニの影、この世を去ったハルモニの霊魂をその影の中の蝶、平和な世界への決意を握りしめたこぶしといった意匠を施され、「悲しいけれど悲しくないように、怒っているけれど怒った表情ではなく、幼くてか弱い少女だけれど決然とした意志がこもった」表情を伴って表現されている（キム、キム二〇一六＝二〇二一：三二一─四五）。そして、空いた椅子は、少女像とともに日本大使館を眺め連帯を促すように設置されている。一九九二年一月八日に水曜デモが始まり、二〇一一年に一〇〇〇回を迎えるにあたり、その「崇高な精神と歴史を引き継ぐために」と書かれた碑文とともに。

平和の少女像（平和の碑）は、戦時性暴力に反対し、平和を望む市民の手によって、いまや多くの場所に建立されている。例えば、高校生の歴史サークルが中心となって募金を集めて、高校などに校庭に建てられるなどの実践が続いている。二〇二一年四月末の段階で、韓国八一基、世界一六基（北米七基）の像が設置され、民衆芸術／社会芸術の一つのアイコンともなっている（キム、キム二〇一六＝二〇二一：巻末リスト（七）─（一二））[1]。

しかし、二〇二三年現在、「慰安婦」問題を解決のためのパートナーであるはずの日本には、一基も設置されていない。

平和の少女像の撤去を求める動き

二〇一五年の年末、安倍晋三政権と朴槿恵政権は、突如として「慰安婦」問題の「最終的かつ不可逆的な解決」を確認した「日韓合意」を発表し、岸田文雄外務大臣と尹炳世外交部長官による共同記者会見を行った。同合意は、被害者を交渉の場から外したばかりでなく、彼女らが求めてきた「真相究明」「日本政府への法的責任と謝罪の要求」「正しい歴史教育」そして「尊厳回復」といった呼びかけへの応答を拒んでいる。こうした態度は、今後国際政治の場で言及することを規制し、平和の少女像の撤去を求めたことから、人びとの記憶から「慰安婦」を抹消する歴史修正主義あるいは歴史否定と批判されるのも当然である。とりわけ「韓国政府は、日本政府が在韓国日本大使館前の少女像に対し、公館の安寧・威厳の維持の観点から懸念していることを認知し、韓国政府としても、可能な対応方向について関連団体との協議を行う等を通じて、適切に解決されるよう努力する」と位置付けられたように、平和の少女像は日韓外交の軋轢の象徴のようになっている。もちろん国際法に照らし合わせても「公館の安寧・威厳の維持」を侵害しているとは言い難い（阿部二〇二一：二二四）。

このように、日本政府、そしてその立場を支持する右派団体から平和の少女像はひどく「嫌われている」。次の表1は、これまでに少女像をめぐり日本の右派の攻撃または口撃のなかでも広く話題となったものを列挙したものである。

なぜここまで「嫌われている」のか。その大前提として、一九九〇年代後半から続く「慰安婦」問題の否定（歴史否定論）とその背景にある植民地主義への無反省や蔑視、そして女性蔑視（ミソジニー）があることは言うまでもない。そのうえで、平和の少女像を設置していく動きへの反発には三点ほど固有の理由をあげることができるだろう。

第一に、国際化する「慰安婦」問題への懸念がある。日本の右派は、二〇〇〇年代後半に入ると「慰安婦問題の主戦場はアメリカ」として、海外での活動を展開した。その背景は、二〇〇七年に米下院による「慰安婦」問題解決決議案が可決したことや、平和の少女像の世界展開があり、国際世論

2012 年 6 月、鈴木信行元国会議員（当時・維新政党・新風。現・日本国民党）が、「竹島は日本固有の領土」と書かれた 90 センチの杭を像の脚に結んだ（YouTube などで「売春婦像」呼ばわり）。
2013 年 12 月、テキサス親父（トニー・マラーノ）がグレンデール市の少女像に紙袋をかぶせ写真を撮影。
2017 年 4 月、小説家筒井康隆の性的侮辱ツイート（この時期、菅義偉官房長官（当時）は少女像の呼称を「慰安婦像」と統一）。
2016 年著書『「歴史戦」はオンナの闘い』（ＰＨＰ）で、杉田水脈「慰安婦像を何個建ててもそこが爆破されるとなったら、もうそれ 以上、建てようとは思わない」
2018 年 9 月、右派系市民団体「慰安婦の真実国民運動」の藤井実彦（論破プロジェクト、「慰安婦の真実」国民運動幹事）が台南市内の少女像に蹴り。
2019 年 8 月、「あいちトリエンナーレ 2019」の展示「表現の不自由展・その後」に「ガソリン携行缶を持ってお邪魔する」とした脅迫。
2021 年 6 月、右派の街頭抗議活動により「表現の不自由展」東京開催を延期。
2021 年 7 月、「表現の不自由展かんさい」抗議電話や街宣活動により施設利用の許可を撤回（→裁判で利用を認める）。

表 1　右派による平和の少女像への主な攻撃・口撃

を覆すには海外での活動を積極化しなければならなかったところがある（山口・能川・モーリスースズキ・小山二〇一六）。二〇一三年にグレンデール市に少女像が建立されると、右派はその動きを活発化させた。反対運動の中心は、在米日本人や「新一世」たちだった。なかでも「歴史の真実を求める世界連合会（ＧＡＨＴ）」は、日本の右派知識人や活動家と手を組んで二〇一四年二月にグレンデール市に撤去を求めて訴訟を提起するなど活発に活動した。

第二に、少女像が「少女」であることに由来する。日本の右派だけでなく、韓国の朴裕河は『帝国の慰安婦』のなかで、被害者のイメージが「少女」であるのは「例外」と「被害意識を維持」するのに役立ったという歴史修正主義的な主張を展開している。しかし、実際には被害者の証言集のなかをみても、七八人中七三人が未成年であり、一〇代前半の少女も少なくない。こうした若い女性が多い理由は、日本人「慰安婦」が成人している女性であったのに対して、民族差別を前提とした国際法の適用除外である植民地の未婚で性病のない、非売春女性を徴収した結果にほかならない（金 二〇一六：六三―六六）。少女像を忌避するのは、被害の深刻さを矮小化したい右派の歴史修正主義的な志向がある。

第三に、平和の少女像が、「像」であることの「物質性」である。レオ・チンは、その物質性により、実在の生と幻想を媒介し、迫真性を備えることによって、そこに支持者を集め、（日本にとって目障りなところに）場を占有している、と指摘した（Ching 二〇一九＝二〇二一：一三六―一三七）。確かに、像の背後には実在する／した被害者が存在する。支援者たちは、暑い日に麦わら帽子を被せたり、寒い日にはマフラーを巻いたり、彼女が寂しくないように動物のぬいぐるみを置く。日本の右翼によって、像を蹴ったり、顔に袋を被せたり、精液をかけようという発言が投げかけられるのは、そこに像が「ある」ことへの強烈な違和感と恐怖を逆照射している。これは同じコインの裏表の反応であると言える。すなわち、像であることの物質性や迫真性こそ、右派にとって嫌悪感を高めるものとなっていると言える。

表現の不自由展

この平和の少女像は、日本には一基も建てられていないどころか、これをアートとして展示しようとするだけで激しい攻撃にあう。「あいちトリエンナーレ二〇一九（以下、あいトリ）」の「表現の不自由展・その後」がまさにその典型例として広く人びととの記憶に残るものとなった。

では、この「表現の不自由展」はどのような経緯で実施されてきたのか。

きっかけとなったのは、二〇一二年にニコンの運営するニコンサロンでの、「慰安婦」写真展「重重」中止事件である。名古屋在住の写真家・安世鴻《あん・せほん》が朝鮮人日本軍「慰安婦」の女性たちの写真展を前年に希望し、開催が決定していた。事態が急転したのは開催一カ月前。写真展を紹介した『朝日新聞』の記事がネット右翼の目にとまり、2ちゃんねるなどインターネットを中心とした抗議活動に発展した。これに対応するため安世鴻は裁判所に仮処分手続きを行ない、会場利用の決定を勝ち取ることとなった。

その二カ月後、東京都美術館でJAALA美術家会議（Japan Asia Africa Latin- American Artist Association）の主催する「第一八回JAALA国際交流展」で、少女像のミニチュアとパク・ヨンビンの油彩「慰安婦！」が展示されたが、会期四日目に作家に無断で美術館側によって撤去されるという事件が起こる（その後、この二作品は丸木美術館「今日の反核反戦展」で特別展示された）。そして、これを韓国民族民衆美術人協会が受け入れてしまう。しかし、こうしたことはニコン事件とは対照的にまったくマスコミでは報道されなかった。こうした一連の出来事に抗議するため、メディア・アーティストの大榎淳は「展示拒否された作品を美術館の壁にプロジェクション（投影）して、美術館へ抗議しよう！」という行動を起こした。(2)

「表現の不自由展」はこの二つの事件が契機となって始まった。ニコン事件の裁判を支援する市民が中心となり、二〇一四年に「表現の不自由展実行委員会」を設立し、日本の右派勢力の攻撃によって表現の自由が侵害される危機感から二〇一五年に東京のギャラリー古藤で最初の展示会を実施したものである。展示会は、約二七〇〇名の集客があり、盛況に終わった。この時初めて日本で「平和の少女像」が設置されたことになる（展示をめぐる実践は次節で詳しく論じる）。

その後、あいトリで、冒頭で触れた事件が起こる。同芸術祭の企画展「表現の不自由展・その後」は、右派や一部の政治家の反発・抗議を受け、開催後わずか三日で中止に追い込まれた。筆者も会場を訪れたが、このスペースだけ封鎖され、立ち入りが禁止されていた。翌月には文化庁が同芸術祭に対し、補助金約七八〇〇万円を全額不交付とする決定を発表した（のちに減額で支給）。こうした事態に芸術祭に出展していた芸術家たちも作品を封印・展示辞退・声明発表を通して抗議した。

「表現の不自由展・その後」において抗議・脅迫の中心になったのは、「平和の少女像」と天皇を扱った大浦信行の作品「遠近を抱えて part II」だった。八月二五日に不自由展会場に来訪したキム・ソギョンは今回の事態について、「真実を見せないようにすることが悲しい。こんなに静かに、ここに居るだけなのに、真っ暗な中に閉じ込められて……真っ暗な時代を生きてきたハルモニたちのためにも、早く人々と会い、意思疎通をして歴史を伝えたい。《平和の少女像》の一番大事なことは「共感」。ハルモニたちが夢みた世界はどんなものなのか、感じてもらいたい。不安の中で生きてきたハルモニたちの人生を表す浮いた踵をいつか地面に下ろし、微笑む平和の少女像を作りたい」と述べた（岡本・アライ編 二〇一九：四二）。

その後、補助金の支払いをめぐり市と県との間で関係はもつれ、河村たかし名古屋市長は高須クリニックの高須克弥院長や百田尚樹、竹田恒泰、有本香ら右派知識人とともに大村秀章愛知県知事のリコール署名運動を展開した。しかし、集まった署名の八三・二％に不正があったことが後の報道や報告の中で明白になっている（中谷・岡本編 二〇二二）。

激しい攻撃を受け、報道も集中した不自由展はその後、東アジア平和芸術プロジェクト（ＥＡＰＡＰ）が主催する「ＥＡＰＡＰ二〇一九：島の歌」（済州四・三平和記念館）の特別展の企画展示として招待され、翌二〇二〇年には台湾の台北当代美術館（MOCA Taipei）にて実施された。この時、公益財団日本台湾交流協会[3]から呼び出しがあったが、館長は「日本政府からの圧力に屈したらＭＯＣＡじゃない」「戒厳令が解除後の民主化の歴史的歩みは感慨深く、その経験があるから自分の立場が揺れないのだ」と述べ、開催が決定した（表現の不自由展実行委員会・東京 二〇二二：五）。

2　平和の少女像を展示する実践

では、日本において平和の少女像を展示する実践は、どのように行われているのか。本稿では、これまでに入手することのできた文献、表現の不自由展実行委員会共同代表の岡本有佳さんへの取材、そして二〇二二年に開催された「表現の不自由展・東京」にて筆者がボランティアスタッフとして携わった参与観察のノートを材料として、この実践のあり方を記述していきたい。

「平和の少女像」は、どこにいるのか？

そもそも日本に一基も設置されていない平和の少女像は、どこにいるのか。

表現の不自由展で展示されているものはＦＲＰ製（Fiber Reinforced Plastics の略。繊維強化樹脂）の少女像であり、製作の一環で作られたものであり、韓国の日本大使館前にあるブロンズ像の原型にあたる。二〇一五年の日本で展示する際に、七〇万円かかる輸送費が主催者にとって拠出不可能だと感じていたところ、キム夫妻が「自分たちで持っていく」と提案し、それを持ち込んだものが現在日本にある少女像である。通関をパスするために三等分して持ち込み、それを現場で再び接着材料を使って組み立て直し、色を塗り直した。この点について、岡本有佳は次のように述べる。

そうじゃなかったら、持ち込むのは難しかったと思う。たとえば光州の民衆抗争を描いた洪成潭《ほん・そんだむ》さんの作品が朴槿恵大統領（当時）の風刺により展示拒否事件があってからさまざまな妨害があり、靖国に関する作品を持ち込むことに関しても、闘いの経験を活かして乗り切った。(4) だからこそ持ち込めたと思うし、その作戦が功を奏したんだと今だから思う。だから、私たち〔キム夫妻〕が持っていくことを言わないでねって言われたと思う。彼女たちにとっては巧妙な闘いの一環だったんだと思う。

二〇一五年の不自由展が終わってキム夫妻が日本を去る前、「これは日本にあるべきものなんだ」と言い出し、少女像の裏側に「日本においていく」とサインして、岡本ら実行委員会に託していった。岡本は「ひえぇー!!ってなって、嬉しいやらどうしたらいいやらとなった」と述懐した。

最初は、大事なものだから右翼もくるし、写真もダメだし、ロープも張ってどういうふうに攻撃から守ろうかと話していたんだけど、彼女たちから「それはやめてほしい」と言われた。「コミュニケーションをとるためにあるから」、と。攻撃が来ても、「たとえ壊されても、それを恐れて写真を禁止したりロープを張ることはやめてほしい」と言われた。

岡本の話によれば、少女像は現在都内の某劇団の小屋にて大切に保管されている（が、時折公演の際に展示されている）。在日朝鮮人の女性たちが同小屋で元「慰安婦」であった裵奉奇（ぺ・ぽんぎ）のメモリアルデイの美術展を行う際にも展示されている。また、これまでに美術展だけでなく、朝鮮学校の文化祭の演劇「二人の少女」（作・金真美、演出・金正浩、二〇一七年）、劇団石（トル）の一人舞台「キャラメル」（作・きむきがん、二〇一八年、二〇一九年。元々は洪美玉との二人芝居）、映画「主戦場」（ミキ・デザキ監督、二〇一九年）にも出演している。むろん信頼関係が前提となるが、少女像のレンタル費は無料で、展示者が運送費とその労力を負担すれば、展示会を行うことができる（二〇二一年の名古屋、大阪開催は実行委員会がバンで自力輸送した。あいトリの際は、指定されたクロネコヤマトの美術品輸送を利用）。

以上のように、コミュニケーションをとることを主とした作品であることもあり、（脅迫や妨害に抗して）少女像の存在は常に開かれている。

「表現の不自由展・その後」のその後：継続と連帯

では、「表現の不自由展・その後」のその後にはどういった動きがあったのか。簡単に振り返りたい。

平和の少女像は、あいトリで観ることができなかった人たちの要望を受け、各地で独立した主催グループが立ち上がり、二〇二一年に東京の不自由展が協力する形で連帯して各地の「表現の不自由展」で展示されることになった。ここでは、その概要と開催に関わる攻防の概要とポイントをまとめておこう。

延期になった東京展

二〇二一年六月二五日から七月四日の会期で「表現の不自由展・東京」の開催が予定された。それに先立ち、告知と観覧者の申し込みを開始したところ、新宿のギャラリーセッションハウス・ガーデンに対し、右派によるメールや電話による妨害や街宣が始まり、最終的にギャラリーのオーナーが追い詰められ、近隣への影響も懸念して「貸せない」という判断となった。実行委員会に脅迫メールを送る妨害行為によって兵庫県の男性一人が逮捕されている。結局会場の提供が辞退され、別の会場からも断られたことで、開催の延期を余儀なくされた。その一方で、妨害や脅迫に反して、多くの励ましの声が市民から寄せられたため、あくまで「延期」とした。

名古屋展

二〇一九年のあいトリ中止事件以降、再開を求めて「「表現の不自由展・その後」をつなげる愛知の会」は、二〇二一年一月名古屋市の市民ギャラリー栄で展覧会「私たちの表現の不自由展・その後」を開催する申請を行った。これまでの経緯から妨害も予想されることから、施設の管理者と警察とも相談を行い、慎重に準備を進めたが、開催が発表されると右翼による凱旋、管理者への直接抗議がなされた。また、ヘイトスピーチ解消法に違反する恐れがあることを理由に開催許可が出されなかった日本第一党の関係者が主催する「トリカエナハーレ」と銘打った対抗企画に使用が認められる事態となった。「私たちの」の許可には三カ月要したが、「トリカエ」はわずか一週間で許可が下りたことも驚きであった。

名古屋展は七月六日から一一日まで開催予定であったが、八日に名古屋市民ギャラリー宛に不審な郵便物が届き、警察立ち会いのもとで職員が開封すると爆竹のようなものが破裂し、観衆もスタッフも弁護士も全員退去を命じられ、実行委員会との協議に応じずに施設や行政が会期末まで休館を引き延ばした結果、中止となってしまった。

かんさい展

名古屋展の作品を引き継いだ大阪の実行委員会は、「表現の不自由展かんさい」を大阪市のエル・おおさか（大阪府立労働センター）にて七月一六日から一八日まで開催した。しかし、開催直前の六月二五日、会場は「安全の確保」を理由に施設の使用許可を取り消した。実行委員会は処分の撤回を求めて大阪地裁に提訴し、七月九日に使用不許可を取り消す決定を勝ち取った。のちに高裁・最高裁でも抗告が棄却され、公的施設で不自由展を行うことを阻止する理由はなくなったと言える。裁判費用の負担はクラウドファンディングの募集で達成できた。その一方で、会期二日目には、会場に爆竹が送付される威嚇行為もあった。

ついに開催した東京展

大阪の裁判結果を踏まえ、公共施設による開催ができる法的根拠を得て、二〇二二年四月二日から五日「表現の不自由展東京二〇二二」を、くにたち市民芸術小ホールで行った。実行委員会はその一カ月前からクラウドファンディングを開催し、最終的に四六二人、三四一二万九〇〇〇円（目標額四四〇〇万円、達成率七七％）の支援を受けて開催することになった（筆者も応援メッセージを寄稿）。平和の少女像のほかに、安世鴻の「重重　中国に残された朝鮮人本軍」に「「慰安婦」の女性たち」、大浦信行の「遠近を抱えて」、趙延修の「償わなければならないこと」など一六アーティストの作品が展示された。

二〇二一年「不自由展」開催のポイント

以上のように、市民の力によって平和の少女像を設置する実践が行われたわけだが、そこには右派勢力による妨害や脅迫が相次いだ。その実践＝攻防におけるポイントはどのあたりにあるのか。さしあたり、二点のことを指摘できる。

第一に、「公的施設の利用をめぐる攻防」という点が挙げられるだろう。あいトリにおける再開にしても、名古屋展のギャラリーの使用許可、かんさい展の利用許可取り下げについてもいずれも公的施設の利用をめぐる攻防が展開された。名古屋では、展示会場以外の警備要員を求められ、さらには三カ月経っても許可が下りないため、行政不服審査法の「行政の不作為」にあたるとして再交渉を求めることとなった（中谷・岡本 二〇二一：一五四）。かんさい展では、上記で述べたとおり、突然会場の利用承認取消処分がなされた。大村愛知県知事のリコール運動を主導した高須委員長らは、記者会見で「公金」で政治的なものを展示するのはおかしいと主張していたが、私費で公共施設を利用する際にも、施設側が拒むという事態が相次いだことになる。

上記と関連し、第二に「安全」というポリティクスが持ち込まれている点である。岡本有佳はあいトリのなかでセキュリティの問題について、次のように記録を残している。

ある海外作家の言葉が印象的だった。「日本の人たちの頭の中にはポリスがいるのではないか。それを前提にした「安全・安心」ではないか」と、日本社会の「自粛」状況を言い当てていた。この日も津田〔大介〕監督は終始、中止はセキュリティ問題であり、検閲ではないと繰り返した。このことが、翌日の海外作家の大量ボイコットの最後の決定打になったと聞いた（岡本・アライ編

二〇一九：四〇）

しかし、これは非常に奇妙なことである。なぜならば、開催者たちはなんの「安全」も脅かしておらず、何を脅かしているのか指摘されてはいない。むしろ排除しなければならないのは、脅迫をしてくる側である。ここには、「安全」を優先することによって、結果として「表現の不自由」は継続してしまう矛盾が生じる。

このねじれた状況は、エルおおさかをめぐる吉村洋文大阪府知事の対応も同じである。吉村知事は六月七日、一六日、二三日の三度にわたってレクチャーを担当部局から受けていた[5]。かねてから「慰安婦」問題について否定的な態度を取り続けている吉村知事は[6]、開催前の段階で公金ではないため、内容には踏み込まないとしつつも、「利用の取消に該当する」「取り消しすべき」「取消処分を支持する」という趣旨の発言をしている。また抗告に際しても「施設を安全に運営する観点から（利用承認の）取り消しは当然のことだ」と述べた。しかし、「安全を脅かす相手」を履き違えているのは言うまでもないが、まさにここに日本の政治（家）の認識が凝縮されているように思われる。

東京展の実践

ここからは、筆者もボランティアスタッフとして関わった二〇二二年の東京展において、開催を手伝った人びとがどのように運営を維持して行ったのか、参与観察のフィールドノートの記録も交えて記述していきたい。ただし、筆者が参与観察できたのは会場外の警備と入場者への案内であり、その「持ち場」から入ってきた情報に限られるため、全体像を記述したわけではないことはあらかじめご了承いただきたい。しかし、以下のことはこれまでの「表現の不自由展」について書かれた当事者たちの文献にも学術的な文献にも記述されたことはない。

筆者が参加したのは、一般会期の四月二日から五日のうち、三日と四日である。その一ヶ月前、実行委員の岡本さんよりボランティアスタッフが足りていないため、協力を依頼された。私は後輩の大学院生一名を誘った。開催前の三月二八日にZoomを利用してオンラインでの打ち合わせを行なった（参加者自己紹介、会場図の確認、受付・警備配置の確認、トイレ案内の動線確認、弁護士・警察との打ち合わせの報告、その他注意事項、質疑応答）。そこで参加者が当日に使用するｗｅｂサービス（運営連絡用）を共有することになった。

開催前の三月三〇日には大学通りで日本第一党が、国立市は「公的施設をテロリストたちに貸した」などと街宣を行い、右翼団体「くにもり」は、開会式に合わせて街宣を告知。その様子は、YouTube Liveにて生中継されることとなった。こうした抗議に対して、国立市も同日に「アームズ・レングス・ルール（誰に対しても同じ腕の長さの距離を置く）」対応をとるとｗｅｂサイトで公表した。

さて、ここからは筆者の参加に基づく主観的な視点から、平和の少女像を展示する実践を振り返ってみたい。だが、時系列ではなく実践のあり方ごとに分けて記述してみたい。

A　防衛方法

まず、最大の焦点である「防衛」についてである。

一日約四〇人（総数は二四〇人のボランティアと七〇人の弁護士）をシフト制で回すのが当初の予定であった。敷地外は警察が一〇〇〜三〇〇人体制で警備を行なっており、ボランティアスタッフは敷地内に入る人の管理（チケット予約管理）、作品を守るための監視が基本的な体制である。外の防衛、外受付（チケット管理）、金属探知機（ホールの依頼する警備会社）、中受付（図録販売、諸注意、感染対策、トイレ案内）、ギャラリー内のみまもりという体制である。順路の設計にも関わるため、トイレ案内は個別に付き添う形で厳重に行なった。

筆者は主に外の警備を担当した。三日、四日ともに春霖雨で肌寒く身体が冷える。一〇時ごろになると右翼の街宣車が隊列を組み、大音量で街宣を開始した。外受付の防衛と観客に緊張が走るが、警察は追いかけながら音量測定。街宣車は芸小ホールのある区画の周囲の道を両車線から挟み込むように走行し、入り口ゲートの前で音量が最大になる。「ありもしなかった従軍慰安婦をでっち上げ、銅像をシンボルのように作り、それを芸術とまで言って展示するなど、バカかお前らはよー、おい」「作られた歴史認識に基づいて作られた銅像は直ちに叩き壊せ、おめーらはよー」などとスピーカーで騒ぎ立てており、明らかに「平和の少女像」がこの展示会への攻撃のターゲットであった。なかには約五時間に渡って街宣する車もあった。土日には約四〇団体の右翼が詰めかけた。

筆者は日頃から右翼言説を研究していて慣れているため、どんな言葉が発せられるか予想がついていたが、それでも街宣のすべてを聞いたことがあったわけではない。それゆえ流石に「食傷気味」になり、街宣による物理的な負担を身体に感じた。実際、ホール周囲のケーキ屋から不自由展に苦情が来た（が、本来苦情を言うべき相手はやはり不自由展ではない）。

街宣の他にも防衛対応を準備しなければならない場面はあった。たとえば、三日一一時過ぎには、ずっと無断で撮影を行なっている男性に実行委員と弁護士で対応した。他にも同日一四時過ぎ（と時間を記録していないがもう一回）、四日一五時にも、会場手前で抗議文の読み上げ、実行委員に手渡ししていく右翼もいた。それについても弁護士らが撮影をして状況を記録した。
そして、当然チケットを購入し、ギャラリーに入場する右翼もいる。スタッフの情報によれば、会期初日（筆者未参加）、くにもりと一緒にいた右翼の和服男性が入場し、「騒ぐほどたいしたことない」とメッセージボードにポストイットを貼って帰っていった。四日、右翼の村田春樹が来場し、場外で九十九晃（日本国民党情報宣伝局・しんぶん国民）が村田に取材し、YouTube や Twitter にその様子を投稿していた。防衛担当のボランティアスタッフは、普段から市民運動にて防衛やカウンターに立っている防衛担当者が人物特定を行い、情報を共有し、注意深く行動を監視した。現場以外でも各地域のカウンター運動の連携から、「〇〇が不自由展に行くとネットに書いています」という趣旨の情報は常に流れていた。

他方、近年苛烈さを増したヘイトスピーチを伴う右翼のデモには、抵抗を示すカウンター運動が同時に行われることが多くなった。しかし、今回の不自由展ではそうした行為はほぼみられなかった。かんさい展では、マネキンフラッシュモブのパフォーマンス(7)も静かなカウンターとして実施された。東京展では、防衛のボランティアスタッフも、ヘイトスピーチを含む街宣に対し、なんらカウンター活動は行なっておらず、一方的に罵る右翼の挑発に乗らない態度を取り続けた。

こうした防衛の方針について、筆者の取材にたいし、岡本は次のように自身の考えを述べてくれた。

> やはり警備のことをわかっている人がやらなければだめだ、という意見もある。でも、やはり市民の自由な自発性をちゃんと掬い上げる形をつくらなければならないという課題もある。〔…〕市民が対抗できる形を作らなければ繰り返される。市民運動はそこが問われている。〔…〕大阪

会場〔二〇二一年七月開催〕は、カウンターの人たちが来てくれたけど、カウンターせずに黙ってプラカードだけを持って、ヘイトのシャワーを浴びながら頑張ってくれた。そして、市民の人が自発的に来て、黙ってプラカード持って座ってたり、スタンディングしていた。そういう市民の自発的な発露を除外しない形で右翼からの攻撃に対して対抗していく態勢を作っていかなければならないと思う。

実際、不自由展・東京では、開催した国立市の地元の市民活動のネットワークと連携することが重要になった。実行委員は自身らの人脈から不自由展開催に協力してくれる国立市民を探し、市民で「芸術展開催を実現する会」を発足させた。こうした警察、施設、実行委員と国立市民の連帯で防衛体制を確立していったのである。

B　警察との攻防

実行委員とボランティアスタッフが防衛・抵抗しなければならなかったのは右翼だけではない。警察や警備との攻防も同時進行で行われた。すなわち、警察・公安からも不自由展の実施者は監視対象であり、右翼と警察双方を警戒しなければ、実施できないという現状があった。

三日九時半、「公安・警察が国立市役所のネームプレートをしています」という情報が共有され、「あくまでも、警察は味方ではないので」とスタッフ全員に注意喚起が行われた。これは、前日一七時過ぎにギャラリー内にホールスタッフを装った警察官が入っていたためである。三日一三時二二分の実行委員からの連絡では、「警察が芸小ホールのスタッフ証付けていることも抗議したら、警察は以下の写真のように緑色の丸シールつけている」と判明したという（写真参照）。

共有された情報は、会期初日にも警察がギャラリー内に勝手に入り、スタッフが阻止したが、その後も繰り返し同様のことが起きたため、文書での申し入れを検討に入ったというものだった。さらに、施設側が設置した一八台の防犯カメラのうち、警察のカメラが三台あると苦情があり、教育委員会、警察に弁護士同伴で質問をした。そのカメラのデータをめぐっても、警察が持っていくというので、警察のカメラ三台の映像データは、芸小ホールと市教委が立ち会いのもとで消去することになった。そのほか芸小ホールの警備員がギャラリー内に勤務中に入ってくることもあった。

このように、表現の不自由展そのものが、警察や公安の対象であり、一見判断しづらい方法で干渉してくる状況が常にあり、それへの監視や対応にも追われることになった。しかし、この情報を共有することは、再び開催される名古屋展の実行委員やスタッフに申し送りされ、対応方法が引き継がれることになった。

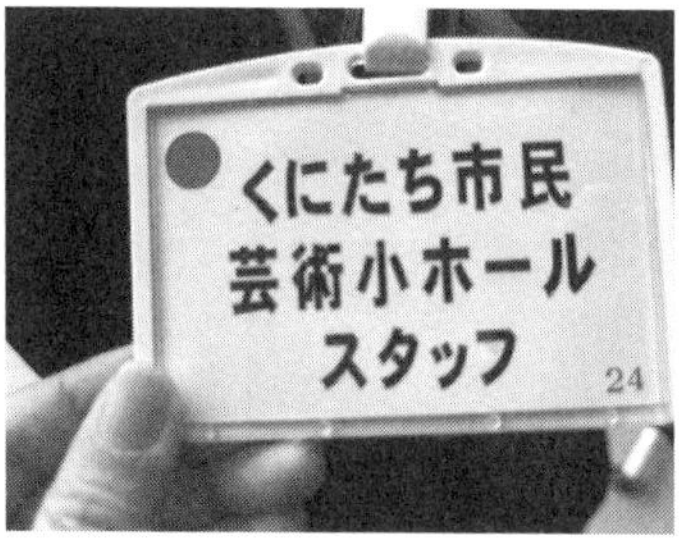

全スタッフに共有された画像

ここまでは、防衛をめぐる実践がどのようになされたのか、参加してわかったことを記述してきた。他方、「実践」とはそうした公共的なものだけではなく、その集団の外部には出ない営みも含むものである。では、市民連帯のミクロな相互行為はどうだっただろうか。

C　誰もお互いのことを知らない

Zoom で打ち合わせを行なった際、最初に思ったことは、「誰も知らない」ということだった。そのZoomの名前のところもあだ名のみの人、複数人同時にカメラの前にいる人たち、その日不参加の人もいたため、会場に行ってもわからない。三日、駅を降りて前を歩いていた人が、同じボランティアスタッフだった。それくらいわからない。もちろん、それは、無節操に人を集めた、ということではない。実行委員は警備の核となるメンバーを4〜6人集め、その人の顔の見える範囲でスタッフを集めたので、実際はクラスタ間で面識のない人が多く存在する、という状態である。

外の警備のスタッフは二名ごと休憩交代制で動いていたため、最初に一緒に休憩になった方に自己紹介しようと思って名刺を差し出したが、あとで「失敗」だったと気づくことになる。こうした市民運動の場に慣れていない私は、自分の職業の権威性に無自覚な部分もあっただろう。しかし、市民連帯の場では何者であるかは必要ではない。実際に、このことがディスコミュニケーションを招いた場もあった。昼食時、実行委員の岡本さんから、「倉橋さんは、大越愛子さんの弟子なんですよ」と紹介された際には、周囲から「？？？」という反応をいただくことになる。正直、最後まで誰が何者なのかまったくわからなかった。外防衛チームの控室（荷物置き場）で一緒に活動したあの人たちは誰なのだろう？　私がそうであるようにきっと誰かの紹介・ツテによって集まった人たちであることだけがわかっている。

そうしたものだから「美術展の運営」という点だけから見ると、会社や大学のような組織的事務の専門家はおらず、方針は場当たり的に決まっていくし、やり方も前日と同じではない。上記のように誰が誰かもわからず、さらにはドタキャンと体調不良で人が来られないとシフト表は読めないくらい煩雑に変更される。適材適所はほぼあり得ない。加えて、そこにネットによるチケット予約が混乱に拍車をかけた。
　要するに重要なのは、この集まりには、経験のある人はいるけれども、あくまで市民の善意と熱意でできていることである。これは、東京展だけではない。これまでに開催された各地の表現の不自由展は、決して全国組織ではなく、あくまでコレクティヴ方式の運営である。そこに職業やましてや名前などは必要はなく、みんなで群れ、みんなで実践し、解散するという集合－離散型のものである。開催されている場はコモンであり、誰かの所有物ではない。それゆえ、交渉やロジに不具合が出れば、その都度情報を更新し、常に話し合うというカルチャーになる。

おまけに　お弁当は韓国料理

　欠かせないのはお弁当である。会期中、会場である芸小ホールの近くのところにある韓国料理屋からお弁当をとっていた。キンパ、チヂミ、ナムル、キムチ、タッカルビ、焼肉丼、えごまカツのお弁当など、美味しいお弁当が続いた。（どうやらこれも国立市の市民連帯から実現したようであるが）もちろん、必ずしも「韓国料理」である必要はなかったはずである。しかし、この弁当がやはり不自由展は平和の少女像を中心とした美術展であるということを実感させる。

この節の小括

　以上のことを少し振り返ると、平和の少女像を展示する実践は、公共空間の利用をめぐって（作家も含め）本質的に非常に「手弁当」かつ「手作り」で、行われていることがわかる。すなわち、インフォーマルな交流としての運動文化の親密圏を公的領域に拡張させる実践こそ、表現の不自由展であったといえるのではないか。

ただし、ここまでを振り返ってもまだ親密圏における連帯として実践のあり方はわかるが、「実践の意味」の部分が見えてこない部分がある。次節では、その点をこの実践が置かれている社会文脈のなかに位置付け直すことで検討してみたい。

3 親密圏の〈日韓連帯〉から公共圏へ

前節までに整理してきたことを改めて振り返るとき、かつて見た光景が浮かんでくる。二〇〇一年、前年の女性国際戦犯法廷（「日本軍性奴隷制を裁く女性国際戦犯法廷」）を扱ったNHKのETV特集に安倍晋三ら国会議員が政治介入し、それに対してNHK上層部が忖度した結果、番組が改変されるという事件が起きた。その時の話題もアジアの被害国と加害国の女性たちが連帯した「慰安婦」問題を裁く民衆法廷であり、「天皇裕仁」の有罪判決の場面は消されたのだった。そして今、市民が連帯して行う「表現の不自由展」の「平和の少女像」（＝「慰安婦」）と「遠近を抱えて」（＝天皇裕仁）が消されようとしている。このように見れば、この二〇年で日本社会の状況はまったく変わっていない。

二〇一五年の「日韓合意」、二〇一八年の元「徴用工」訴訟と二〇二一年の元「慰安婦」訴訟の賠償命令以降、戦後補償問題はナショナルな枠組みに回収され、政治的解決が目指される方向へと舵が切られている。(8) レオ・チンが述べるように、国家間の和解は「条件付き」のものでしかなく、無条件の和解が創出される場ではない。むしろ、「対立→敵意→和解の過程は、互いの差異や共約不可能性を優先させる」（Ching 二〇一九＝二〇二一：二〇六）。「日韓合意」における「最終的かつ不可逆的な解決」のための日本側の和解の「条件」は、「平和の少女像の撤去」にほかならない。この「条件付きの和解」こそまさに日本の右派が繰り返し主張してきた歴史修正主義言説をレプリゼントするものである。少女が「慰安婦」にされた事実それ自体を「最終的かつ不可逆的」に否認し、「慰安婦」の証言と運動が社会的な枠組みを変えてきたという、ポストコロニアルの「移行期正義」自体を否認する。翻ってそれは、植民地支配と民族差別を温存する「条件」にもなるだろう。平和の少女像は、まさにその結節点にある。

レオ・チンは「もう一つの和解」を考えるために「親密性を理論化する」道を模索し、「しかし、もし、私たちが和解をもたらす必要条件は敵対関係でなければならないと仮定せず、元植民者と元被植民者の間に横たわった親密性こそが、和解をもたらすと考えたらどうだろか」と呼びかけなおす（Ching 二〇一九＝二〇二一：二〇六）。冒頭で言及した朴裕河の「少女」という表象が「反日ナショナリズム」の象徴となるという議論は、日本での平和の少女像を展示する実践を見る限り、判断を誤っていることがわかる。もちろん、ここでは朴の本が出た後に日本で行われた実践を取り上げているのだから、「歴史の後知恵」による批判であるとも言えなくもないが、上で触れたようにそもそも女性国際戦犯法廷を象徴に、日韓（またアジア）の女性たちは、加害国と被害国の双方から連帯をしてきたのである。そこでは、「元植民者と元被植民者の間に横たわった親密性」を確保し、加害‐被害の二項対立を脱構築し、日韓の市民が国家間の「条件付きの和解」と真っ向から争い、戦争被害に向き合う共約可能なものの地平をひらいてきた。日本において平和の少女像を展示する実践は、加害国市民たちの応答であり、まさに「反日ナショナリズム」の否定の上に成立している連帯の姿勢と言えるのではないか。

冒頭で紹介した上野の議論がジュディス・バトラーのエージェンシー概念を歴史記述の方法論へと導入して「少女像」の表象の持つ両義性を論じるのに対し、(9)岡野八代はバトラーがエージェンシー論を倫理や責任論へと編み込んでいく議論に着目し、応答可能性の問題へと同概念を導入する。そして次のように述べる。

「平和の少女像」とは「なにか」[…]を説明できるとしても、それが「誰」を露わにしているのかについては、「平和の少女像」を取り巻く社会状況や歴史的背景、そして何より、その像を見て・触れるものたちにかかっている(岡野二〇一九：二一三)

こうした視点を無視してしまうと、「なにか」という次元において取り替え可能にされてしまいかねない。それは「反日ナショナリズム」の象徴と考えることであったり、日本政府が二〇一七年二月に少女像の呼称を「慰安婦像」に統一すると決めたことのように、文脈や倫理・責任の側面をむしろ削ぐことになる。呼称をめぐっては、自民党内で「「少女像」では慰安婦が少女ばかりだったような印象を与える」という意見が相次いだという(『毎日新聞』朝刊、二〇一七年二月三日、五頁)。日本の政治家の方が、少女像が「なにか」という点を気にかけているようである。

しかし、岡野が(そして冒頭で引いた玄武岩が)述べるように、平和の少女像が「誰か」は社会状況と歴史的背景とそれを見るものによって決まる。日本で平和の少女像を展示する実践は、むしろ常に「なにか」とされる「複雑性の縮減」の圧力に抗う応答責任の実践であったのではないか。「日本にあるべきもの」を展示し、闘いを継承し、無言で抵抗することこそ、少女像への「応答」であり、平和の少女像を「現れの空間」に引き出す市民連帯のあり方になっているだろう。

おわりに

それでも不自由展は続く。二〇二二年六月には京都で、八月には前年に途中で中止となった名古屋の実行委員会が「失われた四日間を取り戻す」展示会開催を実施した。そして九月には神戸で二日間開催された。

前述のレオ・チンは、少女像の物質性と場を占有することを評価した。しかし、日本では平和の少女像が移動し、各地の市民の連帯とコミュニケーションを惹き起こすハブとなり、「現われの空間」を作り出す。しかも、公共の施設を取り戻すという方法で。少女像を守ることも大事だが、少女像の向こう側に被害者がいることへの想像力（＝「誰」への想像力）が連帯の鍵となり、応答の態度を作り出している。玄武岩が指摘するように、少女像は国家間の対立の産物でも「反日」の拠点でもなく、「植民地主義と戦時性暴力に抗う市民的連帯の十字路」に立っている（玄二〇二二：二二四）。

しかし、右派による攻撃は、周囲の意識やメディアを「被害－加害」「親日－反日」の二項対立の隘路に落とし込み、市民の連帯を断ち切ろうとするものである。それが強い影響力を持てばもつほど、表現の不自由展も平和の少女像も国家に対する「危害」「加害」と捉えられ、本来の「被害－加害」の構図を反転させ、「日本人へイト」のような転倒した言説が流通する契機を作り出す。岡本は、次のように話す。

続けるしかないと思いますよ。続ける側の当事者としては辛いけど、だって止めるわけにいかないでしょ。やめろって言ってくる人もいるけど、やめたらもっと右翼の言いなりになるわけだから。だからやる人がもっと増えてくれればいいわけですよ。今回四箇所で企画したことが大きな力になってますよね。

と同時に、「主催者だけでは無理。観客も表現者もみんなが協力してくれないと無理」という本音も聞くことができた。市民の連帯が平和の少女像を展示する実践を支えている。この少女像への応答という倫理とともに。

註

（1）少女像のデザインは一つではなく、立って手を広げているもの、背中に蝶の羽を背負っているもの、金学順がモデルになっているもの、二基並んでいるもの、エアを注入して膨らませた大きなもの、三人の若い女性を金さんが見守る形になっているものなど、複数のデザインがある。それゆえ、必ずしも「少女慰安婦だけを代表する」というわけではない。

（2）大榎は、「東京都美術館 公募団体展募集要項」にそもそも「特定の政党・宗教を支持し、又はこれに反対する等、政治・宗教活動をするもの」という規定があることを問題視、かつ美術館ではなく展覧会主催者による自主規制を強く批判した。http://www.fu.jp/aktionen/anti_censorship/protest_tobikan.html（最終閲覧日二〇二三／〇五／一二）

（3）一九七二年の日中国交正常化によって中華民国（台湾）との外交関係が途絶えたため、在外公館に代わって業務を行う目的で設立されたのがこの公益財団である。そのため、台北には日本大使館はなく、同財団の台北事務所に在台湾日本政府代表部が置かれている。

（4）この点の経緯については、東アジアのYASUKUNISM展示実行委員会編、古川・岡本責任編集（2016）を参照。

（5）当時の状況は「関西共同行動ニュース　No.88」に詳しい。そこでは、「七日のレクで申込者が展示会を公表したら報告をするよう指示し、二三日のレクで「苦情や抗議活動は始まっているのか？」と担当者に問うているところから、吉村知事は苦情や抗議活動を待ち望んでいたかのよう」と指摘している。http://www17.plala.or.jp/kyodo/news88_5.html（最終閲覧日二〇二三／〇五／一二）

（6）周知のように二〇一七年にサンフランシスコ市に民間団体によって平和の少女像が建てられ、二〇一八年に公有化されると、吉村知事は「両市の信頼関係を破壊」として一九五七年かつ続く大阪市とサンフランシスコ市の姉妹都市関係の解消を通告した（が、現在もサンフランシスコ市の公式サイトには大阪市がsister cityとして名を連ねている）。

（7）マネキンフラッシュモブとは、ドレスコードを決め、その服装で統一した人びとがプラカードを持って現れ、路上で数分間停止するパフォーマンスのことである。二〇一六年に海老名駅の自由通路で行ったモブに対し、市が禁止命令を出したが、取り消しの処分を求めて市民団体が提訴。勝訴を勝ちとっている。

（8）二〇一八年に韓国大法院が徴用工の原告の訴えを認め、日本企業に賠償を命じる判決を言い渡した結果、日韓関係の懸念事項であった徴用工問題に対して韓国政府は二〇二三年三月七日に政治決着を発表した。しかし、同時に当事者たちからは不満の声があがりすぐさま債権の取り立てを求める訴訟を起こしている。

（9）ここでいう「両義性」とは、戦時性暴力に一つの形を与える「少女像」という表象が、家父長的な価値（岡野によれば「処女性」「純潔」「貞操」を高く評価されるようなもの）を再生産し、救済されるべき女性とそうでない女性の間に分断を作り出すことを意味している（岡野二〇一九：二〇九）。

参考文献

阿部浩己（二〇二二）「解説 《平和の少女像》の設置と国際法」キム・ソギュン、キム・ウンソン著、岡本有佳訳『空いた椅子に刻んだ約束──〈平和の少女像〉作家ノート』二二一─二二四頁

安世鴻・李春熙・岡本有佳編（二〇一七）『誰が〈表現の自由〉を殺すのか──ニコンサロン「慰安婦」写真展中止事件裁判の記録』御茶の水書房

Ching, Leo（二〇一九＝二〇二一）*Anti-Japan: The Politics of Sentiment in Postcolonial East Asia*. Duke University Press.（倉橋耕平監訳、趙相宇、永冨真梨、比護遥、輪島裕介訳『反日──東アジアにおける感情の政治』人文書院）

玄武岩（二〇一六）『「反日」と「嫌韓」の同時代史──ナショナリズムの境界を越えて』勉誠出版

玄武岩（二〇二二）『〈ポスト帝国〉の東アジア──言説・表象・記憶』青土社

東アジアのYASUKUNISM展示実行委員会編、古川美佳・岡本有佳責任編集（二〇一六）『東アジアのヤスクニズム──洪成潭〈靖国の迷妄〉』唯学書房

「表現の不自由展かんさい」実行委員会（二〇二二）『「表現の不自由展かんさい」報告書』ハンマウム出版（非売品）

表現の不自由展実行委員会・東京（二〇二二）『表現の不自由展　東京2022図録』

加納実紀代（二〇一七）「「帝国の慰安婦」と「帝国の母」と」浅野豊美・小倉紀蔵・西成彦編著『対話のために──「帝国の慰安婦」という問いをひらく』クレイン

金富子（二〇一六）「Q1 朝鮮人「慰安婦」は、なぜ少女が多かったのか」（→岡本・金編 二〇一六：六二─六九）

キム・ウンソン、キム・ソギョン（二〇一六＝二〇二一）岡本有佳訳『空いた椅子に刻んだ約束──〈平和の少女像〉作家ノート』世織書房

古賀由起子（二〇二二）「帝国の遺産──なぜ歴史責任をいまだに問うのか」『世界』九月号一七一─一八二頁、岩波書店

岡本有佳・金富子編（二〇一六）『増補改訂版　〝平和の少女像〟はなぜ座り続けるのか――加害の記憶に向き合う』世織書房
岡本有佳・アライ＝ヒロユキ編（二〇一九）『あいちトリエンナーレ「展示中止」事件』岩波書店
岡本有佳・中谷雄二編（二〇二一）『リコール署名不正と表現の不自由 民主主義社会の危機を問う』あけび書房
岡本有佳（二〇二二）「「表現の不自由展」開催が問いかけているもの」『前衛』八月号、六五―七九頁
岡野八代（二〇一九）「「平和の少女像」とは誰か――バトラーにおける倫理との対話のなかで」『現代思想』四七―一三、二〇六―二一六頁、青土社
朴裕河（二〇一四）『帝国の慰安婦』岩波書店
上野千鶴子（二〇一八）「序章――戦争と性暴力の比較史の視座」上野千鶴子・蘭信三・平井和子編『戦争と暴力の比較史へ向けて』岩波書店
山口智美、能川元一、テッサ・モーリス・スズキ、小山エミ（二〇一六）『海を渡る「慰安婦」問題――右派の「歴史戦」を問う』岩波書店

コラム① 「言葉」を越える生身の人間の軌跡
ウトロ地区にみる日韓連帯

全ウンフィ

二〇一五年九月五日、韓国のテレビ番組『無限挑戦무한도전』（MBC、二〇〇五―二〇一八年）にウトロ地区が紹介された。ウトロは京都府宇治市にある在日コリアンの集住地区の名前で、二〇二二年現在約六〇世帯一〇〇人が暮らしている。『無限挑戦』は、メンバーが様々な状況にチャレンジする過程を描くテレビバラエティーで、韓国のベビーブーマージュニアの青年期に一世を風靡している。*

そのような国民的お笑い番組がなぜ、ウトロ地区を取り上げただろうか。その背景には、民主化と高度成長を成し遂げた直後の一九九七年、金融危機により国際通貨基金（IMF）の救済措置を受け、回復していく韓国の市民社会と、日本においてウトロ地区を支援する市民との連帯がある。その連帯は、一九七〇年代以降、韓国の民主化や在日コリアンの権利にともに声を上げた市民の軌跡と交わっている。本コラムでは、ウトロ地区とその住民／市民運動を、市民の人生に交差する二つの日韓連帯に注目して解説する。

まずは『無限挑戦』に沿ってウトロ地区の概況を紹介しよう。放映分は、植民地からの「光復」七〇周年を記念し、海外の同胞に故郷の料理を届けるロケ企画として、日本では二人のメンバーが長崎県端島（通称「軍艦島」）とウトロ地区を訪れた。

当時のウトロは、念願の住環境改善事業が開始され、町並みの解体と代替住宅の新築が予定されていた。ナビゲーターは、三人の日本人市民を中心とする「ウトロを守る会」と南山城同胞生活相談センターの支援者である。両者の存在はウトロにおいて欠かせない。住民を合わせた三者間（以下、住民側）の協力は一九八六年の水道敷設要求をきっかけとし、「ウトロ裁判」により本格化した。問題の発端は戦前、とりわけ太平洋戦争期に遡る。

ウトロ地区の原型は「飯場」と呼ばれる建設労働者の臨時宿舎である。一九四〇年頃に京都府が誘致した軍事飛行場建設事業が終戦とともに中止され、失業した末端の朝鮮人労働者の一部が飯場跡に残留した（千本 一九八八）。終戦直後、都市部に急増し、復興期に「不法占拠」とされ消滅した、戦災者・住宅困窮者による仮住居群の一種であり、その所有関係や消滅のあり様は地域の文脈によって多岐に渡る（本岡 二〇一九）。ウトロの土地所有権は事業主体の国策会社から戦後、民間の日産車体機工㈱（現・日産車体㈱）に受け継がれ、上下水道の整備や都市水路の改善問題が長らく放置されていた。

ウトロ裁判とは、一九八七年に地権者となった㈲西日本殖産が、一九八九年二月ウトロ住民の退去を求めて起こした民事裁判を指す。住民への情報開示や合意のないまま、日産車体が住民A氏に土地を売却し、A氏がさらに西日本殖産に転売した（中村 二〇二二）。住民側は居住の権利を主張し、企業による戦後補償を訴える一方、裁判では「時効取得」を支持した。しかし、二〇〇〇年一一月、最高裁への上告が棄却され、強制執行の要件が成立する。住民側は理念としての国際人権法と方法としての住環境整備事業という解決案を練り、宇治市を中心に合意形成に努めながら、国内外へと発信を強めていく（斎藤二〇二二）。

韓国の市民社会との連帯は、このような時期に再開された。二〇〇四年九月、住民側代表は韓国に向かった。春川市で開かれる日中韓居住福祉学会大会での直接アピールを決意したからである。チマチョゴリをまとった住民の訴えは光復六〇周年を迎える韓国で大きく報道され、在外同胞を支援する若手のNGOがそれを知った。翌年二月、その団体、地球村同胞連帯（KIN）がウトロを訪れ、住民側の方針に基づいた韓国社会向けの連帯運動に着手する。

KINは二つの方向から支援の流れをつくっていった。一つは、連絡団体「ウトロ国際対策会議」など、従来の日韓連帯の担い手を含む市民運動の横のつながりの組織である。ウトロへの支援の動きはそれまでも存在したが一九九七年の金融危機以来、止まっていた。

もう一つの流れは、若者の市民参加の取り入れである。KINはメディアや政治家、有名人を巻き込み、募金などの敷居の低い方法を通して輿論を形成していった。特に、ウトロを知り、記憶しようというインターネット上の輿論は二〇〇七年、韓国政府の支援決定の決め手となった（金二〇二三）。土地購入資金を一部負担するこの決定は、土地所有問題の一部解消を意味し、住民側の解決案であった日本行政による整備事業の実施を後押しした。二〇一五年、国土交通省・京都府・宇治市による事業がようやく開始され、二〇一八年一月に代替住宅への入居が始まった。

ウトロでは遠近様々な見学者を受け入れている。ウトロ裁判を知った日本や在日の人々が地区を訪れて住民側の生活や願いが込められた場所に触れ、「マダン」と呼ばれる広場で交流する。地区を介したゆるい連帯は、土地問題が露になった一九八八年から続いてきた。『無限挑戦』の放映は、韓国での二〇〇五年の運動の盛り上がりを経て一〇年後のウトロを再想起するものであった。その後、韓国から家族単位や学生のビジターが押し寄せ、住民側はその対応に奔走している。

韓国からの「若い人々」を案内する住民と支援者は、三〇年以上の付き合いである。守る会の支援者は地域で反戦・平和、人権、環境問題など様々な市民運動にかかわりながら韓国の民主化運動や指紋押捺拒否運動などを支援し、その中でウトロに出会った。植民地化と戦争に対する日本人としての責任を直視しながら、住民や在日の市民とともに声を上げ、ともに朝鮮の文化を楽しんできた（全二〇二二）。韓国市民による支援のうねりは、学生運動の時代を経て生活者になってからも日本社会の問題に向き合い続けたかれらの人生の軌跡上で交差する。

このような経緯は『無限挑戦』では省かれている。むしろ、ウトロ地区を「強制徴用の町」と指し、「強制徴用」の定義が定まる以前のマスコミの言葉を安易に踏襲している部分もある。それが、ウトロに喚起される記憶に影響するはずだ。しかし、番組は祖国を離れた一世の住民だけでなく、解体予定の住宅で家族写真を撮る二世の物語にも光を当てた。青年期、金融危機という社会の構造変化に剥き出しにされた共同の経験をもつ視聴者は、住民の経験に何を重ねただろうか。そのような生身の人間に心を動かされた人々が、ウトロを訪ねてくる。そして住民と支援者の歴史に遭遇して、「強制徴用」ではなかった、複雑多様ないきざまを知る。一部は、人間の歩みの目線から世界を眺めなおしてみるのかもしれない。

二〇二二年四月、ウトロ地区に「ウトロ平和祈念館」が開館した。設立準備の間、韓国では二〇一八年「覚えているよ、ウトロ」と題したキャンペーンが展開され、『無限挑戦』が再放送された。開館直前の二〇二一年八月には展示予定の立看板を保管していた空き家が放火された。そのニュースを知った人々が日本中から訪れ、二〇二三年一月には来館者が一万人を超えた。犯人の日本人青年に対して「ここに来て、一緒にご飯を食べていたらよかったのに」という住民の反応は、ウトロでの、生身の人間の軌跡が交差する連帯の歴史を物語っている。

註

＊ 韓国のベビーブーマーは朝鮮戦争戦後世代（一九五五〜一九六三年生）を指し、そのジュニア（一九七九〜一九九二年生）は「エコ世代」（Echo Generation）と定義される。

統計庁（二〇一二）「베이비부머 및 에코세대의 인구・사회적 특성분석——二〇一〇년 인구주택총조사 중심으로」。

参考文献

千本秀樹（一九八八）京都府協和会と宇治の在日朝鮮人、歴史人類、一六、一七三頁—二一一五頁

斎藤正樹（二〇二二）『ウトロ・強制立ち退きとの闘い（居住福祉新ブックレット）』東信堂

全ウンフィ（二〇二二）地続きの朝鮮に出会う——ウトロ地区と向き合った京都府南部地域の市民運動の軌跡．（大野光明ほか編『越境と連帯 社会運動史研究四』新曜社）八九頁—一〇九頁

——（二〇二三）オンライン空間の文化と社会参加——韓国におけるウトロ地区支援の一端．（稲垣健志編『ゆさぶるカルチュラル・スタディーズ』北樹出版）八三頁—九一頁

中村一成（二〇二二）『ウトロ ここで生き、ここで死ぬ』三一書房

本岡拓哉（二〇一九）『「不法」なる空間にいきる――占拠と立ち退きをめぐる戦後都市史』大月書店

第二部　グローバル市民社会のなかの〈日韓連帯〉

第五章　間をつくる

一九九〇年代の沖縄と韓国の民衆連帯について

呉　世宗

はじめに

日本と韓国との連帯を考えるとき、沖縄で起こった運動については関係者を除いてあまり注目されてこなかった。民衆レベルでの沖縄と朝鮮半島との関わりは、一九七二年五月一五日の「復帰」後から少しずつはじまっていく。例えば、「復帰」直後、朝鮮総連のメンバーと日本人が沖縄戦時の朝鮮人被害者について共同調査を行った際、沖縄県や那覇市、教職員組合などが情報提供を行うなどである。朝鮮半島の統一を求めるデモが那覇市内で行われたこともあった。しかし米軍基地問題を中心とする本格的な連帯運動は、とりわけ九〇年代から取り組まれていく。本章では、「米軍基地に反対する運動をとおして沖縄と韓国の民衆の連帯をめざす会」（以下、沖韓民衆連帯）が一九九八年に結成されるまでの九〇年代の動向を振り返り、沖縄と韓国の反米軍基地民衆連帯運動について論じる。残されている資料をもとに歴史的経緯を再構成するとともに、その意義を検討することが本稿の目的となる。

1　沖縄と韓国の連帯運動の形成――一九九〇年代前半

韓国との関わりは、沖縄戦をテーマに八〇年代から始まっていた。一九八六年、沖縄大学主催の土曜教養講座で「強制連行の韓国人軍夫と沖縄戦」が開催され、千澤基《チョン・テクキ》や金潤台《キム・ユンデ》など沖縄戦を生き延びた人々五名が来沖している。この教養講座の企画は新崎盛暉によるものであった[1]。

しかしながら米軍基地問題を中心とした沖縄と韓国の民衆連帯に関しては、一九九一年が重要な年となる。九一年は、日本軍「慰安婦」として沖縄に連れてこられた裵奉奇《ペ・ポンギ》が亡くなり、また金学順《キムハクスン》が日本政府を提訴した年となる。なおこのとき沖縄では映画『アリランのうた』（監督・朴壽南）の上映会が行われたが、後に沖韓民衆連帯に関わるメンバーたちは同映画の撮影に同行していた[2]。

他方、九一年は、イラクによるクウェート侵攻（九〇年）に対する、国連での制裁決議などを経てのアメリカを中心とする「多国籍軍」による軍事介入、いわゆる「湾岸戦争」が勃発した年であった。国連が武力行使を承認し多国籍軍が編成されたという点において、湾岸戦争は多くの主権国家を巻き込む、世界をより世界化する戦争となった。このとき日本は自衛隊派遣こそしなかったものの、総額一三〇億ドルを支出する「国際貢献」を果たす。同年一二月のソ連崩壊を視野に入れると、九一年は世界的に大きな構造変動の年であった。

このときJ＝L・ナンシーは、世界のこの構造変動に関わって、湾岸戦争について興味深いテクストを残している。ナンシーは湾岸戦争が世界を世界化する戦争となった現象を踏まえ、「驚くべきことは、戦争という理念自体がわれわれの間で市民権を取り戻した」のだと述べる。[3] 戦争の理念が「市民権」を取り戻したとは、冷戦秩序が解体に向かいつつあるなか、戦争を行使する主権が諸国家に回帰したということである。

ナンシーは、その回帰する主権は戦争を通じて自らの正統性を極限にまで高めると言う。というのも戦争を行使する主権は、他の主権を「敵」と定め、破壊し、奪う権利・権能であるからだ。それゆえ主権を絶対的に純粋なものに仕上げていく戦争が、「優れて主権の技術」となるのである。[4] ここでの「技術」は、「その真を失わないことわりを具えた制作可能の状態」（アリストテレス）としての「テクネー」が念頭に置かれている。つまり絶対的な本質（真）に向け、主権を制作し作品化する技術が戦争だということである。

主権が至高なものに仕上げられていく過程は、また、「新たな法＝権利（droit）」および「諸主権の新たな配分」が創造されるプロセスでもある。[5] 湾岸戦争時、事前協議なしに米軍が在日米軍基地から出動しているが、日本政府は、イラクに移動したのち戦闘任務を与えられているのだから安保条約とは無関係だと繰り返した。[6] この事前協議と極東条項の空洞化などは、主権行使による「諸主権の新たな配分」の例となろう。つまり戦争行使としての主権は法＝権利に拘束されず、反対に法＝権利が主権の行使を自らの基礎とせざるをえない事態である。そのようにして何ものにも従属しない本質に向かう主権の運動は、自らを行使することによって法のみならず世界を対象化し規定する。

他方でナンシーは、もう一つの「技術」、非主権的なテクネーについても言及している。この非主権的なテクネーこそが、九〇年代の越境的な連帯運動にとって重要な視点を提供する。

右に述べた通り主権は世界を対象化する。しかし、ということは主権が行使されるには世界が必要であり、両者は分節されるとともに関係づけられる。この分離されるとともに互いを必要とする構造は、例えば、多国籍軍の中心となったアメリカが、主権行使のために国連を「ハイジャックした」と言われるまでに利用し、しかし国連による正当化なしには攻撃を実行にうつすことが困難だったことにも見られるものである。

そのように主権によって対象化されつつ必要とされる世界について、ナンシーは「「惑星的技術」と「世界 - 経済」と呼ばれるものの現実性すべてを備えている」と述べる[7]。「惑星的技術」とは例えばインターネットであるし、「世界 - 経済」とは言うまでもなくグローバル経済を指示していよう。世界はそれらが現実化される、無際限な可能的基盤なのであり、それをナンシーは「エコテクニー」と名付ける。

> エコテクニーは［…］より広く言えば、歴史的なものに対する空間的なものの、さらに統一的で集中化された空間的なものに対する多様で脱 - 局所化された空間的なものの、優位を強調する[8]。

多様で、脱 - 局所化された空間的なものが強調される可能的基盤こそが、世界を世界化する主権的技術とは異なる非主権的な技術を可能にする。つまり非主権的テクネーとは、そのような可能的基盤にもとづき、特定の主権による統合やそれによる秩序化や歴史化、世界の世界化を逃れる技術に他ならない。有限的なものを多様で「無秩序」に分節し産出することで主権の「本質」を掘り崩し、非完結的な諸世界を出現させるからだ。そのような非主権的なテクネーをナンシーは「間化（espacement）」と言い換えているが、それは最終的な統合がなく、部分的な分離と接合を繰り返す、終わりなき分接化と理解できるものである。この「間化」の実践によって、人びとは支配的な主権を逃れ、それぞれが有限的に結びつくことになろう。あたかもその都度島が現れるようにである。要するに九一年以降に出現したのは、主権の技術と非主権的な間化の技術がせめぎあう世界なのである。

この非主権的テクネーとしての「間化」に関わって沖縄にとって驚くべき出来事であったのは、一九九一年に米軍がフィリピンからの撤退に合意したことであろう。脱局所化した島が、沖縄の少し先で浮上するのである。基地撤去までの経緯を簡略的に振り返っておくならば、米国の植民地であったフィリピンは、一九四一年に日本軍によって占領されるが、日本の敗北後再び米国が戻ってくる。その後一九四七年三月に米比軍事基地協定が締結され、クラーク空軍基地とスービック海軍基地は米国が所有すると取決められた。協定の期間は九九年間であった。

しかし、中華人民共和国の樹立や朝鮮戦争によって米ソ対立が厳しさを増したこともあり、米比両政府は一九五九年に基地協定の期限を九九年間から二五年間へ短縮することに合意する。合意は一九六六年のラモス・ラスク協定から実行に移されるが、一九九一年のフィリピンからの米軍撤退はこの改定・実行の結果であった。

米軍撤退までの間、一九六五年から始まるマルコス政権を八六年に退陣に追い込む人々の持続的な抵抗運動があり、その後アキノ政権での新憲法制定過程でも米軍基地撤去を明記するかどうかでせめぎ合いがあった。米軍撤退に消極的であったアキノ大統領が、外国軍基地を設置する場合上院の同意か国民投票で過半数の賛成が必要という要件を新憲法に盛り込むのを最終的に同意することで、米軍は撤退に追い込まれた(9)。

フィリピンからの米軍撤退が、非主権的に沖縄とフィリピンを積極的につなげることになる。資料未発見なため詳細はわからないものの、一九九一年にはフィリピンで反基地運動を続けていたBAYAN（新民族主義者同盟）[10]の主要メンバー、リタ・T・バウアーが早くも沖縄に招かれ、講演をしている。

その後BAYANとの交流継続のため、それとともに他のアジアの民衆と連帯し日米の軍事的支配に対する実践的な反基地闘争をするため、一九九四年、後に沖韓民衆連帯の中心となる西尾市郎が「アジアと連帯する沖縄集会実行委員会」を立ち上げる。沖韓民衆連帯の前身的組織の結成であった[11]。

一九九四年六月に第一回「アジアと連帯する沖縄集会」が開催され、BAYANのチト・ペスタが招かれ、フィリピン社会の現状を、とりわけ日本資本の進出に焦点を当てた講演が行われた。企業だけでなく、キーセン観光も含めグローバル化しはじめた経済の問題が批判的に論じられた。このときの集会の記録は、後に『アジア共同行動・623アジアと連帯する沖縄集会資料集』と銘打たれた資料集として残された（アジア共同行動／アジアと連帯する沖縄集会実行委員会、一九九五年一〇月発行）。ここでの「アジア共同行動」（アジア・キャンペーン）とは、湾岸戦争後、日本でPKO法が成立し自衛隊海外派兵が強行された一九九二年、日本のJPM90（ふたたびアジア人民をじゅうりんし侵略し支配しないための日本人民の運動90）とBAYANが呼びかけ団体となり、韓国や台湾など一二カ国・地域の民衆団体が参加した「日米軍事同盟と自衛隊海外派兵に反対する一〇月国際会議」（略称ICO）を指す。インドネシアや台湾の労働人権協会からも連帯のメッセージが寄せられるなど、非主権的にアジア地域との連帯を模索する会議であった。

その際、同会議で採択された「アジア共同行動・6．23アジアと連帯する沖縄集会　集会宣言」は、九〇年代以降の国際的連帯における沖縄の位置づけを示す興味深いものであった。

〔朝鮮民主主義人民共和国（以下、ＤＰＲＫ）の「核疑惑」を利用して、日米はアジア地域に軍事的介入ができるよう同盟強化を図っているが、〕この軍事的な要石としてあるものこそが、沖縄基地に他なりません。〔…〕沖縄基地は日常的に沖縄の私たちの生活を脅かしていると同時に、アジアの人々の脅威として存在しているのです。〔…〕今日、アジア諸国の人々はこの日米のアジア支配に反対する、国境を越えた共同のたたかいに踏み出しています。〔…〕とりわけ、アジアに対する日・米の出撃前線基地とされている「基地の島」――沖縄において、この共同行動に結びついた取り組みをつくっていくことは極めて重要であり、アジア全体のたたかいの中においても非常に大きな意義を持つものであると確信します。(12)

よく知られているように、ベトナム戦争時、沖縄は、南ベトナム兵の訓練が行われ米軍用機が発着陸していた場所でもあったことから「悪魔の島」と呼ばれた。戦争被害を被りながら加害の島でもあった。引用した宣言文はその歴史を暗示しつつ、日米の主権的な技術の拠点だからこそ逆に沖縄はアジアの民衆を結びつけ、反基地、平和のための間化の場となりうるとするものであった。同集会はそのような理念を実践するかのような場となった。

九四年の第一回以降も「アジアと連帯する沖縄集会」は続けられる。九五年六月には第四回目が開催され、再びチト・ペスタが招待されている。前回の報告をさらに深めるかたちで、日本資本の進出批判を軸にフィリピン民衆の闘いの現状が報告された。同年一〇月末には、第五回の集会が開催され、リタ・Ｔ・バウアーが再び招かれている。このときバウアーは、「外国の軍事基地の撤去が、そのままで完全なその国の解放を意味するものではない。帝国主義も植民地主義も自ら立ち去ることは決してない。人民が権力を握り、自ら解放していく以外にはない。〔…〕それらは沖縄においても必ずや同質の問題としてあらわれざるをえないであろう」と述べた(13)。

そのように九一年以後、湾岸戦争によって世界化した世界において、非主権的なつながりがフィリピンと沖縄の間で作られていった。詳しくわからない部分があるものの、「アジアと連帯する沖縄集会」は九六年一一月の第八回まで開催されており、主にフィリピンと交流を重ねた。そのもう一方で、九六年六月の第七回「アジアと連帯する沖縄集会」では、韓国から平澤《ピョンテク》米軍基地返還・市民の集いの代表・金容漢《キム・ヨンハン》が来沖しており、そのころを境に徐々に韓国との交流が深まっていく。「帝国主義」や「植民地主義」といったやや抽象性を帯びた概念的な連帯から、「土地」という沖縄にとって固有な歴史的現在的問題と結びつきながら、フィリピンとは別の「間化」が韓国との間で起こるのである(14)。

2 土地をめぐる闘い――島ぐるみ闘争から反戦地主へ

沖縄の土地闘争

ナンシーは、エコテクニーにおいては歴史的なものに対する空間的なものの優位が強調されると述べていた。これはもちろん歴史の否定ではなく、ひとつではない多様な歴史時間が各空間ごとに生成するということであろう。実際韓国と沖縄の連帯運動は、沖縄の土地闘争の歴史を共有し活かすように進む。そのためまずは沖縄での土地をめぐる闘いを振り返っておきたい。

沖縄での土地闘争については、朝鮮戦争を一つの契機として起きた「銃剣とブルドーザー」、すなわち米軍による強制的な土地収用に対する闘いがまずは想起される。五二年四月のサンフランシスコ講和条約発効後、在沖米軍は五三年に発出した「土地収用令」（布令一〇九号）を法的根拠に土地の収用を強行していく。その際、極端な低価格かつ長期間分を一括払いする軍用地料方針が発表される。一九五六年のプライス調査団の調査報告もそれらを追認したのをきっかけに起きた島全体での闘いが「島ぐるみ闘争」であった。島ぐるみ闘争は現在の「オール沖縄」に引き継がれる歴史記憶だが、しかし沖縄と韓国の連帯により直接関わるものとしては、「復帰」直前の七一年に再燃する土地闘争が重要となる。

七一年に土地闘争が再燃するのは、「施政権返還」後は日本政府が土地所有者から私有地を借り上げ、軍用地として米軍に提供しなければならなくなったからである（米軍に収用された土地の三分の一は私有地であった）。

このとき、戦争につながる一切を拒否するために土地契約を拒む地主たちが現れる。いわゆる「反戦地主」である。反戦地主たちは一九七一年一二月に「権利と財産を守る軍用地主会」（以下、反戦地主会と略記）を結成し集団的に契約を拒否する。慌てた日本政府は、「沖縄における公用地等の暫定使用に関する法律」（以下、公用地法と略記）を議会で可決し施行することになる。この法は、本来であれば所有者の合意が必要なところ、五年間に限り契約なしに私有地を「公用地」として収用できるとする、日本政府による強制的な「基地確保法」（新崎盛暉）であった。ここから、沖韓民衆連帯結成の時期まで続く、新たな土地闘争がスタートする。

反戦地主たちは、公用地法は所有権を不当に制限するものであり、財産権を保障する憲法二九条に違反するとして一九七六年三月に違憲訴訟を起こす(15)。二九条二項には「公共の福祉」のためであれば財産権は調整されるとあるものの、戦争に関わる基地は「公共の福祉」とは当然言えず、仮にそう解釈をした場合憲法九条と齟齬をきたさざるをえなかった。いずれにせよ憲法違反であった。訴訟直前の二月には、沖縄公用地方違憲訴訟支援県民共闘会議（違憲共闘会議）が結成され、反戦地主を支援する環境が整えられていった（後に「沖縄軍用地違憲訴訟支援県民共闘会議」と名称変更）。(16)

公用地法は五年間の時限立法であったため、一九七七年五月一五日の期限切れが定められていた。だが日本政府は公用地法後の新法を期限までに成立させられず、政府が私有地を不法占拠する事態に至る。四日間ではあったが法的な空白が生まれ、「安保に風穴があいた」とされた。(17)

不法占拠状態を回避するため日本政府は、一九七七年五月一八日、「沖縄県の区域内における位置境界不明地域内の土地の位置境界の明確化等に関する特別措置法」（以下、「地籍明確化法」と略記）を急ぎ成立させる。この法の基本的な趣旨は、戦争などで不明確となった地籍、すなわち形状や境界や所有者を明確にすることにあった。しかし附則に、地籍が明確になるまでは、駐留米軍または自衛隊の用に供する必要のある土地は国が五年間使用すると記された。地籍の明確化を趣旨としつつ、しかし附則に真の狙いが込められた、不法占拠をいびつに回避する法であった。これによってさらに五年間、所有権は不当に制限され、私有地が軍用地として提供されることとなった。(18)

五年後の八二年五月、再び土地収用の期限を迎える。それに先立ち政府は、第八〇回通常国会で「日本国とアメリカ合衆国との間の相互協力及び安全保障条約第六条に基づく施設及び区域並びに日本国における合衆国の地位に関する協定の実施に伴なう土地等に関する特別措置法」（以下、特措法と略記）を上程、一九八二年五月一五日から施行となった。このとき次のような制度が作られる（なお後に大田沖縄県知事が代理署名拒否するのは（5）についてである）。

（1）土地所有者との契約が決裂した場合、那覇防衛施設局が強制使用手続き開始、（2）総理大臣に使用許可申請、（3）総理大臣の許可を持って那覇防衛施設局が土地所有者立ち会いのもと土地物件調書作成、（4）沖縄県収用委員会へ裁決申請、（5）関係市町村による公告・縦覧、（6）沖縄県収用委員会による公開審理、（7）採決。[19]

土地所有者に一定程度の配慮をする制度ではある。しかし運用実態としては、土地所有者が「立ち会い」のもと地籍を明確にすることは行われず、防衛施設局が勝手に調書を作成することが常態化した。国による不法占拠を不当に回避し、土地の強制収用を無限に可能にする主権のテクネーとも言える法であった。

八〇年ごろには反戦地主たちも徐々に切り崩され、当初二〇〇〇人の一〇分の一にまで減少する。[20]もちろん跳ね上がる軍用地料に折れてであったが、地縁血縁的な圧力も大きく作用していた。というのも軍用地の契約は個別ではなく、一定程度の土地のかたまり単位でなされ、複数の所有者と一括契約されていたからである。一人の契約拒否者がいると他の地主も契約できなくなる仕組みであった。軍用地料で生計をたてている老夫婦がいると説得され契約した反戦地主もいた。

そのようななか、特措法施行直後の一九八二年六月九日、「一坪反戦地主会」が結成され、未契約軍用地一坪共有化運動が始まる。未契約軍用地を複数名で小分けに買い取り、自分たちを反戦地主の立場に置くものであった。土地所有に目的があるのではなく、あくまで反戦地主を支え、新たな反戦運動を創出する運動であった。最初は沖縄在住者に限定していたが、県外からの要望もあり後に修正される。この運動の中心となった新崎盛暉は、「この運動の第一の目的は、祖先伝来の土地を銃剣によって奪われた本来の反戦地主の立場を尊重し、これと連帯することにある。［…］第二の目的は、未契約軍用地を返還された反戦地主を支援することにある。［…］第三の目的は、挫折感に打ちひしがれている多くの契約地主を励まし、反戦反基地運動の戦列に復帰させることである」と述べている。[21]契約地主を再び反戦地主へと復帰させるという発想は、一度契約をすれば全て終わりというわけではなく反戦に向け何度でも再出発できることを気づかせ、運動の効果を高めようとするものであった。

特措法による収用の期間はまたしても五年間であったが（八七年まで）、那覇防衛施設局は八五年に再度使用手続きを始める。そのとき使用期間を二〇年間として手続きが進む。「二〇年」というのは民法上の貸借契約期間の上限にあたるが、見方によっては反戦地主一世代分の期間ともいえ、その意味で契約拒否者全てを無力化しようとする期間設定であった。

八六年一二月、特措法の制度に沿って収用を問う、はじめての公開審理が開催される。県収用委員会の第一回公開審理では、一坪反戦地主会が調整役となり、反戦地主会、一坪反戦地主会、那覇市、沖縄軍用地違憲訴訟支援県民共闘会議（違憲共闘）、那覇市軍用地違憲訴訟支援市民会議（市民会議）の五つによる共闘となった。[22]審理の結果、二〇年ではなく一〇年間の収用となり、多くの土地は一九八七年より九七年までを期間とする軍用地となった。なお一部の土地は契約年のズレがあり、その中に九六年に期限を迎えるところもあった。その一つが「象の檻」とよばれる米軍施設に置かれた、知花昌一所有の土地であった。知花は沖縄と韓国の連帯にも関わる一人となる。

ここまで見てきたとおり、沖縄での土地をめぐる闘争は、五〇年代から本稿の範囲となる九〇年代に至るまで息長く続けられてきた。その中でも反戦地主会は「復帰後沖縄の反戦平和運動を支える大きな柱の一つ」（新崎盛暉）であった。[23]より正確には、反戦地主会が「復帰」直前に結成されていたことからすれば、反戦反基地反安保という復帰運動の目的を、七二年以前から継承し取り組んでいた組織が反戦地主会であった。つまり、土地返還を要求することで戦争を拒否しようとする反戦地主会は、六九年二月にゼネストを試みた全沖縄軍労働組合（全軍労）ほどに目立たないにせよ、「復帰」前そしてその後の反戦反基地運動を引き継ぎ牽引する組織として登場するのである。「土地というものは人を殺すためのものではなくて、人を育てるものが土地だと思います」という島袋善祐の言葉は、反戦地主会の性格を端的に示す[24]。新崎が反戦地主を反戦平和の「大きな柱」だとみなし、また「一坪反戦地主会」を結成したのも、このような歴史的認識のもとであった。そしてこの闘いの歴史と思想は韓国と共有されることで、その重要性が越境的に可視化されるのである。八七年の強制的な土地契約のあとに起きる、沖縄と韓国の運動圏の交流に目を向けていきたい。

深まる沖縄と韓国の交流

すでに述べた一九九一年の湾岸戦争そして冷戦終結は、日米安保の存在意義が問い直される出来事であった。そのさなかの九五年には、未成年女性への米兵三名による暴行事件が沖縄で起き、基地の整理・縮小をもとめる声が一気に高まる。しかし結果的に米国は、極東からアジア太平洋地域へと米軍の対応範囲を拡大させ、それに合わせるように日本政府も「日米防衛協力のための指針（ガイドライン）」を「周辺事態」に対応できるよう見直し、日米安保体制は「再定義」・再構築される。普天間飛行場の「代替」施設を辺野古に建設すると決めたＳＡＣＯ（Special Action Committee on Okinawa）合意も、この再構築の文脈上のことである。

そのような情勢下、アジアと連帯する沖縄集会は、一九九六年六月の第六回から、反基地運動として同年期限切れとなる私有地接収問題を正面に据えていく。第六回の集会では、「沖縄米軍用地の不法占拠、強制使用手続と有事立法制定策動に反対します」という橋本龍太郎総理大臣宛の抗議および要望書が決議されている。同要望書は日米安保再定義とガイドライン見直しは「アジアへの侵略戦争準備」だと批判しつつ、読谷村楚辺の知花昌一所有の土地が期限切れ後も不法占拠されていると記した。要求事項も五つのうち二つが土地接収に関するものとなった。「一、不法・不当な土地の占拠を直ちにやめ、地主へ即時返還すること」「一、米軍用地の強制使用手続きを直ちに中止すること」がそれである。[25] 土地を通じた日米の軍事体制再構築への抵抗という性格を集会は強めていく。

それとともにフィリピンとの連帯を構築してきたアジアと連帯する沖縄集会は、徐々に韓国との関係を強めていく。例えば、九六年六月末頃の文書「韓国と沖縄の「反基地・反安保」運動の交流に連帯〈支援カンパ〉を！（案）」を見ると、「韓国のKさん」から平澤《ピョンテク》で駐韓米軍反対運動をしている金容漢《キム・ヨンハン》が沖縄の反基地運動の人びととの交流を要望していると連絡があったとある。それを受けてであろうが、同文書には、「僕らの「反基地・反安保」の視点に「朝鮮半島問題」がどれだけあったやろうか！」という文言があり、そこには沖縄と韓国に同じく米軍基地があるにもかかわらず交流がなく、今後なされるべきだというニュアンスが込められていた。

九六年七月二七日、アジアと連帯する沖縄集会実行委員会は「在韓米軍基地に反対してたたかっている韓国の人々への連帯の挨拶」という文書を出し、韓国の運動団体との交流を模索しはじめる。[26] 挨拶文には、「この米軍を撤退させる闘いも、国境を越えて連帯していくことができるならば、[…]両国のたたかいもより強固になっていけるだろう」と書かれた。[27] 結果同年八月、第七回アジアと連帯する沖縄集会に韓国から金容漢と金源植《キム・ウォンシク》が招待され、それぞれ「米軍基地返還運動の現況と課題」と「駐韓米軍駐屯の背景と歴史」と題する講演を行った。

金容漢の講演は興味深いものとなった。韓国・平澤では、米軍基地の拡張のたびに一三回も土地を奪われた人びとがいること、基地から地代が支払われないため、基地周辺の人々は引越しもできず、基地の変化にあわせて近くに移らざるを得ないことなどが述べられた。また、騒音や環境汚染の悪化にもかかわらず米軍駐留を望む人々がいるのは、南北朝鮮の緊張が高まるほどグアム、沖縄、フィリピン各地から軍が来韓し兵員相手の商売が潤うためだと語った。潤うといっても米軍犯罪を最も被り、恣意的なオフリミットがたびたび宣言されながらの商売であった。つまり金容漢の講演は、土地の接収や軍用地料に関して韓国は沖縄よりひどい状況にあり、また「第二のコザ」の発生とも言える、国境を越えた基地問題のしわ寄せが起こっているのを伝えるものであった[28]。

そのうえで金容漢は、自らが中心となって取り組んでいる米軍基地返還運動についても紹介した。具体的には(1)米軍基地貸与期間の設定、(2)米軍基地賃貸料の徴収、(3)米軍基地の平和的活用方案の準備、(4)米軍犯罪根絶運動、(5)韓米相互防衛条約と韓米駐屯軍地位協定の全面改定である。とりわけ(1)が運動の中心となるものであった。

韓国の場合も多くの私有地が軍用地となっているが、誰の土地が収用されているのか情報公開されていないため、気づかない内に軍用地化されていた。最近になり米軍供与地の実態が一部公開されたが、米軍供与地の概念さえ知られていないのが実情であった。また土地収用は韓米行政協定(SOFA)に基づくが、私有財産権を保障する大韓民国憲法(二三条)と衝突している状態にある。その上さらに協定の上位にある韓米相互防衛条約の第六条には「本条約は無期限有効」とあり、なかば永久に土地が収奪される構造となっている。だからこそ運動は貸与を「一〇年間」にすることを目標に据えていた。総じて金容漢の講演は、沖縄と重なりつつ、しかし初めて伝えられる韓国の現状であったはずである。

重要なのは、韓国での運動が米軍基地を撤退させたフィリピンよりも、沖縄を参照先にしたことである。韓国では、基地「返還」運動以前は国内他地域への基地「移転」が運動の主たるものであった。しかし「移転」運動は結局のところ他地域へしわ寄せするものでしかなく、地域感情の悪化を招いていた。つまり「返還」運動は韓国全体が米軍基地から脱していくためのアイデアだったのであり、それを沖縄から学んだのである。知花昌一ら反戦地主たちにしてみれば沖縄での土地闘争の成果は十分と言えないものであろうが、韓国からすればそれは方法や目標として積極的に取り入れられるべきものであった。

そのように沖縄での集会に韓国から人を招くことで両地域にまたがる共通問題、共通利益が具体化されていく。ここにおいて沖縄での土地闘争は、越境する拡がりを持つに至る。一地域での問題が越境し、同じ利益・目的を追求するアソシエーションのようなつながりが国境をまたいで形成されていくのである。

つながりはさらに深まっていく。沖縄での土地闘争を実際に見るために、翌年九七年二月、韓国からの訪問団の来沖が実現する。九七年二月は、土地収用の期限切れを迎えるに際し、防衛施設局の行った再収用申請に対する沖縄県収用委員会による公開審査開催の月にあたっていた。公開審査会は施設局側も反戦地主たちも集まり意見を述べる場となるが、そこに韓国の反基地運動に関わる人びとを招待し、オブザーバーとして参加してもらうことになったのである。その際、アジアと連帯する沖縄集会実行委員会だと組織規模が小さいため、一坪反戦地主会が協力している。沖縄内でも協力関係が作られていった。

また在日韓国民主統一連合会（韓統連）も韓国団受け入れのために動いていた。来沖にあたり、沖縄反基地運動の主要課題二点、（1）米軍用地強制使用を阻止するたたかい、（2）米軍基地の沖縄内での移設に反対するたたかいについてと、「反戦地主」や「一坪反戦地主」などの用語説明が翻訳され、事前に情報共有として韓国に伝えられた。韓国団が沖縄訪問の準備中に大田県知事の公告・縦覧代行応諾（二度目）があり、そのことも沖縄での闘争の困難として情報共有された。

韓国側は、在韓米軍基地返還運動や韓米行政協定の問題点、また「沖縄、それが知りたい」と題された沖縄の歴史文化風習などを説明する文章、また簡単な日本語会話を収録した『韓国・沖縄反基地運動交流会訪問団資料集』を作成し連帯行動の準備を進めた。[29]急速に沖縄と韓国の民衆間で情報と目的が共有されていった。

九七年二月二〇日から二三日までの日程で四三名が韓国から来沖し、知花昌一の所有地にある「象の檻」と呼ばれる米軍通信施設、九五年に完成した平和祈念公園の平和の礎、韓国人慰霊塔などを見て回っている。そして一団は二月二一日に開催された米軍用地強制使用の公開審理に参加し、沖縄での土地をめぐる闘争を直接経験しながら理解を深めた。

韓国側は、「私たちは韓日両国の民間団体が一緒になって闘うつもりです。また、沖縄の米軍基地を沖縄県内のほかの場所に移転しようとする、日米両国の政府の計画を止めるための沖縄県民達のすべての行動を支持します」とする声明文「私達は沖縄県民の反米軍基地運動を支持します」を発表し連帯を表明した。[30]加えて同声明文は、三ヶ月後の五月一四日に韓国で反基地共同行動の開催を希望すると記していた。「それぞれの反基地闘争に勝利していくためにも、韓国‐沖縄‐「本土」の反基地運動の連帯の形成と強化」が不可欠だと認識されたからであった。[31]そして反基地共同行動は、一九九七年五月一三日から一五日の日程で実現する。これが沖韓民衆連帯結成前の最大の沖縄と韓国の間の国際的連帯となる(32)。

五月の共同行動は、韓国では一三日に国際シンポジウム（ソウル）、一三～一四日に大邱《テグ》と平澤での基地前抗議行動、一五日解散という日程となった。沖縄側からは代表で泉正明と高橋恭子が参加している。一三日に開催された国際シンポジウムでは、「駐韓米軍駐屯の背景と歴史、その意味と役割」「平澤K－55米空軍基地駐屯の歴史と現況」「米軍基地問題の解決方案」などが報告された。なお熊本から田中信幸が来韓し、仁川《インチョン》での反米軍基地行動に加わっている。また沖縄では一四日に沖縄市八重島公演でピースコンサート、集会、その後嘉手納第二ゲートに向かってデモ行進が行われた。

共同行動は韓国で注目を集め、大きな報道がいくつかあった。『嶺南日報』（五月一四日付）は沖縄から参加している泉正明を一坪地主であると紹介し、「韓国など米軍駐屯国家は、まず市民団体が団結し、米軍基地共同対策委員会を構成、積極的な広報で米軍基地反対に対し市民の参与を広げなければならない」とする彼の言葉を伝えた。他にも「駐韓・駐日米軍部隊地取戻し　韓日、はじめての共同対応」「焦点　われわれも日本のように賃貸料を払い受けねば」『仁川日報』（五月一二日付）や「「米軍基地返還」　韓日連帯　市民団体共同声明　行政協定改定も促求」『ハンギョレ』（五月一四日付）といった見出しに見られるとおり、メディアは地料や土地返還を中心に関心を寄せた。

共同行動の最終日五月一四日には、韓国と沖縄・日本の参加者一同の名義で、「5・14記念　日韓共同声明　私たちは米軍基地の縮小、返還を強く要求する」が発表された(33)。同声明文は「賃貸期間が終わった米軍基地の返還を要求する沖縄県民の正当な主張と、駐韓米軍基地賃貫期間設定を要求する韓国人の思いを集め」たものとなった。掲げられた要求は、米国政府に対しては米軍基地被害についての謝罪と基地縮小・返還を、日本政府に対しては反戦地主の権利認定と特措法の破棄を、そして韓米両国に対しては韓米相互防衛条約とSOFAなどの改正と米軍基地の賃貸期間の設定を要求するものであった。その上で声明文は「国際連帯を強化することを厳粛に宣言する！」と締めくくられた。フィリピンのBAYANやコルディレラ人民同盟、台湾の台湾労働人権協会からも声明文への賛同と連帯のメッセージが送り届けられた。

しかし他方、共同行動は歴史的な課題にも直面した。五月一三日の国際シンポジウムでの質疑応答の際、「米軍がいなくなったら、日本の軍隊が再びアジアに軍事侵略の野望を持つのではないか、それが脅威だ」という意見が出された。これに関して韓国側のY氏からも「どうやって日本を信頼するかだ。きつい言葉かもしれないが、これがわたしの気持ちだ。みんなそうだ」と話し、会場から大きな拍手がおこっている。米軍が撤去されると「日本軍」がまた来るのではという思いが韓国の中に根強くあるのを示す出来事であった[34]。Y氏はシンポジウムの最後に「大切なのは、市民運動の連帯だ」と発言しシンポジウムを締めくくったが[35]、冷戦終結後に噴出した歴史問題が連帯の共同行動にも影響を及ぼしていた。

また韓国・大邱市での共同行動についての記者会見では、「南北が休戦状態にある我々には、沖縄でいう米軍基地撤去という主張はなじまない」という意見が記者から出ている。在韓米軍撤去はDPRKのうたい文句であり[36]、米軍はむしろ北の脅威から守ってくれているのだという認識が韓国世論にあったためである。これに対し泉正明は、沖縄戦は軍隊が住民を守らないことを示すものである、米軍の韓国駐留は民族の尊厳を侵害するのではないかと答えている[37]。泉の応答は説得的であったものの、米共同行動を通じて南北分断という朝鮮半島固有の困難があらためてクロースアップされる形となった。

そのように容易には解きほぐし難い問題が噴出したとはいえ、沖縄・韓国反基地行動委員会で採択された「米軍基地を撤去するための共同声明」は、「沖縄反基地闘争〔…〕はアジア的にみるならば、むしろ多数派のたたかいなのだ」と記し[38]、個別地域での運動は国境を超えてつながる必要があり、アジアにはそれを可能にする基盤があるとする観点を提示した。

後にこの観点が具体的な形をとって韓国で現れる。反基地共同行動は翌年一九九七年八月にも行われた。このとき新崎盛暉も参加しシンポジウムや韓国・龍山《ヨンサン》米軍基地前での抗議行動に加わっている（日本「本土」から一三名、沖縄から七名が参加）。この訪問の最中の八月二二日、龍山で「米軍基地取戻し全国共同対策委員会」が正式発足し、「わが土地米軍基地取り戻し全国共同対策委員会　出帆宣言文」が出されるのである。その最初のパラグラフは次のようなものであった。

われわれは何の代案もなく米軍撤収を主張しているわけではない。〔…〕米軍基地がわれわれの地域にくることだけがだめだといっているのではない。われわれは、米軍基地の賃貸期間を定め、賃貸料を徴収することを主張している。また、われわれは、米軍が現在使用していない基地をただちに返せと主張している。われわれの主張は、フィリピンやオーストラリアのようにさせることである。いや、少なくとも沖縄のようにさせることである[39]。

米軍基地取戻し全国共同対策委員会は、会結成以前から沖縄について学び、少しずつ吸収していった。同委員会結成以前の九六年に『わかりやすい韓米行政協定』が出ているが、そこには沖縄について記述する章が含まれていた。九七年に土地契約期限切れを迎えるため、沖縄でもフィリピンのように米軍基地が返還されざるを得ないことや、九五年九月の暴行事件が大衆的な基地返還運動を呼び起こし、クリントン大統領の謝罪と軍用地の二〇％返還を引き出したといったことが記されている。[40] 事実誤認や楽観的すぎる評価を伴うものであった。しかし右で引用した出帆宣言文を見ると認識が修正されているのが分かる。宣言文最後の行にある「少なくとも」が、この間の交流による相互理解の深まりを示している。それは第一に、米軍基地を撤去させたフィリピンが理想であったとしても、まずは沖縄の状況まで持っていくこと、したがって第二に、沖縄は通過的な目標点であって理想ではないことを示唆している。沖縄の状況に対する楽観的な見方が払拭され、その困難が理解・共有されたと言っていい。

加えて出帆宣言文には、所有者たちが知らないままに米軍に五一％もの土地が提供された街があり、基地があるために道路が通せず都市開発もままならず、騒音や環境汚染で苦しむ人びとが多くいると書かれていた。韓国の現状を伝えるものであるが、しかしこれはほぼ沖縄の状況に他ならなかった。その意味で宣言文の「われわれのこのような思いを「米軍基地返還運動」や「米軍基地取り戻し」と呼んでいる」は、国境を越えて沖縄にも当てはまるものであった。ここにおいて韓国と沖縄は単に米軍基地があるという共通点を超えて、共通する困難や利害をともにする連帯の可能性に拓かれていた。国境をまたいで「間」を創出する間化の実践であった。この器としての「間」が、翌年「沖韓民衆連帯」と名付けられていくのである。

おわりに

沖韓民衆連帯結成のきっかけは、新崎盛暉のアイデアだったようである。先に述べたとおり一九九七年八月、沖縄、日本「本土」、韓国、フィリピン、台湾で米軍基地に反対する共同行動が行われ、沖縄代表の一人として新崎は韓国を訪問した。新崎は参加後、「【補記】沖韓民衆フォーラムはできないか」において、アメリカの東アジア一〇万人体制に対抗するためにも沖縄と韓国の人々の共闘の可能性を探る「沖韓民衆フォーラム」の開催が課題だと述べたが、これが沖縄民衆連帯結成のアイデアとなる。

〔九〇年代に始まった交流で、〕双方の米軍基地や運動の状況についても、漠然とは理解したような気になっている。だが、正確には何も知らないのではないか。少なくともわたしはそうである。韓国の反米軍基地運動にたずさわっている人たちが、朝鮮半島情勢をどのように認識しているか。米軍基地の実態（軍用地の形態、米軍犯罪や事件・事故等）はどのようなものか。運動の歴史・現状・目的は？

そして韓国側もまた、われわれが日米安保体制と沖縄基地の関係をどのように認識し、具体的な運動をどのように展開しようとしているかを正確に理解しているとはいえまい。

それでは、ほんとうの共闘体制をつくり出すことはできないだろう。(41)

加えてそこには、嘉手納基地や岩国から劣化ウラン弾が韓国に運び込まれたというニュースにショックを受けていた、韓国の反基地運動家たちを目の当たりにしたこともあった。つまり新崎のアイデアの根底には、超国家的に連携する基地に対して、人々は逆に分断されているという認識があったことになる。「わたしたちは、沖縄の反基地闘争に共鳴しつつ、同時に基地のしわ寄せに不安を感じている多くの韓国民衆の存在を、しっかり視野の内に入れておかなければなるまい」という文言はその認識を示すものであろう[42]。反基地運動も越境的に取り組むには、単に基地についての客観的な情報の共有だけでなく、基地によって脅かされる具体的な状況を互いに知る必要があった。

新崎のこの認識に基づいた提案が、翌年（九八年）に沖韓民衆連帯結成として具体化される。沖韓民衆連帯設立総会開催を案内するビラには、次のような文が書かれた。

この間の、米軍犯罪、軍用地強奪など同様の問題をかかえる韓国の米軍基地撤去を求める人々との感動的な出会いと交流が、今、沖縄・韓国民衆の本当に具体的な連帯した闘いとして結びついていくことが求められているのではないでしょうか。私たちは、そのための継続的な学習会、シンポジウム、相互交流訪問などを計画しながら、現状を共有し相互理解を深め連帯共同の闘いをめざす「米軍基地に反対する運動をとおして沖縄と韓国の民衆の連帯をめざす会」をともに結成していくことを呼びかけます[43]。

「現状を共有し相互理解を深め」あたりに新崎のアイデアとの共鳴があり、またそれを運動の中心としようとしているのが分かる。六月二七日の開催された設立総会の呼びかけ人は、新崎盛暉をはじめ西尾市郎、崎原盛秀、浦崎成子など一一人が名を連ねた。また当日、映画『レッド・ハント』の上映と都裕史《ト・ユサ》による講演「韓国における米軍基地問題について」もあった。都の講演は在韓米軍基地問題だけでなく、連帯のために最低限知っておくべき朝鮮近現代史の話も含んでいた。韓国の現在だけでなく、朝鮮半島の植民地の歴史の共有も試みられたのである。

他方、沖韓民衆連帯は、その正式名称「米軍基地に反対する運動をとおして沖縄と韓国の民衆の連帯をめざす会」に「めざす」とあるが、これはゼロから構築していくということではなく、集会や交流を通じてすでに作り上げてきた関係を連帯に向けて深めていくという思いが込められていた。ここまで論じたとおり、すでに交流はあり、連帯に向かっていた。そこからすると、沖縄と韓国はそれぞれの米軍基地や運動の状況について正確には何も知らないのではないかという新崎の発言は、米軍基地のそもそもの秘匿性の高さ等からすると間違いではないものの、やや誇張されている。実際のところ沖縄と韓国の民衆連帯はすでに歩みを始めていたのであり、むしろ「沖韓民衆連帯」はその結果・成果であった。沖韓民衆連帯の具体的実践については今後の課題としたい。

註

（1）この沖縄大学土曜教養講座「強制連行の韓国人軍夫と沖縄戦」については、呉世宗『沖縄と朝鮮のはざまで——朝鮮人の〈可視化／不可視化〉をめぐる歴史と語り』（明石書店、二〇一九年）の第五章でより詳しく言及している。

（2）なお『アリランのうた』の上映時、感想集が作られ販売されたが、映画に批判的な感想が載せられたページを監督朴壽南はページごと削除し新たに作り直している。

（3）J＝L・ナンシー「戦争、権利、主権――テクネー」『複数にして単数の存在』加藤恵介・訳、松籟社、二〇〇五年、二〇一頁。このテクストは湾岸戦争の最中から書かれた。なお本稿執筆後に出版されたため参考にできなかったが、ナンシー「戦争、権利、主権」については、鵜飼哲「戦争、あるいは限界で生きることを学ぶ」がかなり詳細な議論を行っている（西山・柿並編『ジャン＝リュック・ナンシーの哲学』読書人、二〇二三年）

（4）ナンシー前掲書、二二一頁。

（5）ナンシー前掲書、二〇六頁。

（6）吉次公介『日米安保体制史』岩波書店、二〇一八年、一三九頁。

（7）ナンシー前掲書、二四四頁。

（8）ナンシー前掲書、二四九頁。

（9）在比米軍撤退までの経緯は、松宮敏樹『こうして米軍基地は撤去された！――フィリピンの選択』新日本出版社、一九九六年、ローランド・G・シンブラン（新田準訳）『フィリピン民衆VS米軍駐留――基地完全撤去とVFA』凱風社、二〇一二年、猿田佐世編・著『米中の狭間を生き抜く――対米従属に縛られないフィリピンの安全保障とは』かもがわ出版、二〇二一年を参考にした。

（10）BAYAN（BAGONG ALYANSANG MAKABAYAN）。一九八五年結成。帝国主義、封建主義、官僚資本主義に対抗して、民族と社会の解放のために闘う多部門の組織。外国の支配から解放された公正な社会を構想する。https://medium.com/panindigan（最終閲覧日：二〇二二年一一月四日）

（11）西尾市郎は「最初は、沖韓民衆連帯という名前になる前には「アジアと連帯する集会実行委員会」として動いていた」と発言している。高橋年男、都裕史、豊見山雅裕、西尾市郎「座談会　共に学び、共に変わる東アジア――沖韓民衆連帯の歩み」『新沖縄フォーラムけーし風』七〇号、二〇一一年三月、一三頁。

（12）『アジア共同行動・6．23アジアと連帯する沖縄集会資料集』アジア共同行動／アジアと連帯する沖縄集会実行委員会、一九九五年一〇月発行、ページ番号なし。

(13)『烽火』一九九六年七月一日付、一〇面。この発言に関して言うと、九一年に撤退したはずのアメリカは九八年には戻るきっかけをつくっており、まさに「自ら立ち去ることは決してない」事態がフィリピンで起きるのを予言するものであった。

(14)高橋進之助は沖縄の反米基地運動について論じた労作で、沖縄とフィリピンの連帯が深まらなかった理由の一つに、米軍基地が撤退したことによって基地問題に関するフィリピン社会の関心が薄れたことがあると指摘している。Shinnosuke, T., *Regionalizing the local, localizing the region : the Okinawa struggle and place-based identity*, Canberra, The Australia National University, 2015, Ph.D.thesis, p.270.

(15)政府との対立を避ける軍用地主会連合会(土地連)は軍用地返還に反対であった。反対する主要な理由は軍用地料であったが、しかし沖縄戦のため土地の形状が変わり境界も不明確であるなか、返還されても直ちには使用不可能という理由もあった。

(16)ちなみに違憲訴訟は、後に述べる「特措法」制定のため一九八二年に取り下げられる。

(17)このとき反戦地主の一人、島袋善祐は不法占拠された自分の土地に立ち入り、自分の土地であることを宣言する看板を立て、にんにくを植え、鶏を放し飼いにした。

(18)本項四段落目からここまでの記述は、新崎盛暉「軍用地をめぐる諸問題」、同「地籍法で顕在化した沖縄と本土のズレ」を参考にした。新崎盛暉『沖縄同時代史　第一巻』凱風社、一九九二年。

(19)特措法については新崎盛暉「米軍用地強制使用の歴史――本章を読むに当たって」『沖縄同時代史　第五巻』凱風社、一九九二年、九六頁を参照。

(20)新崎盛暉「沖縄の反戦地主調査」『沖縄同時代史　第二巻』凱風社、一九九二年、一〇八頁。

(21)新崎盛暉「未契約軍用地の一坪共有化運動」『沖縄同時代史　第二巻』、一八三―一八四頁。

(22)新崎盛暉「米軍用地の二〇年間強制使用問題・その後」『沖縄同時代史　第三巻』凱風社、一九九二年、九七頁。

(23)新崎盛暉「苦悩する反戦地主会」『沖縄同時代史　第一巻』、一七九頁。

(24)小川町シネクラブ『採録シナリオとインタビュー　ビデオドキュメント『沖縄・反戦地主』』小川町シネク

ラブ、一九九六年、二〇頁。また大田元沖縄県知事が土地強制収用のための代理署名を拒否したのも、反戦地主の闘いに背中を押されてであった「大田知事が署名拒否して裁判に持ち込んだのも、復帰後二四年になるんですが、反戦地主のみなさんがねばり強く基地を生活と生産の場にというスローガンで闘ってきた結果、知事も署名を拒否することができたわけですよ」。池宮城紀夫（弁護士・県弁護団事務局長）の証言。小川町シネクラブ『採録シナリオとインタビュー　ビデオドキュメント『沖縄・反戦地主』』、三五―三六頁。

(25) 残りの三つは、「一、自衛隊基地、米軍基地をただちに撤去すること」「一、日米安保を即時破棄すること」「一、有事立法制定策助をやめること」である。アジアと連帯する沖縄集会実行委員会『第六回アジアと連帯する沖縄集会資料集』、一九九六年六月二四日、ページ数記載なし。

(26) 韓国・沖縄反基地運動交流会『2・21韓国・沖縄反基地運動交流会資料集——韓国の反米基地運動を知るために』一九九七年二月二一日、一〇頁。

(27) 前掲資料集、一〇頁。挨拶文は、加えてかつての植民地支配を二度と繰り返さないことを表明している。

(28) アジアと連帯する沖縄集会実行委員会『第六回アジアと連帯する沖縄集会資料集』、一―二頁。

(29) 우리땅 미군기지 되찾기 전국공동대책위원회 준비모임『한국 오끼나와 반기지운동교류 방문단 자료집』1997.2

(30) 韓国 - 沖縄反基地運動交流会実行委員会『二・二一　韓国・沖縄反基地運動交流会　資料集』、ページ数記載なし。

(31) 沖縄・韓国反基地行動委員会「沖縄・韓国反基地行動委員会への参加・賛同の呼び掛け」文書、一九九七年三月ごろ。

(32) なお共同行動が開催される九七年五月までの間に特措法の改定があり（同年四月）、国会で傍聴していた反戦地主の知花昌一、照屋秀伝の二人が「土地泥棒！」と叫んだだけで逮捕されるという出来事があった。逮捕直後、金容漢から「私たち韓国人も皆さん同様、日本政府の「特別法」改悪を決死反対している事実を知っていただき、力を失わず頑張ってください」とする檄文が送られてきている（金容漢「檄文」四月一四日付け文書）。

(33)沖縄・韓国反基地行動委員会『韓国沖縄共同行動　韓国訪問記沖縄報告集』一九九七年六月二二日、一二三頁。
(34)高橋年男、都裕史、豊見山雅裕、西尾市郎、「座談会　共に学び、共に変わる東アジア――沖韓民衆連帯の歩み」、一四頁。
(35)沖縄・韓国反基地行動委員会『韓国沖縄共同行動　韓国訪問記沖縄報告集』、五頁。
(36)金京子「米軍基地と韓国の現実」『新沖縄フォーラムけーし風』二二号、一九九九年三月、一七頁。
(37)沖縄・韓国反基地行動委員会『韓国沖縄共同行動　韓国訪問記沖縄報告集』、七頁。
(38)沖縄・韓国反基地行動委員会『韓国沖縄共同行動　韓国訪問記沖縄報告集』、二〇頁。
(39)日米のアジア支配に反対し、アジア人民の連帯を推進する日本連絡会議『アジア共同行動日本連絡会議　韓国訪問の記録――一九九七年八月二一日～二六日　韓国の反米軍基地運動・民衆運動との出会いの旅』、一九九七年九月一五日発行、一〇頁。
(40)駐韓米軍犯罪根絶のための運動本部『わかりやすい韓米行政協定』在日韓国民主統一連合大阪本部平和委員会訳、一九九七年、二六―二九頁。
(41)新崎盛暉「【補記】沖韓民衆フォーラムはできないか」、新崎盛暉『沖縄同時代史　第八巻　一九九七．七～一九九五　政治を民衆の手に――問われる日本の進路』凱風社、一九九九年、六六―六七頁。初出は『沖縄・韓国・反基地運動交流の旅』うるま伝道所、一九九七年九月。
(42)新崎盛暉「二つの韓国」、新崎盛暉前掲書、六四頁。初出は『沖縄タイムス』一九九七年八月二七日付。
(43)沖韓民衆連帯設立総会案内のビラより。一九九八年五月ごろ。

第六章　試論　日本人ジャーナリストたちにとっての韓国／朝鮮
古野喜政と長沼節夫

森　類臣

はじめに——問題の所在

戦後日本のジャーナリスト(1)はいかに韓国／朝鮮と向き合い、どのような姿勢で取材・報道活動を展開していったのか—このような大きなテーマを考察する一つのきっかけとして本章を位置づけてみたい。つまり「試論」である。このテーマは、「日韓連帯」という実践・言説構築にも直接・間接的に連結するし、誤解を恐れずに言えば、ジャーナリズムによる韓国／朝鮮報道（論評）が、「日韓連帯」の主要な一部分を構成しているとも言える。

このような巨大な研究テーマに向き合っていくにはその接近法が重要であるが、ここでは本書全体を貫く「親密圏」と「公共圏」という二つの概念を常に意識することにする。

戦後日本のジャーナリストの中で朝鮮半島報道に深く関わった人は数多く、その中で著名なジャーナリストを挙げるだけでも相当な数に上る。「論壇」において時事論評的に韓国／朝鮮を言説化してきた作家・評論家を含めればさらに多くなるであろう。

そこで本稿では、韓国／朝鮮関連の専門記者として一貫した問題意識を持ち、長年韓国／朝鮮に向き合ってきた特定の記者の事例を扱うに留め、今後の研究に資する形にしたい。

そもそも、ジャーナリストは人文学・社会科学的な素養を基盤にして、事実を積み重ね真実（社会構造）を追及し、それを市民に知らせることによって、民主主義社会の維持・発展に寄与する存在である。ジャーナリストも人間であるからもちろん自らの思想・信条を持ち、職業観も人それぞれ違う面がある。それでも、ジャーナリストがその社会的使命において果たさなければならない原則と規範があり、[2]その中でも重要な要素は「権力監視」と「社会的少数者の意見を代弁すること」である。となると、報道・論評の主体となるジャーナリストが対象をどのように認識して報道してきたのかということは当然重要となる。国際報道も同様である。特に韓国／朝鮮を報道・論評の対象としたときはこの原則・規範に一層注意を向けなければならないだろう。朝鮮半島は近代に入って日本と歴史的・政治経済的に複雑な関係を持ち、現在においても隣国同士お互いに政治・経済・文化・社会の様々な面に影響を及ぼしている。そして、日本の市民が韓国／朝鮮の動向を把握し理解する時に、ジャーナリズムの報道姿勢は一定の影響を与える。

このようなジャーナリズムの姿勢をある程度量的なかたまりとして可視化し考察する方法の一つに論調分析がある。論調分析は言説分析の一つであり、実証的な方法ゆえに非常に有用であることは言を俟たない。社説を中心に記事データを集めてジャーナリズムの朝鮮半島報道の実態を分析した良質な研究はそれなりの層を形成している。[3]

一方で、ジャーナリスト個々人の思想や人間関係に着目してそれがどのように実際の報道姿勢につながっていったのかを探求する研究はそれほど多いとは言えない。しかしよく考えてみれば、ジャーナリズムの言説を構築するのは人間であるジャーナリストであるのだから、ジャーナリスト個人に焦点を当て、いわば「親密圏」の形成過程を分析することによって、それがどのように報道・論評活動という「公共圏」につながっていったのかを考察することは研究する価値があるであろう。同じ文脈で、各報道機関において、どのような記者たちが朝鮮半島報道に携わりマスメディア各社内の「コリアスクール」を形成してきたのかということも重要である。また、各社の枠を超えてどのように日本人ジャーナリストが「韓国」「朝鮮半島」をかすがいにして親睦を図り、人間関係を築いてきたのかということも重要であろう。

このように、特定のジャーナリストに焦点を当てて人間像を考察する研究は、主に歴史研究の分野でなされてきた。ジャーナリストの思想形成と人間関係について史料批判によって検討・検証し報道姿勢との連関性をあぶりだしてきたのである。この方法によって近年成果を上げているのが、根津朝彦による一連の研究であろう。特に、根津朝彦（二〇二二）は、『北海道新聞』論説主幹だった小林金三の報道・論評姿勢が、建国大学学生時代の小林の経験と人間関係から大きな影響を受けていることを史料批判を通して実証した。一方で、学術論文ではないが、ジャーナリストによる優れたジャーナリスト評伝もこれまで多数出版されている[4]。

冒頭で述べたように、韓国／朝鮮半島の専門記者として名を馳せたジャーナリストは数多い。戦前に記者であり、戦後も記者を続けた世代では、入江啓四郎[5]などがすぐに挙げられる。戦前（一九三〇～一九四〇年代前半）に生まれたが、戦後に大手新聞社の記者となり活躍した人物としては、猪狩章

（朝日新聞）や古野喜政（毎日新聞）・菱木一美[6]（共同通信）・小田川興（朝日新聞）そして黒田勝弘[7]（共同通信、一九八八年からは産経新聞）などが挙げられる。それより下の世代としては、重村智計（毎日新聞）・波佐場清（朝日新聞）・安尾芳典[8]（共同通信）・下川正晴[9]（毎日新聞）・平井久志（共同通信）・宇恵一郎（読売新聞）などが挙げられる。

上記に挙げたジャーナリストたちの中には、現在も報道・論評活動を続けている人物もいる。また、韓国／朝鮮に関する著作を断続的に出版してきた人も多い。その著作の中には、時宜的に大きく注目されるだけではなく、年月が経過しても読み継がれているものもある。例えば、猪狩章はソウル特派員時代の取材の成果をまとめ、『ソウル特派員報告――問いなおされる日韓関係』（柘植書房、一九七四年）、『日韓独裁と人権』（科学情報社、一九七五年）、『光州八〇年五月――つかの間の春の虐殺』（すずさわ書店、一九八〇年）、『独裁十八年の考察――瓦解した朴政権』（柘植書房、一九八〇年）、『ビザのない旅券――朝鮮民主主義人民共和国の現実』（情報センター出版局、一九八一年）など一九七〇〜一九八〇年代に同時代的な一連のルポルタージュを続けざまに発表し注目された。

また、黒田勝弘は日本を代表する「知韓」派ジャーナリストとして知られ、現在も『産経新聞』を中心にコラムなどを執筆している。黒田も一九八〇年代から韓国社会を分析した単著を精力的に出版している。例えば、初期の作品として『韓国社会をみつめて――似て非なるもの』（亜紀書房、一九八三年）、『ソウル発これが韓国だ』（講談社、一九八五年）、『ソウル原体験――韓国の生活を楽しむ記』（亜紀書房、一九八五年）、『韓国人の発想――コリアン・パワーの表と裏』（徳間書店、一九八六年）などが挙げられ、現在に至るまで、改訂版を含めて多くの著作を発表している。

このように朝鮮半島に関する報道・論評に影響力のある（あった）ジャーナリストの業績と思想を

検証していくことは有益な作業であると思われる。ただし、紙幅の関係で本稿ではジャーナリストすべてに触れることは難しい。また何よりも現在の筆者（森）の力量を明らかに超えている作業となる。したがって、ここでは上記のジャーナリストのうち二人について検討し、試論として日本人ジャーナリストたちにとっての韓国／朝鮮を少しばかり浮き上がらせてみたい。

1　古野喜政と金大中事件

以上のような問題意識を基底に置いて、本稿では、韓国／朝鮮報道で業績があるジャーナリストのうち、ほぼ同年代の二人を取り上げる。元毎日新聞記者であった古野喜政と、元時事通信記者であった長沼節夫である。特に、長沼節夫については近年遺稿集がまとまった形で出版されたため、それを検討することに注力したい。

古野は一九三六年生まれ、長沼は一九四二年生まれである。二人の共通項は同時代的に韓国に関わり、「金大中事件」を追及したジャーナリストであったということである。また、取材対象としての金大中だけでなく、人間としての金大中の魅力に魅せられ、生涯親交を持ったという点も似ている[10]。一九七三年に起こった「金大中事件」は、日韓関係に大きな影響を与えた事件であり、一九七〇年代の日韓連帯運動の主要テーマであった（太田二〇二二）。しかし、現在に至るまでその真相が完全に明らかになったとは言い難い[11]。報道姿勢は若干違うものの、古野と長沼の二人は「金大中事件」追及を共通項にした同志でもあった。

古野は一九三六年に福岡県北九州市で生まれた[12]。一九五五年に京都大学法学部に入学し、国際政治学者として著名な猪木正道のゼミで学んだ。この時に猪木ゼミで「独裁」に関する研究をしたことが後の朴正熙政権に対する報道に生かされることになる（古野一九八一：一八一―一九〇）。

一九六〇年に京都大学法学部を卒業した後、毎日新聞大阪本社に入社し、社会部に配属され事件担当の記者となった。一九七三年から金大中拉致事件、民青学連事件（日本人学生の逮捕事件）、文世光による大統領狙撃事件などを取材・報道した。主に、一九七〇年代に毎日新聞社内の「コリアスクール」を代表した人物と言えよう。

古野は元々は韓国／朝鮮に特別大きな関心を持っていたわけではなかったようだが、韓国旅行を期に韓国語を勉強しており「少し韓国語のできるのがいるらしい、ということでソウル特派員に指名」（古野 1981：14）された。古野は「六八年の夏に二週間ばかり韓国に旅行し、その後、韓国語を勉強していたことが大きな理由となった」（古野一九八一：一三）と説明しているが、それまで警察担当記者であり外信部の経験はなかった。この人事は異例だったと思われる。一九七三年に毎日新聞の特派員としてソウルに駐在し、一九七六年までソウル特派員を務めた(13)。

古野がソウル駐在期間に出会った人の中に、後々まで古野の人生に影響を与えた人物が新聞記者C氏である。古野はC氏との思い出を次のように描写している。少々長いが引用してみたい。

ある日の夕方、光化門のロータリー脇で声をかけられた。顔見知りの、ある新聞社の大物幹部、Cさんだった。

「大変ですね」「ええ、例の事件がどうやらヤマ場らしいので。それに朝刊の締りですから」と、流れ落ちる汗をふいた感触は、今でも覚えている。Cさんは、「ごくろうさんですが、できるだけ正確な記事を、できるだけたくさん送ってください」と続けた。

わたしはちょっと面くらった。というのは、私の事務所にいた二人の韓国人助手のうち、女性の助手からこんな話を聞いていたからだ。Cさんは戦前、日本の私立大学を卒業している人だが、日本と日本人に対してはあまり好感を持っていない。だから、あなたの前任者も深くは付き合っていなかった、という。（中略）Cさんはこう続けた。

「ご存知の通り、私たちは、今、現代史を持っていません。いつの日か、歴史を書かなければならないでしょう。その時、あなたが、今日送る記事が、資料として必要になるのです。がんばってください」（中略）

その日は、朝刊の原稿に気をせかされて「わかりました、がんばります」と別れたのが、日がたつにつれて、日本に帰ってきてからは特に、あの日のCさんとの、わずか三、四分の会話が圧倒的な重圧感で迫ってくる。

青年時代を日本に留学した彼は、恐らく一生忘れることのできない不快な記憶を持っているのだろう。ソウルの新聞界で名前の残るほどのすばらしい記者生活を経験した初老の反日的な韓国ジャーナリストが、日本人の特派員に向かって、「わたしたちは現代史を持っていない。あなたの送る記事を参考にして、いつか現代史を書く」といわなければならなかった。その心のうちを満たしていた悲しみは、圧倒的である。

古野はこのように、短いが決定的に重要な時間をC氏と共有した。「ある日の夕方」のC氏との出会いは古野が第一作目の著作を書く動機となり、C氏の一言が持つ重圧感は、古野の著作のタイトルに込められた（古野一九八一：一一）。

古野がソウル特派員の時、金大中事件が発生した。この金大中事件は古野の人生に決定的な影響を与え、その後、金大中事件を追及することは古野のライフワークとなる。古野は韓国から帰国した後に、大阪社会部で「グリコ森永事件」を担当するなど、社会的に大きく注目された事件を担当するが、生涯に渡って追及してきたのは、金大中事件の真相とこの事件が持つ意味、そして金大中事件がどのように日韓関係に影響を及ぼしたかであった。古野は単著『韓国現代史メモ　一九七三―七六―わたしの内なる金大中事件』（幻想社、一九八一年）、『金大中事件の政治決着―主権放棄した日本政府』（東方出版、二〇〇六年）、『金大中事件最後のスクープ』（東方出版、二〇一〇年）と単著が三冊あり、それらがすべて金大中事件のことである。古野が「私は三七年間、金大中事件の秘密を追ってきた。主題は主権放棄である。前作『金大中事件の政治決着―主権放棄した日本政府』は、韓国政府の日韓外交文書公開を機会に、外交交渉を縦糸にして事件を考えてみた。今回の続編『金大中事件最後のスクープ』では、韓国国家情報院（ＫＣＩＡ）が自らの手で真相を究明しようとした真実委の調査報告を読み解いて、政治決着のカラクリを描いてみようと考えた」（古野二〇一〇：一七二）と書いた通り、古野にとって、金大中事件の追及はまさにジャーナリスト人生を賭けたものであった。

2　長沼節夫と朝鮮問題

長沼節夫とは

韓国／朝鮮報道に従事した著名なジャーナリストは多いが、長沼節夫を韓国／朝鮮と絡めて記憶している人は、報道界の一部を除いて多くないであろう。そもそも、長沼節夫というジャーナリストは報道界や労働組合運動、市民運動の一部では知られた存在であるが、マスメディアに目立って登場するジャーナリストではない、むしろ目立つような振る舞いを嫌い避けていた人物であったようで、そのため一般によく知られているとは言い難い。また、長沼は生前に一冊しか単著を残さなかったことも長沼の存在を可視化しにくくさせた[14]（単著は後に共著として再販）。長沼は、時事通信記者時代に報道してきた記事はもちろんのこと、時事通信社入社前のフリージャーナリスト時代、そして時事通信社退社後にも膨大な取材と執筆活動をこなし、数多くの文章を書いているが、それが長沼の生前に単行本としてまとまることはなかったのである。長沼は二〇一九年に死去したが、その後長沼の生前からの友人・知人を中心に結成された長沼節夫著作集編纂委員会[15]が長沼の業績を整理し、二〇二二年七月に『ジャーナリストを生きる　伊那谷から韓国・中国そして世界へ』（南信州新聞社）が刊行された。これによって、長沼の思想と人間関係に対する分析・考察が可能になった。本稿では、長沼がこれまで様々な媒体で書いた文章を収集・選別・収録したこの遺稿集を活用し、長沼の韓国／朝鮮への姿勢について、その一部を浮き上がらせてみたい。なお、引用に当たっては基本的に遺稿集から行い、註で初出（掲載媒体）を示した。

長沼節夫は一九四二年に長野県飯田市（伊那谷）で生まれた[16]。一九六一年に飯田高校を卒業し、一九六二年に京都大学文学部に入学した。在学中は学内の『京都大学新聞』の記者として活動し、一九六七年三月に京都大学を卒業、四月に京都大学大学院社会学修士課程に入学した。この間、長沼はフリージャーナリストとして活動した。詳しくは、長沼（二〇二二）にまとめられているが、当時出版された多数の月刊・週刊の雑誌が長沼の執筆活動の舞台となった（長沼二〇二二：三九五―三九六）。

長沼は大学院に在学中に韓国／朝鮮との関わりを持ち始める。「ベトナムに平和を！　市民連合」（ベ平連）での活動がきっかけの一つとなったようである。長沼の年譜からは、ベトナム派兵を拒否し日本への亡命を望んだ金東希[17]の支援に携わったことが分かる（長沼二〇二二：四〇六）。詳しくは後述するが、長沼はフリージャーナリスト時代の一九七一年に金大中を単独取材している。

フリージャーナリストとして活躍した長沼は、時事通信社の梅本浩志から事実上のスカウトを受け、一九七二年時事通信社に入社した。そして、一九七三年に金大中事件に遭遇する。金大中事件が人生に大きな影響を与えたことは、前述した古野との共通点である。長沼はその後、ラゴス（ナイジェリア）特派員を務め、帰国後に労働組合（時事通信労働者委員会）運動をけん引したり、ポーランド取材（自主管理労組「連帯」のワレサ委員長への取材）を敢行するなど活動の幅は多岐にわたるが、長沼が生涯追い続けた最重要のテーマが朝鮮問題であった。長沼（二〇二二）の「第三章　朝鮮問題論稿」の冒頭で高柳俊男（法政大学国際文化学部教授）が「本書中、最多の分量が割かれているが、『京都大学新聞』記事にも朝鮮ものが多数あることが示すように、長沼節夫にとって生涯最大の関心事が朝鮮だった点が反映されている」と指摘している通り、ジャーナリスト長沼にとって韓国／朝鮮は最重要のテーマだった（長沼二〇二二：二二四）。

ここではまず、長沼（二〇二二）における韓国／朝鮮関連の論稿内容（目次）を整理して示してみたい。

〈ルポ〉猪飼野がなんでそんなに…
南と北がバラードを歌う〔在日朝鮮人二世〕
祖国分割占領の苦渋を秘めて―『民主朝鮮』
Ⅱ　韓国民主化運動に寄せる思い―金大中とともに
〈緊急レポート〉韓国大統領暗殺事件　ソウル―東京の長い一日
民衆が「風」を変えた韓国―金大中大統領就任式に出席して
抵抗詩人の作品に独裁者たちは恐怖した―金芝河さん
金大中元大統領を偲ぶ～国葬取材でソウルへの旅～
開かれた「記憶の檻」と語られ始めた真実―〈現地報告〉済州島「四・三事件」七〇周年
Ⅲ　歴史の負債を追及する
朝鮮人被爆者は無視されている―〃二重のケロイド〃の痛み
金嬉老事件―八八時間の解放区
無期囚・金嬉老氏の仮釈放を喜ぶ
Column 韓国・朝鮮を詠んだ長沼の短歌から〔高柳俊男〕
第四章　国際ジャーナリストとして
光州そしてグダンスク
第五章　観た、愛した、詠んだ

いま、アジアの映画が熱い
韓国編取り払われたタブー──南北対立とＫＣＩＡの実態をリアルに描破──

このほか、付録ＤＶＤ（長沼がこれまで書いた主要記事などを多数収録）に、韓国／朝鮮関係の記事が多数収録されている。

「第三章　朝鮮問題論稿」は「Ⅰ　わが内なる朝鮮」「Ⅱ　韓国民主化運動に寄せる思い──金大中とともに」「Ⅲ　歴史の負債を追及する」という構成となっている。長沼の「コリア」に対する関心を生涯貫いたテーマは、在日朝鮮人と金大中だったようである。

在日朝鮮人の存在と長沼の韓国／朝鮮認識

長沼（二〇二二）の編者の中心を担った高柳は「Ⅰ　わが内なる朝鮮」の一つ目の文章として「丹後半島の危険な観光旅行」(18)を配置したが、その理由を次のように記している。

奇抜な切り口で興味深かったのは、警察に密航者と誤認された話を綴った「丹後半島の危険な観光旅行」だ。おそらく実体験であろうと思われるが、少なくとも途中からは反抗や挑発をあえてすることで、進んで密航者に仕立て上げられていった側面があるのではないか。そのことで、朝鮮半島に向ける日本の歪んだ視線を明るみに出そうと狙ったもので、若き長沼のジャーナリスト魂が遺憾なく発揮された一編と言えよう。（長沼二〇二二：一二四）

「丹後半島の危険な観光旅行」は、長沼本人と思われる語り手「私」が、丹後半島を観光旅行中に、地元の人と警察によって朝鮮人密航者と疑われ、執拗に警察から尋問を受ける話である。この短いルポルタージュの初出は、『朝日講座　探検と冒険七』（朝日新聞社、一九六六年）であり、長沼が三〇歳前後の時に発表したものである。地方に住む日本人がどのような韓国／朝鮮観・朝鮮人観を持っているかについて非常に興味深い描写をしているという点で秀逸であると評価できる。

作品の中で「私」は、旅行先の丹後半島を旅行中に警察に職務質問を受ける。名前と住所などを告げればすぐに日本人であると警察もわかるはずだが、「私」はそれをしない。そもそも警察の尋問が理不尽であるがために「私」は答えることを拒否し続けるのである。「私」を朝鮮人密航者であると思い込んでいる警察官は、朝鮮人に対する植民地主義的姿勢をますます表出させて、「私」が朝鮮人である証拠を探すのにやっきになるのである。この文章を通して、地方の日本人と警察官僚がもっている「朝鮮人」観を生々しく描写している。警察官は「私」の所持金を確かめながら次のように言う。

E「五〇円が五枚っちゅうのをもう一回言ってくれんか」
私「五〇円が五枚と言ったでしょ」
とちょっとムキになって答えながら、私はE刑事がめがねの奥から私の口元の動きをじっと見つめていることにハッと気がついた。
「ああ、そうだったのか」と思った。それはこれまでいくつかの記録で読んだ関東大震災のことだ。この大地震は、未曽有の被害をもたらしたが、それ以上に忘れられないことは朝鮮人虐殺であった。（中略）そのとき日本人が朝鮮人発見の目安にしたことばこそ「五五円と言ってみな」

であり「一五円五〇銭と言ってみろ」であった。（中略）その凶器は決して死に絶えることなく、今日もわが国警察官が、日本人と朝鮮人を識別するために用いているものだったのだ。しかも私に「ビールと言ってみな」と言った刑事も「五〇円が五枚と言ってみろ」と言った刑事も私と同世代。戦後の日本で教育を受けた若ものに属していた。（長沼二〇二一：一三八）

長沼は、戦前と戦後で日本の植民地主義がつながっていること、そして、民主的に行われたはずの戦後教育においても植民地主義が継続していることを鋭く指摘している。関東大震災後の混乱において朝鮮人虐殺を行った日本人の精神が、戦後三〇年近くたっても全く変わっていないことを短いルポルタージュを通して読者に突きつけている。

「I　わが内なる朝鮮」には猪飼野に住む在日朝鮮人の生活、特に当時若者だった人たちの思いを描写した文章「〈ルポ〉猪飼野がなんでそんなに…」が掲載されている。(19) この節には、「ごくありふれた悲しい光景」「ひっそり生きる密入国者」「居間、すなわち工場」「『内地の方に限る』貸間」「〝不適合〟の中の連帯」「『天皇好きのはずがない』」「日本人になることの屈辱」「無口な男をマークする」「〝小羊〟抑圧の牧童を選ぶか」が収録されており、いずれも猪飼野で暮らす友人らを通してその実相に迫ったものである。例えば「ごくありふれた悲しい光景」「ひっそり生きる密入国者」では、友人S君の家庭の風景を描写する。S君の自宅に泊まった長沼は、前日の夜にS君に八つ当たりをするS君の父親の姿を目撃し、また若いころに配偶者を追って密入国したS君の母親がとても無口であることが気になる。その様子について『在日朝鮮人のうっ屈する感情の爆発は、日本人社会に対してではなく、家内で処理される」と述べる（長沼二〇二二：一四八）。
また、長沼は、「居間、すなわち工場」で、在日朝鮮人への当時「猪飼野でいちばん手堅い〝花形産業〟というのがビニール・サンダル作り、アルマイト、プラスティック製品工場、レンズ研磨など」と指摘し、工場と住居が一体になっている建物で大変な労働に従事している朝鮮人の姿を描く。
また、住居差別についても次のように書いている。

「空き室あり、但し子供なき内地の方に限る　当方へ」―朝鮮市場から一〇〇メートルくらいしか離れていない鶴橋の、とあるアパートにこんな張紙があった。戦前のいわゆる「朝鮮人・琉球人お断り」の七一年度版だった。（長沼二〇二二：一五〇）

長沼は、戦後二六年経ている時点でもこのような状況が続いていることに驚き友人D君（在日朝鮮人）に報告するのだが、D君に「そんなことはだれでも体験していることであって、なんら驚くに当たらない」と言われてしまう。D君は、朝鮮人と分かった瞬間に住居を貸さないように芝居を打つ日本人不動産関係者のエピソードを紹介する。長沼も自ら取材しその現状を確認する。[20]
長沼は、一九七〇年に三島由紀夫が起こした「三島事件」と天皇制について在日朝鮮人の若者数人に尋ね、「日本人社会における天皇制への敬意の増大は、そのまま在日朝鮮人の恐怖の的になっているのであろうか」としながらも、それに抵抗する朝鮮人の連帯についてこう書いている。

いくら私たちが住居差別をしても、かれらはアパートの狭い空間や川べりの少しのスペースをも利用して生きていくであろう。いくら私たち日本人が抑圧政策を繰り出しても、決して屈服しなかった在日朝鮮人。そしてかれらが天皇に敬意を表さない〝不逞朝鮮人〟であるとしたら―日本の支配者は恐怖を募らせるに違いない。入国管理法[21]を作り出そうというもくろみを支配者は断念しそうもない。だが、もうひとつの政策もあった。「追放かあるいは同化か―」。（長沼二〇二二：一五二―一五三）

植民地主義の本質は同化と排除であるが[22]、長沼は具体的なエピソードとそれに対する洞察を通してこの本質に迫っている。同化を求めるものの日本人からは排除するという植民地主義が、戦後の民間において実践されている様子を、市井の在日朝鮮人に寄り添って描写しているのである。「無口な男をマークする」[23]では、ファノンを引用しながら、以下のエピソードを挙げる。

このような偏見のなかにあっては、抑圧者に近似していることが「よいこと」とされる。朝鮮人の友人が、先日、神戸の病院に入院したときに日本人の患者に囲まれてこういわれた。「へえ、朝鮮の人やって。どうしてもそうは見えへん。なあみんな。立派なもんや。日本人そっくりやないか」。このとき日本人はこの朝鮮人に最大の〝敬意〟を表していたのである。（長沼二〇二二：一五五）

そして、一方では「ごく従順で目立たない在日朝鮮人」をマークして密入国で逮捕し大村収容所送りにする刑事の思想とその方法を暴露した。刑事たちが在日朝鮮人を見る目は、戦前の「不逞朝鮮人」に対する目そのものであったからである。

長沼がそのジャーナリスト人生前半期に見つめた「わが内なる朝鮮」は、在日朝鮮人の存在とその境遇、そしてそのような在日朝鮮人を作り出し今なお戦前の連続性によってとらえている日本社会の植民地主義・暴力性を認識するものであった。長沼が若いころに内面化したこのような基本的視座は、親密圏と公共圏を行ったり来たりしながら、長沼が韓国／朝鮮に向き合う姿勢を生涯にわたって一貫したものとした。

金大中との出会い

長沼の韓国／朝鮮報道を決定づけたもう一つの要素は金大中である。長沼は、最も早く金大中に接近して取材・報道した日本人ジャーナリストの一人であろう。長沼が金大中関連報道で最初に注目されたのは、本田邦広の筆名で『エコノミスト』一九七一年五月一一日号に寄稿した「朴三選と韓国の学生運動―強圧政治のなかの抵抗の拠点―」である（同誌二二一〜二二五頁に掲載）。長沼は、第七代大統領選挙において当時新民党（野党）候補だった金大中の演説を間近で取材し、詳細な現地報告を『エコノミスト』に四ページにわたって寄稿した。長沼は当時の模様を次のように回想している。

七一年四月、弱冠四五歳の野党候補金氏が強権の絶頂期にあった朴正熙大統領の三選を阻むべく立った。金氏の人気に恐れを抱いた朴政権は、金氏の演説会場に圧力をかけて次々と会場提供をキャンセルさせた。そんな中、ソウル市内でようやく確保したのが錦湖国民学校という小さな小学校の校庭だった。徐さんの案内で会場に向かうと、黒ジャンパーを着た青年があちこちに立って人々の流れを見張っていた。黒ジャンパーこそは当時、泣く子も黙るＫＣＩＡの制服といわれていた。野党新民党の幹部が応援演説をしている間、金氏の近くにいた私が、徐さんの通訳で、「日本から来ました。あなたの演説を録音するけど、怪しい者ではありません」と告げると、金氏が、「結構ですよ。ほほう、これが最近出たというカセット録音機ですか。韓国にはまだ売っていません。私が壇上に持って上がって、録音してあげよう。ここところのボタンを押せばいいんですね」と、気さくに言ってくれた。驚いたことに、全く流ちょうな日本語だった。（長沼二〇二二：一八三）[24]

長沼は『エコノミスト』への寄稿記事で、金大中の演説内容の核心的な部分（中央情報部批判とその廃止を公約したこと）をほぼ正確に引用し、さらに学生の反応を詳報した。長沼が「『ＣＩ《ママ》Ａ廃止公約』は、言論統制の厳しい韓国では当然のことながら、わが国にもほとんど報道されていなかった」と書いた通り、金大中のこの演説は衝撃的な内容を含んでいた。なお、長沼は金大中の演説を録音しデータの形でも残した。この演説は長沼（二〇二二）に収録されているが、当時、マスメディアは金大中の演説を正確に報道できなかったことを考えると、資料的価値が非常に高いものであると言えよう。

この演説の次の日、長沼は早朝に金大中の自宅に赴き単独インタビューを成功させている。インタビュー内容の詳細は長沼（二〇二二）には収録されていないが、一九四五年八月一五日当日の金大中の行動や愛読書に関する質問など断片的に回想されている（長沼二〇二二：一八四）[25]。

二年後の一九七三年八月八日には金大中事件が起こった。長沼は当時時事通信社経済部記者であったが、前日まで金大中と会い取材をしていた（長沼二〇二二：四〇七）。その日のことを長沼は「南と北がバラードを歌う〔在日朝鮮人二世〕」で一九七七年時点で回想している。[26] 長沼は八月八日に赤坂のジェトロ会館で市民運動団体「キリスト教婦人矯風会」の高橋喜久枝と面会していたが、金大中が東京のホテルグランドパレスから拉致されたという第一報に接し非常に混乱したことを綴っている。と同時に、拉致が発生する直前まで金大中と接触し取材を続けていた一人として、金大中が非常に緊張していたことを感じ取っていた。そして、「やっぱりやられたんだ、あいつらに」と確信するに至る。


「やっぱりやられてしまった。とうとう」

と思いながら、私は本社のデスクに向かっていた。そしてとりあえず、〈拉致事件予測していた？　最近の金大中氏〉という簡単な〝雑感〟記事を出した。

「どうかねキミ、本当に誘拐されたと思うかね」

走り書きの〝ザラ原〟（原稿用紙）に目を通したデスクが振り向いた。

「どういう意味なんです」

「いや、たとえば、自分で姿をくらましたという可能性はないかね」

「つまり狂言だということですか。金氏が自分でそんなことをして得られる利益は全く考えられませんからねえ。これは拉致されたということでしょう」

「フーン、まあそうだろうなあ。よし！」

どうやらデスクの関門はパスした。しかしそんなことはどうでもよかった。金大中氏はいったい誰に拉致され、一体いまどこにいるのか！　打あけるまでもなく私のその後の取材は全くお粗末なものだった。（長沼二〇二二：一五八）

この文章は後半で、在日朝鮮人にとっての「金大中事件」を綴っているが、ある在日朝鮮人にとってはこの事件が民族運動に参加する原点となり、ある在日朝鮮人にとっては、「金大中事件」よりも、一九七二年七月四日の「南北共同声明」が原点になったことを対比させながら触れている。

金大中事件に関する長沼の追及を確認できるものは長沼（二〇二二）にはあまり収録されていないが、二〇一三年二月一三日の『大阪日日新聞』の記事など伺い知れる資料は収録されている[27]。古野との対談を報道した記事だが、記事によると「長沼さんは、事件当時の米国カーター政権とそれ以後のレーガン政権の対応を説明しながら『金大中氏が拉致直後に殺害されたり、その後の死刑判決でも刑執行がされなかったのは、米国側から韓国政府に対する強い阻止圧力のおかげ。民主化された韓国政府による調査で、既に当時の自国情報機関員関与は公になっている』と話した」とある。この集いでは、古野と長沼は金大中事件を「日本の外務、警察の官僚機構が結託して国民に対し、多くの事実隠しを行ってきた〝戦後歴史の負の部分〟の一端」と位置付けている。

長沼はまた一九八五年に渡米中の金大中を訪問し、金大中が韓国に帰国する前日にインタビューをして帰国直前の心情と決意を引き出している[28]。長沼は日本のマスメディアにたいする金大中のコメントも書いている。金大中は、「私が死刑判決を受けたとき、日本のマスコミがどれほど私の立場を守ってくれましたか。（中略）私がこういうのも、韓国人が一番影響を受けるのは、日本のマスコミです。だからマスコミが真実を伝えてくれないと、被害を最も受けるのは日本人読者で、次が韓国人です。それでは困るからいうのです。それに、私たちは日本が本当に民主国家としてゆるぎない発展をすることが、隣国として切実に必要だから、こういうことをいうのです」と語っている。長沼はこの後も金大中を継続して追い続け、単独インタビュー[29]も含めて数多くの記事や寄稿を発表している。

長沼にとって金大中は「長年、実に多くのことを教えてくれた大先輩のような人」であった[30]。長沼は金大中大統領就任式とレセプション両方に招待された唯一の日本人ジャーナリストであったようである（長沼二〇二二：一八九）。長沼は、金大中の配偶者である李姫鎬との思い出も書いている（長沼二〇二二：一八九）。金大中にとっても、長沼は特別な日本人の一人であったようであり、一九九八年一〇月に日韓共同宣言のために国賓として日本を訪問した時に茶話会を開き、長沼を招待している[31]。

むすびに代えて

本稿では、戦後日本のジャーナリストがどのように韓国／朝鮮と向き合って取材・報道活動を展開していったのかという大きなテーマについて、古野喜政・長沼節夫を取り上げて紹介・考察した。特に親密圏／公共圏そしてナラティブに描いていくというアプローチの援用可能性に留意した。長沼の遺稿集が昨年に出版されまとまった形で資料が活用できたこともあり、特に長沼の考察を主軸においた。古野とその業績についての本格的な考察については、今後別途詳細を論じたい。

古野・長沼ともに、金大中との出会い・金大中事件の影響がそのジャーナリスト人生に大きな影響を与えた。特に長沼については、金大中の取材をする中で金大中に人間的に魅せられて親密圏を形成しながら取材活動を行った。そこには興味深い取材対象としての金大中がいるだけではなかった。また、韓国民主化運動への共感・連帯だけがあるのでもなかった。長沼には学生時代（『京都大学新聞』記者時代）・フリージャーナリスト時代に培った在日朝鮮人へのまなざしと、そのレンズを通して理解できる根深い植民地主義─戦後も戦前と同様に続く日本の植民地主義─への鋭く猛烈な批判があった。長沼は、本稿で紹介した以外にも、在日韓国人政治犯救援問題・金嬉老事件・南北朝鮮情勢など韓国／朝鮮に関して幅広く関心を寄せているのであるが、本稿ではすべてを扱うことはできなかった。今後の課題としたい。

本稿は「試論」として、ジャーナリスト個々人の親密圏に接近しナラティブを捉えつつ、それがどのように報道・論評活動＝公共圏と関連していくのかという接近方法を試みた。その結果、この方法は戦後日本の韓国／朝鮮報道や言説化を考える上で効果的なアプローチであることを確認できた。これは、「日韓連帯」にどのようにジャーナリストが結びついていったのか／いかなかったのかということを考える上で非常に重要である。

このようなアプローチは、根津（2022）など一部のジャーナリズム史研究と近似性があるもののまだ研究が不足しており、さらに、ジャーナリストによる評伝型の作品においても、意識化され明示的に行なわれているとは言い難い。今後は、オーラルヒストリーの手法も組み合わせて、親密圏／公共圏という切り口によってジャーナリズムの「日韓連帯」を分析していくことで、日韓関係論のみならず戦後ジャーナリズム史においても新たな視座を開拓できると思われる。

註

（1）本稿では存命中の人物も取り上げるが、敬称は略する。

(2) この分野で代表的な研究としては次が挙げられる。ビル・コヴァッチおよびトム・ローゼンスティール著、加藤岳文および斎藤邦泰訳（二〇〇二）『ジャーナリズムの原則』日本経済評論社。

(3) 論調分析を含めて、戦後の日本のマスメディアがどのように朝鮮半島情勢を報道・論評したのかについての研究は様々あるが、ここでは朝鮮戦争期を扱った主な研究を事例として挙げておく。
李虎栄（一九九八）「日本のメディアにおける朝鮮戦争の報道に関する研究」上智大学博士論文
梶居佳広（二〇一五）「朝鮮戦争・日韓関係（一九五〇～一九五三年）に関する日本の新聞社説」『社会システム研究』第三〇号、八一―一〇三頁。
米津篤八（二〇二二）「朝鮮戦争報道と心理戦―日本のメディアの役割を中心に―」一橋大学博士論文
根津朝彦（二〇二二）「レッドパージと朝鮮戦争をめぐる報道界・記者研究の断章」『東アジアと朝鮮戦争七〇年　メディア・思想・日本』（崔銀姫編著、明石書店）一九八―二六五頁。

(4) 代表例として魚住昭（二〇〇三）『渡邉恒雄　メディアと権力』講談社などが挙げられよう。

(5) 入江啓四郎の朝鮮半島情勢認識については、次の論文を参照。鄭祐宗（二〇二〇）「入江啓四郎の国際法・国際政治研究と朝鮮問題」『東洋文化研究』二二、三三三―六八頁、鄭祐宗（二〇二一）「戦後日本の国際法学者における朝鮮問題認識」『韓国朝鮮の文化と社会』二〇、一九―四四頁。

(6) 元共同通信記者。ソウル支局長。訳書にドン・オーバードーファーおよびロバート・カーリン著、菱木一美訳（一九九八）『二つのコリア――国際政治の中の朝鮮半島』共同通信社などがある。『二つのコリア――国際政治の中の朝鮮半島』は二〇一五年に第三版が出版されている。

(7) 「シリーズ・海外特派員ジャーナリストインタビュー二〇一四〈第二一回〉黒田勝弘氏」『土屋礼子ゼミジャーナル』http://www.waseda.jp/sem-tjournal/interview21_kuroda.html（二〇二三年一一月一日最終閲覧）

(8) 「シリーズ・海外特派員ジャーナリストインタビュー二〇一四〈第八回〉安尾芳典氏」『土屋礼子ゼミジャーナル』http://www.waseda.jp/sem-tjournal/interview8_yasuo.html（二〇二三年一一月一日最終閲覧）

(9) 「シリーズ・海外特派員ジャーナリストインタビュー二〇一四〈第一五回〉下川正晴氏」『土屋礼子ゼミジャーナル』http://www.waseda.jp/sem-tjournal/interview15_simokawa.html（二〇二三年一一月一日最終閲覧）

(10) 古野・長沼のように金大中に魅せられた日本人ジャーナリストとしては、波佐場清（元朝日新聞ソウル支局長、編集委員。現在、立命館大学コリア研究センター上席研究員）がいる。波佐場は金大中（二〇一一）『金大中自伝（Ⅰ）死刑囚から大統領へ―民主化への道』、『金大中自伝（Ⅱ）歴史を信じて―平和統一への道』（岩波書店、二〇一一年）の訳者でもある。上記後者訳書の「訳者あとがき」で、波佐場は「『金大中』は私にとって『韓国問題』そのものであると同時に、人間、いかに生きるべきかを突き付ける一つの哲学であってきた」と心情を吐露している（金大中二〇一一：五一五）。

(11) 長沼は二〇一九年に死去した。長沼の遺稿集『ジャーナリストを生きる　伊那谷から韓国・中国そして世界へ』（南信州新聞社）には古野が「金大中拉致事件を追及してきた同志・長沼節夫さん」という文章を寄稿している（長沼二〇二二：四三九）。

(12) 「シリーズ・海外特派員ジャーナリストインタビュー二〇一四〈第二五回〉古野喜政氏」『土屋礼子ゼミジャーナル』https://www.waseda.jp/sem-tjournal/interview25_huruno.html（二〇二三年一一月一日最終閲覧）

(13) 毎日新聞社は朝鮮日報社と提携を結んでおり、毎日新聞ソウル支局は朝鮮日報社内にあった。

(14) 長沼は、一九七四年に熊沢京次郎の筆名で『天皇の軍隊』（現代評論社）を上梓した。この本は、のちに本多勝一との共著で再版された。本多勝一・長沼節夫（一九九一）『天皇の軍隊』朝日出版社。

(15) 中心は法政大学教授の高柳俊男が担った。

(16) 長沼と同じ郷里出身の著名ジャーナリストに本多勝一がいる。

(17) 金東希については市村（二〇一七）を参照。

(18) 初出は次の通り。朝日新聞社『朝日講座　探検と冒険　七』（朝日新聞社、一九六六年）、二一六―二四六頁。

(19) 初出は次の通り。長朝夫「ルポ　猪飼野がなんでそんなに」『朝日ジャーナル』一九七二年一月、一〇二―一〇七頁。長沼はこの文を筆名の「長朝夫」で執筆した。

(20) このような事例は枚挙にいとまがない。例えば、大阪市立大学名誉教授の朴一が執筆した『在日という病』（明石書店、二〇二三年）によると、借り手が大学教員であるにもかかわらず、在日朝鮮人と分かった瞬間に部屋を貸せないといった不動産業者が多かったという。時代は一九八八年である。

（21）遺稿集である長沼（二〇二二）では、編集委員会による注がつけられていたが、初出原文にはないためここでは割愛した。
（22）水野直樹編（二〇〇四）『生活の中の植民地主義』人文書院などを参照。
（23）フランツ・ファノン著、海老坂武・加藤晴久訳（一九六八）『フランツ・ファノン集　黒い皮膚・白仮面地に呪われたる者』みすず書房。
（24）初出は次の通り。「民衆が『風』を変えた韓国―金大中大統領就任式に出席して」『軍縮問題資料』一九九八年六月、七三―八六頁。
（25）初出は次の通り。「民衆が『風』を変えた韓国―金大中大統領就任式に出席して―」『軍縮問題資料』一九九八年六月、七三―八六頁。
（26）初出は次の通り。「南と北がバラードを歌う〔在日朝鮮人二世〕」『現代の眼』一九七七年四月号一一六―一二三頁。
（27）初出は次の通り。「金大中事件を検証　発生四〇周年迎え集い」『大阪日日新聞』二〇一三年二月一三日。
（28）「なぜ祖国へ…」「功を奏した〝静かな外交〟」『エコノミスト』（1985年3月）、六〇―六五頁。
（29）例えば「単独インタビュー　金大中氏　朝鮮半島情勢を語る」『マスコミ市民』一九九四年一月号一〇―一九頁など。
（30）「金大中氏当選が教えてくれたこと　上」『南信州新聞』一九九七年一二月一二日。
（31）「金大中大統領からお茶に呼ばれて」『南信州新聞』一九九八年一〇月三〇日。

主要引用参考文献

〈単行本・論文〉

李美淑（二〇一八）『「日韓連帯運動」の時代　一九七〇―八〇年代のトランスナショナルな公共圏とメディア』東京大学出版会

太田修（二〇二一）「金大中拉致事件から始まった日韓連帯運動―植民地支配の歴史の問い直し―」『植民地主義、冷戦から考える日韓関係』同志社コリア研究センター
金大中著、波佐場清・康宗憲訳（二〇一一）『金大中自伝（Ⅰ）死刑囚から大統領へ―民主化への道』岩波書店
金大中著、波佐場清・康宗憲訳（二〇一一）『金大中自伝（Ⅱ）歴史を信じて―平和統一への道』岩波書店
金孝淳著、石坂浩一監修・翻訳（二〇一八）『祖国が棄てた人びと――在日韓国人留学生スパイ事件の記録』明石書店
長沼節夫著・長沼節夫著作集編纂委員会編（二〇二二）『ジャーナリストを生きる　伊那谷から韓国・中国そして世界へ』南信州新聞社
根津朝彦（二〇二二）「小林金三と「満洲国」建国大学―『北海道新聞』論説陣を支えた東アジアの視座」『言説・表象の磁場　シリーズ戦争と社会四』岩波書店、一三一―一五五頁。
波佐場清（二〇〇七）『コリア閑話』東方出版
玄武岩・金敬黙編著（二〇二一）『新たな時代の〈日韓連帯〉市民運動』寿郎社
古野喜政（一九八一）『韓国現代史メモ一九七三―七六　わたしの内なる金大中事件』幻想社
古野喜政（二〇〇六）『金大中事件の政治決着　主権放棄した日本政府』東方出版
古野喜政（二〇一〇）『金大中事件最後のスクープ』東方出版
柳相榮・和田春樹・伊藤成彦編（二〇一三）『金大中と日韓関係　民主主義と平和の日韓現代史』延世大学金大中図書館
이치무라 시게카즈（二〇一七）「동아시아 탈냉전체제와 한국군인의 '반전 탈영' ― '김동희 사건'（一九六五―一九六八）을 중심으로―」『일본연구』［市村繁和（二〇一七）「東アジアの脱冷戦体制と韓国軍人の『反戦脱営』―『金東希事件』（一九六五〜一九六八）を中心に―」］七四、二一九―二四一頁。

〈Webメディア〉

土屋礼子ゼミジャーナル https://www.waseda.jp/sem-tjournal/index.html（シリーズ・海外特派員ジャーナリストインタビュー）

第七章　日韓市民連帯の延長線上におかれる日本と南北コリアの交流

ＮＧＯによる人的交流事業の考察を中心に

金　敬黙

はじめに

本研究は日本と南北コリアの交流事例を日韓市民連帯の延長線上におかれる国際交流運動として捉え、その試行錯誤を国際交流の視点から考察するものである。すなわち、対北朝鮮人道支援を続けてきた日本の非政府組織（ＮＧＯ）の取り組みを国際交流論（cross-cultural exchange）の文脈から学術的かつ実践的に説明することがねらいである。

朝鮮民主主義人民共和国（以下、北朝鮮とする）をとりまく問題は多岐にわたり、政治的な対立構図も生まれやすい。非政府組織（ＮＧＯ）の諸活動もその政治的な文脈におかれ、ＮＧＯ間の摩擦や対立を生みだしたり、ＮＧＯの行為が国際政治や国家間の外交への影響も与える時代が既に到来している。北朝鮮をとりまくＮＧＯの取り組みを国際交流論の視点から考察することはどこまで妥当性を持ちうるのだろうか。言い換えれば、本研究は国際交流論が北朝鮮との関係において機能するためにはどのような条件がそろうべきなのだろうかという問題意識から始まる。

国際交流論は広い文脈では相互依存論（Keohane and Nye Jr 1973）やトランスナショナル関係論（バートベック 2014）の系譜をたどるものであり、NGO研究においては人権問題の事例を筆頭にトランスナショナル・アドボカシー・ネットワーク（TANs）の分析手法が多くの先行研究や人権運動において活用されている（Keck and Sikkink 1998; 李美淑 2018）。他方、筆者は北朝鮮問題においてトランスナショナル・アドボカシー・ネットワークが北朝鮮の人権問題の改善には功を奏していないのではないかという疑念を抱く。なぜならば、このモデルによってNGO間のトランスナショナル・アドボカシー・ネットワークが国際社会で活発に展開されていることを認めつつも、それは北朝鮮政府を糾弾する国際社会のネットワークの団結と強化の段階にとどまり、人権侵害に苦しむ北朝鮮の人々の状況の改善にはつながっていないとみているからだ。要するに北朝鮮の人権改善よりも、トランスナショナル・アドボカシー・ネットワークが北朝鮮の悪玉化（demonization）の方便になってしまうのであれば人権問題の政治的、外交的道具と化することを危惧する。

それに加えて、本章の問題意識に直結するが、人道支援や開発協力、そして交流事業を重視する現場型NGOはトランスナショナル・アドボカシー・ネットワークの分析手法では十分に説明できないという限界である。あるNGOは北朝鮮との交流を継続させたり、訪朝を続けたりするためにアドボカシー的な活動を敢えて控える傾向がある。その状況ではトランスナショナル・アドボカシー・ネットワークの基本前提が当てはまらなくなる。アドボカシーに消極的なNGOの取り組みもトランスナショナル・ネットワークの一つであるには違いないが、これらの現場型活動はどのようなトランスナショナル関係論に依拠して説明することが妥当なのだろうか。

交流に取り組む現場型NGOは、理想主義に満ちた夢想家なのか、それとも北朝鮮の「言いなり」になる善き隣人にすぎないのか。すなわち、北朝鮮との国際交流や支援を継続するNGOの動機を含め、その活動がもたらしたメカニズムの解明が必要である。本稿ではパブリックディプロマシー論の中でも市民外交さらに国際交流論の視点から事例分析を行うことにしたい。

「北朝鮮問題」と日朝交流

今日の日本社会が北朝鮮を眺める方法は欧米諸国の眼差しと何一つ変わらない。すなわち、北朝鮮は閉鎖的であり世襲が続く権威主義体制もしくは独裁政権の国家という視座が支配的である。日本人の多くがイメージする北朝鮮は「国際社会」から孤立した国家であるが、それでも北朝鮮は一六〇余の国家と外交関係を樹立しているし、一九九一年九月一七日には南北朝鮮の国連同時加盟を果たしている。国連や一部国家の独自の制裁措置さらにコロナ禍以降の厳しい国境閉鎖によって北朝鮮への出入国が他の国と全く同様に容易なわけではないが、それでも北朝鮮社会は中国を窓口にして陸路や空路を介して諸外国とつながっている。

日本はかつて新潟港と元山港を結ぶ航路やチャーター便が開設されており、在日コリアンや商工人、メディア関係者、研究者などが行き来していた。植民地の支配者と被支配者であった日朝関係、そして東アジアの隣国としての文脈が軽視される傾向にあるが、この点の見直しが必要である。

その上で、日朝関係においては過去の植民地支配の歴史問題が解決していない。つまり、日本人の情緒には核開発やミサイル発射という脅威と不安、日本人の拉致被害という怒りと「被害者意識」のみが存在するが、北朝鮮側には日本の植民地支配の過去が清算されていないことが大きな課題として取り残されている。ここに両国のジレンマ状態が横たわっている。このねじれた構図のなかで何を先に解決するかが政治的な立場につながるとても重要な課題である。

一九九〇年代半ば、日本のＮＧＯは北朝鮮の食糧不足問題をきっかけに人道支援活動を展開するようになった。それよりも以前から日朝親善交流を目的とした知識人と商工人たちの訪朝は活発にあり、一九五九年から一九八四年までは「帰国事業」の名目で九万三〇〇〇人以上の在日朝鮮人が北朝鮮に「帰国」した。朝鮮学校の生徒たちの修学旅行と総連系在日コリアンの祖国訪問などを通じて、日朝間では非政府レベルの草の根交流が活発に行われてきた。一九九六年から二〇〇三年まで鳥取県境港市は北朝鮮の元山市との間で姉妹都市協定を結び自治体交流を通じた民際交流・自治体交流に力を入れていた（永井 2013）。そのような観点からみると、日朝間の交流史はけっして浅いものではなく、また在日コリアン（なかでも総聯系の在日朝鮮人）は日朝関係を進める重要な媒介者としての役割を果たした。それと同時に日朝や日韓関係に翻弄されてきたディアスポラ的な存在でもあることを忘れてはいけない。

他方、人道支援や国際協力に取り組むＮＧＯが対北朝鮮活動を展開したのは一九九〇年代半ば以降の時期である。北朝鮮における食糧危機が発生してから三〇年近くの歳月が流れた。日本の多くのＮＧＯは緊急支援のみを行い対北朝鮮支援から撤退したが、ごく一部のＮＧＯはいまだに交流事業などを軸にして関与を続けている。

なぜ、人道支援の局面が終わりつつも対北朝鮮問題に関与を続けるのか。そして、北朝鮮側は日本のＮＧＯを受け入れるのか。この関与を「国際交流」という文脈に置き換えて考察するのが本稿の目的である。

「連帯仮説」と国際交流論

緊急人道支援のフェーズが終わり、救援物資を北朝鮮側に調達しない部外者を北朝鮮側がなぜ、受け入れ続けてきたのだろうか。この問いに関する解明が重要である。

多くの北朝鮮関連の先行研究に基づけば北朝鮮当局が日本や外国から人々を招き入れるにはそれなりの物質的な利得の追求が背景にあることになる。たとえば礒崎敦仁（2019）によれば、外貨獲得や体制宣伝が北朝鮮での観光事業が展開される主なねらいの一つであることになる。

その主張と分析に一定の妥当性があることを筆者も認める。他方、海外のNGOが軸になる国際交流活動をこの視点から位置付けるには不十分な視点があると捉え、もう一つの補助線的な仮説を設けたいと考える。それは日本や韓国のNGO（市民社会）と北朝鮮の交流先（学校や地域農場など）との「連帯」関係の有無についてである。すなわち、北朝鮮側も日本の政治家、ジャーナリスト、研究者、NGO、商工人などとのチャンネルや連絡網を維持する必要があり、短期的な合理性の追求にこだわらず交流や接触を持続させること自体に意味を置く。そしてこの「連帯」は情報交換や交流と接触を通じて信頼醸成や価値・規範の共有が生まれるトランスナショナル・ネットワークの効用を生み出すことになる。

すなわち本稿では北朝鮮側も国際交流、トランスナショナル・ネットワークを通じた「連帯」を求めているという仮説を立てるが、そのような視座に基づく他の研究は筆者の知る限り見当たらない。むしろ多くの研究は、北朝鮮には市民社会は不在であり、建前的に北朝鮮当局は「疑似市民社会」

（ersatz civil society）を設けて窓口に設定し、政府関係者が市民社会や民間を装って対話の舞台に登場させる視座の研究が主流である。

しかし、「連帯仮説」では交流や接触を通じて価値の伝播が生じうるために、日朝交流の窓口となるアクター間では連帯が生じ、北朝鮮側もしくは日本側の政府や世論に対して、それぞれの思いを発信する可能性が圧力を加えるアドボカシー活動よりも効果的であるという仮説を立てる。

このアプローチがまさに国際交流論やパブリックディプロマシーが期待する基本的な効用であり、NGOや学生、市民による民間交流の特徴である。

研究上の問いと調査の方法

その上で本研究の二つの問いを精緻化させていきたい。

一つ目の問いは日本のNGOが北朝鮮との交流事業に取り組むようになったメカニズムの解明である。人道支援に取り組むようになったNGOの動機や目的、そしてその後の国際交流活動の取り組みの背景には日本のNGOと韓国のNGO間に存在していた「日韓連帯」の蓄積ならびに在日コリアンの媒介が如何に影響を及ぼしたかを確認する。

二つ目の問いは、日本のNGOの国際交流を通じて日本側や北朝鮮側にどのような社会的・政治的インパクトが生まれたのだろうか、という問いである。日本のNGOの働きかけが連帯または国際交流を通じて変化を生み出すためには、社会（世論）ならびに政治・政策的インパクトや変化が重要な評価指標になるためである。

1　分析の枠組み

本研究の出発点は拉致問題、核開発問題、ミサイル発射などネガティブな状況が溢れる日朝関係において、日本のＮＧＯの交流活動のメカニズムと効用、課題について実証的に分析することである。二〇〇二年九月「日朝首脳会談」で拉致問題の問題が明らかになるまでは人道支援、開発協力、国際交流等に取り組む日本に拠点を置く市民運動やＮＧＯは一定数ほど存在していた。支援や交流を目的として組織された団体も存在していたために、自発的な市民結社の動きが一九九〇年代半ばには見えていた。

北朝鮮問題の難しさは単なるバイラテラルな関係によるものではなく日米関係、南北朝鮮の関係、日韓関係、米中関係など周辺諸国の国際情勢が複雑に関連する多者間の構図に左右されるという点でもある。結果的に一部国家による独断の融和策または制裁措置は他国の外交政策に影響を及ぼし、複雑な緊張関係や足並みの乱れにもつながる。

このメカニズムと効用、課題を理解するためには、ＮＧＯが取り組む国際交流をどのような分析の枠組みとして理解すべきかの問題設定が重要になる。本稿では、文化外交や市民外交、広報外交または公共外交などとして知られるパブリックディプロマシー（Public Diplomacy）の概念、なかでも非政府組織や市民が軸となるニュー・パブリックディプロマシー（New Public Diplomacy）の重要な活動の一つとして国際交流論を位置付ける。

パブリックディプロマシーの主軸となる国際交流

今日の市民外交は非政府アクターを主軸として民際関係に焦点を置くことが妥当である。市民外交の定義やアプローチは多様であり、実証的な研究の蓄積はいまだ多くない。その上でポスト冷戦期とグローバル化の時代に注目を浴びる市民社会の役割に着目することが注目に値する。つまり、中央政府が進める文化外交、国際世論、国際開発の領域のみならず、非伝統的かつ非政府レベルが率いる外交を指す（Cull 2019）。冷戦時代の残滓が残る東アジアであるが、この地域のパブリックディプロマシーを探究する研究も増え続けている（Lee and Melissen 2011; Melissen and Sohn 2015）。観光客、駐在員、留学生などがもたらす否定的、肯定的な印象を含め、YouTube や Facebook などソーシャルメディアを通じた発信の影響も今日のグローバル・ポリティクスでは無視できない事象なのである。

筆者は非政府アクターが軸となるパブリックディプロマシーを三つのアリーナを重視してきた（金敬黙 2022）。その一つは学術交流と国際文化交流であり、二つ目は国際世論と広報の領域であり、三つ目は国際開発協力のアリーナである。この三つの領域は相互が密接に補完関係におかれるものであるが、見方によってはプロパガンダとして捉えられてしまうリスクもある（金敬黙 2022）。

国際交流が平和につながるための条件——立場性と関係性

市民による国際交流が一定の成果を出すためにはいくつかの条件がそろう必要がある。一つ目は、具体的な目標が設定されていることと成果を評価する指標が存在することである。二つ目は、政治的な機会と制約を活かしたり、克服するソーシャルキャピタルや資源の動員が可能であったりするときである。三つ目は、それらの行為が市民レベルを超えて政策レベルの制度化につながり、国民的な世論として収斂されるときである。

「平和」とは抽象的であり文脈依存的な概念である。この平和を具体化し指標化する作業が必要である。紛争解決とは何であり、和解とはどのような状態またはプロセスを指しているのかが不明のままでは紛争解決や和解の成敗、到達を評価することができない。したがって事業評価はもちろん、紛争解決と和解の程度も測ることができない。日朝関係または東アジアの平和を具体的に論じるためには、それが植民地の精算なのか、朝鮮戦争の終息なのか。それとも朝鮮半島（または北朝鮮）の非核化なのか、米軍の撤退なのか。あるいは国交正常化なのか、拉致被害者の「奪還」なのか、もしくは北朝鮮の民主化なのか。このような達成目標の具体化が必要となる。とはいえ、市民外交の多くは漠然とした平和と和解については語るにとどまり、その到達目標を明示したり評価する場合が少ない。

北朝鮮側からすれば植民地支配の精算と日本側の賠償、そして米軍による脅威の軽減・排除は重要な成果であり到達目標になり得る。

他方、日本政府の公式的な立場は拉致被害者の生還と核とミサイルの放棄などであろう。このように異なる認識と隔たりが存在する日朝関係において日本のＮＧＯはどのような戦略を立てているのだろうか。そして、対北朝鮮交流に関わる日本のＮＧＯにとって、日朝の和解と紛争解決は何を意味するのだろうか。

北朝鮮側の譲歩に軸足があるのか、日本側の譲歩に軸足があるのかが明らかにされない限り、だれが協力者でありライバルであり、利害衝突者なのかが変わり得る。日本政府を説得することは可能なのだろうか。北朝鮮政府とは対話が可能なのだろうか。日本の世論に変化の兆しはあるのか。国際社会との連帯はどれほど現実的なのだろうか。ニュー・パブリックディプロマシーはこの戦略の取り引きから生まれてくる。

筆者は過去の研究を通じて「北朝鮮問題」に関わるＮＧＯや市民社会を大きく5つに分類した（金敬默 2016; Kim K 2021）。①道義的な責任と博愛主義をベースにした植民地主義への反省と贖罪意識、②普遍的な国際開発や人権規範に依拠する関与、③互恵主義による支援や恩返し、④ＮＧＯや市民運動の動機と目的、⑤同胞愛やナショナリズムに基づく関与や制裁等がそれらである（金敬默 2016; Kim K 2021）。

そして国際交流は、具体的な目標が設定された上で一定の条件がそろった場合効用を生み出す。交流は相互理解を促進する上で重要な視座ではあるが、無条件に効果を生み出すわけではない。むしろ交流を通じて相手側に対するネガティブな印象を抱くことも多いことは周知のとおりである（Moufakkir and Kelly 2010）。双方の接触がのぞましい結果を生み出すためには①双方の目的が合致していること、②双方が対等な関係であること、③相互が交流や接触を通じて実益を得られることが大切となる（Koh 2017: 103-115）。

国際交流を促進する社会資本――日韓連帯運動（成功体験）と在日コリアン（調停・媒介者の存在）

ＮＧＯが目的を達成するために動員できる社会資本にはどのようなものがあるのだろうか。トランスナショナル・アドボカシー・ネットワーク研究などで明らかにされている如くアジェンダ設定、世論喚起、知識と経験共有などがＮＧＯの技能であり、これらの効果的な活用を通じて成果が現れる。

日本のＮＧＯは日韓連帯運動という経験的な資本がある。韓国の民主化運動以降、日韓連帯のあり方は変わり、また世代交代や日韓の関係性の変容などに伴い新しい課題も数多く見えてきた（玄武岩・金敬黙 2021）。それでも一九七〇年代―一九八〇年代以降培われてきた韓国の民主化を目指した「日韓連帯」は日韓市民社会の信頼の土台である（李美淑 2018）。日本と韓国のキリスト者を軸としたプロテスタント教会のエキュメニカルな運動とリベラル知識人のネットワーク、さらに在日コリアンの社会運動体は日韓連帯を支える核心的な存在であった（富坂キリスト教センター 2020）。

また、在日コリアンのコミュニティは朝鮮半島の分断状態の縮図でもある。それと同時に日本と朝鮮半島のどちらからも板挟み状態になっているディアスポラ的な存在でもある。一九八〇年代の後半、韓国が民主化された以降、日韓の新たな市民社会の架け橋的な役割を果たしてきたのもNGOとして姿を変えつつあった在日の社会運動であった。日本には朝鮮総聯と韓国民団という北朝鮮と韓国の政府をそれぞれ支持する伝統的な政治組織があるが、これら既存の政治組織とは一線を画し、市民社会的な存在として南北の和解と交流を促進する新しいNGOや社会運動が一九九〇年代にいくつも誕生した。

在日コリアンによる新しいNGOが誕生した背景には韓国の民主化によって社会運動体が公益性の高いNGOとして衣替えしていったことに在日コリアンたちの民主化運動体が刺激を受け、自らの活動をNGO的な価値を標榜するものへと転換させたことにある。その結果、新しい南北関係や新しい日本と朝鮮半島関係を模索することを目指す活動が生まれつつあった。

二〇一二年に時代的な使命を終えて解散した在日韓国青年連合（KEY）はNGO化した具体的な一例であり、一九九〇年代初めに組織化された彼らの運動はグローバル化する世界のなかでグローバル市民としての在日コリアンの意味を模索し、狭い国家や民族の利害を乗り越えてディアスポラや脱国民的なアイデンティティの模索と追求をすることが背景にあった（KEY関係者インタビュー 2022）。

2　ピースボートによる交流事例――拉致問題による挫折を抱くまでの一〇年間

KOREAクルーズと東アジア認識の変化

一九八三年、日本政府がアジア侵略を進出という表現に変えるというメディア報道に反発した日本の若者たちが直接アジア旅行を行いながらアジアの人々と交流を行ってみようという趣旨からピースボートが誕生した。当時のクルーズは東南アジアにおける日本の植民地主義ならびに帝国主義的な侵略に対する反省の意味合いから企画されたものであった。したがって、朝鮮半島にピースボートが訪問するまでにはそれから一〇年近くの歳月がかかる。当初、ピースボートの朝鮮半島に関する問題意識は軍事独裁が続く韓国に対して批判的であり、軍政下の韓国政府によって反政府、「利敵容共組織」としてレッテル貼りされていた「韓民統（韓国民主回復統一促進国民会議日本本部）」、現在の「韓統連（在日韓国民主統一連合）」との親交がむしろ深かった（ピースボート関係者インタビュー 2022）。

ピースボートも他の市民運動と同様に、韓国の民主化が成し遂げられるまでは、民主化を支える「日韓連帯」のスタンスをとり、韓国政府に対する圧力を加える国際交流とは対抗軸におかれる人権擁護やアドボカシー活動に主軸を置いていた。それが一九八八年のソウルオリンピックや韓国経済の発展、そして民主化が進むにつれて、韓国の市民社会、なかでもNGOとの出会いの機会が得られた。その媒介に在日の運動体の存在があった。一九九〇年代半ばの時期は、戦後五〇周年の転換期でありさまざまな歴史認識をとりまく火種が日韓の間で顕在化した時期でもあった。その一方で北朝鮮の食糧危機や核開発疑惑、さらに拉致問題などが浮上する混沌の時代でもあった。

KOREAクルーズ――一九九一年―二〇〇二年

ピースボートが北朝鮮にクルーズで訪問したのは延べ六回、約二〇〇〇人のパッセンジャーが北朝鮮を訪問したことになる。最初の訪朝は一九九一年一〇月八日から一一月二日までの日程で企画されたピースボート91、KOREAクルーズ（第一二回クルーズ）であった。一九九一年のこの時期は南北朝鮮の国連同時加入のタイミングである。船は博多、釜山、仁川、金沢、新潟、元山を経由し再び新潟に寄港する南北クルーズである。けれども、一九九一年のこの時期にピースボートの船が直接韓国から北朝鮮に行くことは、南北のどちらの政府も認めようとしなかった。結果的に韓国に訪問する船は日本に戻り、パッセンジャーは別の船に日本で乗り換える形で再び日本から北朝鮮に移動するというクルーズが企画された。

二度目は平壌クルーズという形で一九九六年八月に新潟と元山の間で行われた第一九回クルーズである。この時は万景峰92号の乗船し北朝鮮に六一トンの食糧を対北朝鮮人道支援の活動を含めて訪朝したシンボリックな企画でもあった。

三度目は「アジア未来航海1&2」というテーマで二〇〇〇年八月と九月に行われた。二〇〇〇年六月一五日に開催された南北首脳会談を追い風に、二度におよぶクルーズが一気に実現した。この時も万景峰92号に乗船し新潟、元山、再び新潟に戻るルートで企画された。

「第34回夏休み南北コリアクルーズ」は二〇〇一年八月―九月に一〇日程度の旅程で神戸、南浦、仁川、東京を航海する北朝鮮から韓国に直接ピースボートの船が移動するというルートでのクルーズが実現した。そしてピースボートによる最後の訪朝は「第38回夏休みピースボートの船旅」というテーマで二〇〇二年八月に神戸、元山、釜山、コルサコフ、国後、東京のルートで行われた。このルートから明らかになる通り、同年九月の日朝首脳会談の直前まで南北朝鮮、日朝の間には和平と紛争解決の兆しが漂っていた。そして、二〇〇二年九月一七日、日朝首脳会談で拉致疑惑が事実として判明し、日朝をとりまくすべての流れが硬直化した。

ピースボートが展開した国際交流の意義と課題

数百名の日本人パッセンジャーが一度にクルーズ船に乗って元山、平壌、開城などを訪問するという企画はスタイルにしても規模にしても唯一無二のものであることは疑うまでもない。しかし、一般の日本人が北朝鮮を訪ね、北朝鮮で一〇日前後を過ごしたからと言って日本（人）の対北朝鮮認識が様変わりするとも言えない。一部のパッセンジャーは、企画者であるピースボートが試みた国際文化理解と市民交流の意を汲むよりは、秘境やエキセントリックな訪問先としての北朝鮮に足を踏み入れる絶好のチャンスとして捉え、既存のイメージの実践的な体験を行ったという評価がなされてもやむを得ない場合もある。パッセンジャーが撮った写真は一部メディアによって興味本位のセンセーショナル報道のネタとして使われ、北朝鮮イメージはピースボート側の意図とは真逆に使用されることもあった。ここに見られるNGOピースボートとパッセンジャーとの乖離やねじれは、北朝鮮当局の訪問先での厳しい監視や取り締まりにつながり、北朝鮮のイメージ変化を生み出すことにはならなかった。

「交流仮説」が相互イメージの改善や好感度を高めるという期待は、日本側と北朝鮮側、そして日本のピースボート側と参加者側、さらにピースボート側と日本社会側の利害の違いによって埋まらなかったのである（ピースボート関係者インタビュー 2022）。

3　KOREAこどもキャンペーンの交流事例――日朝の大学生交流

人道支援から始まった日朝大学生交流――二〇一二年から二〇一九年まで

KOREAこどもキャンペーンは一九九〇年代半ば以降の人道支援の経験を通じて発展した日韓連帯の産物である「南北コリアと日本のともだち展」の関連事業として始まった。これは韓国のNGO「オッケドンム」が企画した「アンニョン、チングヤ（こんにちは、友よ）」という絵画交流に在日コリアンや日本、そして中国延辺自治州の朝鮮族の子どもたちが加わることによって今は直接出会えないけれどいつかは出会うべき東アジアのともだちづくりというキャンペーン活動であった（Kim K. 2021）。

日朝間の大学生交流は在日コリアンが祖国訪問の観点から訪朝し滞在することとは根本的に意味合いが異なる。二〇〇一年から継続して「南北コリアと日本のともだち展」を主宰してきたKOREAこどもキャンペーンは二〇一一年に同企画の実行委員長であった日本ユネスコ協会連盟の顧問である米田伸次が日本の大学生七名と訪朝し交流を始めたことに遡る。最初の交流は「国際交流」とは言えないものであり一時間ほどの形式的な懇談会にとどまる程度のものであったが、第二回の交流では平壌外国語大学の学生たちと市内を歩き、食事を共にしつつホテルで討論会を開催する形に進展した。二〇一四年以降も持続的な交流が続くなかワークショップ開催を通じて日朝大学生交流は次第に発展する様相を呈した（KOREAこどもキャンペーン 2022）。

しかし二〇一七年には北朝鮮の核開発をめぐり米朝関係が悪化したために日朝関係も悪化した。日本国内では「日本海」（韓国名「トンへ」）方面にミサイルを発射する北朝鮮に対するイメージは最悪であり交流事業は中断した。それでも二〇一八年と二〇一九年は再び「北東アジア大学生平和交流プログラム」が開かれ大学生たちの交流は実現した。その後コロナ禍によって、また東アジア情勢が緊迫するにつれて大学生交流の見通しは不透明のままである（KOREAこどもキャンペーン 2022）。

KOREAこどもキャンペーンの国際交流の意義と課題

ピースボートの交流事例と比べ規模の面で少数である日朝大学生交流の意義はどこにあるのだろうか。それは何よりも平壌外国語大学や金日成総合大学の現役大学生たちと日本の大学生が交流を行うという貴重な経験にあるだろう。彼らが日本語を学ぶ動機には将来起きる日朝交渉における謝罪と賠償に有利になる役割を果たしたいというものがあった。そして、実際に同世代の日本人大学生と直接出会うという経験は市民交流の観点からみればこれ以上のものはない。

他方で日本側のインパクトはどうなのだろうか。日本側から参加する一〇人弱の大学生がもたらす日本社会へのインパクトは微々たるものであるかもしれない。共同通信やTBSが同行取材を行うにしても日本国内の社会的な雰囲気により、ジャーナリストが持ち帰った記事や映像が思うとおりに日本社会に発信されることは難しい。

とはいえ、日朝大学生交流を企画するNGOと大学生交流に参加した（元）大学生、メディア関係者を交えたレビュー企画を通して得られた意義と課題にはそれ以上のものが見つかった。なによりも企画の意図がどのような政治情勢におかれているにせよ共生と和解を模索する努力を続ける市民交流が日本側のＮＧＯによって継続されている点がある。そして、そのような熱意にこたえてくれる北朝鮮側の現場の学校や教員がいるという点は、国際政治レベルで知り得る日朝関係とは異なる特殊な体験である。

問題はむしろ政治情勢にあるのだろう。要するに、市民外交として展開される国際文化理解と市民交流は、政治や外交を直接的に動かすまでの力を持ち得ていないという限界があり、もう一つには日本のメディアがアナザー・ストーリーとしての日朝大学生交流を掘り下げるためのジャーナリズムとしての役割を十分果たせていないという課題でもある。これは現場レベルの個々のジャーナリストやデスクの問題というよりもジャーナリズムと政治の関係、つまり日本のデモクラシーの課題として見えてくるものでもある。

むすびに代えて――ニュー・パブリックディプロマシーを平和につなげるためには

国際交流は市民が主軸となるニュー・パブリックディプロマシーの重要な要素である。けれども、このニュー・パブリックディプロマシーが真の価値を発揮し相互理解と信頼醸成を構築したり、緊迫する政府レベルの政治と外交をやわらげ紛争を予防・解決し和解に導いたりする特効薬として評価できるのだろうか。すくなくともその方向に向かうために市民社会の「連帯」と「交流」を模索するコアアクターは何をすべきなのだろうか。本稿の二つのケースはどのような教訓と展望を与えてくれたのだろうか。筆者なりの考察をまとめると以下の通りである。

一つには、まずＮＧＯ側が展開する国際交流アクションの前提となるポジショナリティの認識が重要になる。なぜ、国際交流を活用し、ニュー・パブリックディプロマシーを促進させようとするのか。それは現状のどのような課題をどこまで解決するための戦略なのか。どのように事業が評価され見直されるべきなのか。これらの評価指標は予め準備されたり、適切なレビューは行われてきたのだろうか。

このような専門的な外交戦略の有無がどのようなインパクトをもたらすのかにつながる。現状として二つの事例は、平和を志向するNGOの国際交流論から始まっている。この点は高く評価できるが、漠然とした観念的な理想主義の課題が露呈しているとも言えよう（金敬黙 2019）。

もう一つには、この理想主義や日本的平和主義が結果的に社会にネガティブなインパクトを与えてしまうことへのリスクヘッジが不十分であるという点だ。ピースボートのパッセンジャーが撮影した写真等が日本のセンセーショナルな北朝鮮報道に悪用されてしまうことを根本的に防ぐことはできない。けれども、国際交流というミッションに大きな意味が置かれ、大人数のツーリズムがもたらすリスクヘッジ対策がより強化されるのであればば、もしくは国際交流の当事者となるパッセンジャーを厳選することが可能であれば、市民がつくる日朝交流の効用は変わり得たのだろうか。

これはKOREAこどもキャンペーンの大学生交流においても類似のことが言えよう。この企画に参加した大学生たちは日本社会に戻り、その後自分たちの体験や情報を発信できないまま「北朝鮮に行ってみごとに洗脳されてきてしまった」「北朝鮮のプロパガンダである」と言ったような周囲の冷ややかな社会的バッシングや不信感と向き合うことになり、心理的に孤立してしまうリスクを抱える。自ら発信する技術や能力を十分持ち得ない日本の大学生が北朝鮮で体験した貴重な交流経験は、発信する言説空間を持ち得ないまま、その経験が「幻」として消えてしまうのはあまりにも残念だ。

そしてもっとも重要なポイントとして、「日韓連帯」の経験と在日コリアンの存在を抜きにしてはこれらの活動が実現できなかった点をあげよう。日韓と日朝、南北朝鮮を別物として扱う風潮が国際関係論の研究では支配的である。国民国家としての大韓民国と朝鮮民主主義共和国は確かに別個の主体である。けれども南北朝鮮の特殊な関係、日本と朝鮮半島の特殊な関係、そしてその背景から生まれた在日コリアンの存在を考慮するならば、これらは国民国家的な境界線では区別できる性質の事案ではない。その点、在日コリアンのNGO関係者や社会運動家たちへの聞き取り調査から漏れてくる声である「日本側の人びとの問題意識の浅はかさ」や「歴史的な知識の不勉強」は大きな溝として残る。

近代以降の日本と朝鮮半島の歴史と現在の南北朝鮮、日朝、日韓関係をパッセンジャーや大学生が一〇日前後の訪朝で包括することは不可能である。その上で、日本社会に暮らす在日コリアンの存在、なかでも日本における南北の分断と統合の状態に日常的に無関心でいながら大きな政治と外交レベルの紛争解決と和解も模索することは難しい。仮にNGOや市民社会レベルが国民国家の枠組みから脱却できずに日朝交流と北朝鮮理解を模索するのであれば、それはトランスナショナル・ネットワークの取り組みであるとは言えない。

「日韓連帯」が活発だった一九七〇年代や一九八〇年代に問われた「内なる国際化」にもう一度戻ることも大切ではないかと思える。このような問題意識が抱かれぬまま国際交流が表面的に続くとしても市民による平和の推進努力は、危うくも「プロパガンダ」の一助と化してしまう。

参考文献

김한규 (2017)、평양 관광자원의 변화에 관한 연구—북한 사회 변화와의 관계를 중심으로、현대북한연구、20권1호、북한대학원대학교 심연북한연구소、pp.46-95.

권헌익、정병호 (2013) 극장국가 북한 — 카리스마 권력은 어떻게 세습되는가、창비

조기은 (2020) 민단계 재일조선인의 한국민주화운동—민단민주화운동세력과 김대중의 '연대'를 중심으로 한국학연구、제75호、pp.115-151.(Zainichi Korean' Democratization Movement for South Korea - Focusing on the Solidarity between the group for Democratization Movement of Mindan and Kim Dae-Jung)

磯﨑敦仁（二〇一九）『北朝鮮と観光』毎日新聞出版。Isozaki A (2019) *Tourism in North Korea*. Tokyo: Mainichi Shimbun Press.

永井義人「日朝関係と鳥取県における北朝鮮との地方間交流」『北東アジア研究』第二四号、四三—六〇頁。

金敬黙（二〇〇八）『越境するＮＧＯネットワーク——紛争地域における人道支援・平和構築』明石書店

金敬黙（二〇一六）「〈旅する平和博物館〉による現場型平和教育」『平和研究』第四六号、四三—六二頁

金敬黙（二〇一六）「ＮＧＯの人道支援に関する考察——理念と実践の交差から」中京大学釈迦幾何学研究所『社会科学研究』第三三巻第一号、一—二八頁

金敬黙編（二〇一九）『越境する平和学——アジアにおける共生と和解』法律文化社

KOREAこどもキャンペーン編（二〇二二）『日朝大学生交流の軌跡二〇一二—二〇一九〜見知らぬ国からまた会いたい人がいる国へ〜』KOREAこどもキャンペーン

鈴木直喜（二〇〇七）「国際協力の矛盾——企業戦士になるＮＧＯ実務者」金敬黙他『国際協力ＮＧＯのフロンティア——次世代の研究と実践のために』明石書店、三九—六七頁

戦後日本の国際文化交流研究会（二〇〇五）『戦後日本の国際文化交流』勁草書房

鄭炳浩著、金敬黙・徐淑美訳（二〇二二）『人類学者がのぞいた北朝鮮——苦難と微笑の国』青土社

富坂キリスト教センター編（二〇二〇）『日韓キリスト教関係史資料Ⅲ』新教出版社

日本国際ボランティアセンター（二〇〇四）『北朝鮮の人びとと人道支援』明石書店

野平晋作（二〇二二）「東アジア市社会研究会二〇二二」（早稲田大学韓国学研究所開催企画）
李美淑（二〇一八）『「日韓連帯運動」の時代――一九七〇―八〇年代のトランスナショナルな公共圏とメディア』東京大学出版会
Anderson M. (1999) *Do No Harm: How Aid Can Support Peace or War*, Lynne Rienner Publishers, Co: Boulder.
Askjellerud S (2010). *Tourism for Peace?* . Saarbrucken: LAP LABERT.
Blanchard L and Higgins-Sesbiolles F (2017). *Peace Through Tourism*. Abingdon: Routledge.
Cull N (2019) *Public Diplomacy*. Cambridge: Polity Press.
Keohane, Robert O. & Nye Jr, Joseph S. (1973) "Power and interdependence", *Survival*, 15:4, 158-165, DOI: 10.1080/00396337308441409
Kim K (2021) "Development or human rights first? Japan's approach to North Korea," in *He, Hundt and Pan, China and Human Rights in North Korea*. Abingdon: Routledge. pp. 98-120.
Koh J (2017) "Mount Kungang' A case of promoting peace through tourism or a meaningless distraction?" in Blanchard and Higgins-Desbiolles (eds.) *Peace Through Tourism*, Abingdon: Routlede.
Kwon H and Chung B (2012) *North Korea: Beyond Charismatic Politics*. Maryland: Rowman & Littlefield Pub Inc.
Leite N, Castaned Q and Adams K (2019). *The Ethnography of Tourism*. Maryland: Lexington Books.
Millican J (2019). *Universities and Conflict*. Abingdon: Routledge.
Moufakkir and Kelly (2010). *Toursim*, Progress and Peace, CABI.
Nye J (2004) *Soft Power: The Means to Success in World Politics*. New York: Public Affairs.

第八章　大邱における植民地建築物保全と日韓連帯の可能性

松井理恵

1　世界遺産を手がかりとして考える日韓連帯

世界遺産をめぐる日韓のコンフリクト

二〇一五年七月、長崎県、福岡県をはじめとする八県一一市にまたがる八エリア二三の産業遺産群から構成された「明治日本の産業革命遺産　製鉄・鉄鋼、造船、石炭産業」が世界遺産に登録された（図1）。しかし、登録に至る過程において韓国政府からの強い反発を受けた。日本の植民地支配下における朝鮮半島出身労働者を看過しているという主張がなされたのである。そこで日本政府は「犠牲者を記憶にとどめるために適切な措置を説明戦略に盛り込む」と表明した。そして、二〇二〇年に東京に産業遺産情報センターが設置された。だが、韓国政府は朝鮮半島出身労働者に関する説明が不十分であると抗議した。さらに、翌二〇二一年には世界遺産委員会が朝鮮半島から連行されて労働を強いられた人びとに関する説明が不十分との決議を採択した。これを受け日本政府は二〇二二年一一月

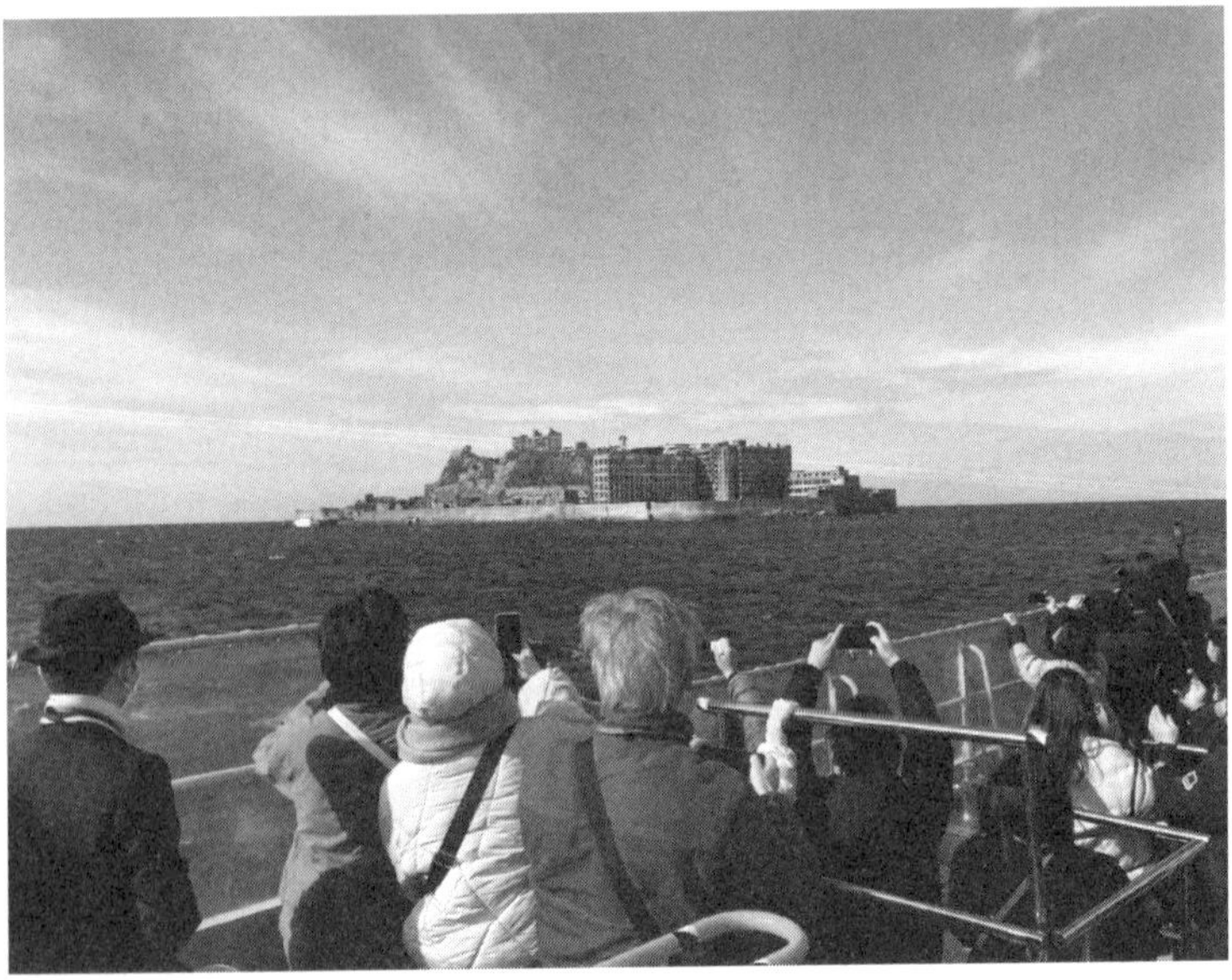

図１　端島炭鉱（軍艦島）と観光客（2023 年 2 月　筆者撮影）

末に報告書を提出したが、約束を「誠実に履行している」という姿勢を維持している。韓国政府は提出されたこの報告書に対して「遺憾」の意を表明し、約束した措置の履行を「再度求める」とした。[1] このように、世界遺産「明治日本の産業革命遺産」は日韓両政府の間の新たな火種となっている。

二一世紀に入ると記憶のグローバル化と政治の民主化によって、韓国社会で不遇を受けてきた徴兵・徴用の生還者が「日本帝国の「強制動員」犠牲者という位置付けに再構成[2]」され、復権した。先述した世界遺産と朝鮮半島出身労働者をめぐる日韓のコンフリクトも、この延長線上に位置づけられる。だが、特に世界遺産を舞台として国際的に繰り広げられるこの対立を理解するためには、世界遺産という制度を確認しておく必要がある。

世界遺産条約成立の経緯とその後の展開

世界遺産条約の前身はハーグ条約第四条（一九〇七年）と新・ハーグ条約（一九五四年）である。すなわち、世界遺産条約の根底には戦禍から文化財を守るという目的がある。[3] だが、一九六〇年代に入ると戦禍を免れた文化財が経済成長のために危機にさらされるようになった。国際的な文化財保護の契機となったのは、エジプトのアスワンハイダム建設で水没の危殆に瀕していたヌビア遺跡である。それまで国際連合教育科学文化機関（ユネスコ）は、東西両陣営の対立の中で十分な活動ができていなかった。だが、ユネスコがヌビア遺跡移設の国際キャンペーンを呼びかけたところ世界的関心が集まり、イデオロギー対立を乗り越えて遺跡は無事移設された。

世界遺産条約は、こうして普及していった「民族と国家を越えた世界人類共通の遺産」という概念に基づいて成立した。具体的には、ヌビア遺跡のような著名な遺跡の救済に、アメリカ式の自然保護が付け加えられ、文化遺産と自然遺産からなる世界遺産の枠組みが設定された。世界遺産条約は一九七二年に成立し、一九七四年に発効された。世界遺産条約の目的は、「顕著な普遍的価値（Outstanding Universal Value: OUV）」を有する文化遺産および自然遺産を認定し、保護、保全、公開するとともに、将来の世代に伝えていくこととされている。なお、条約自体に「顕著な普遍的価値」の具体的な説明はない。だが、「世界遺産条約履行のための作業指針」において、「国家間の境界を超越し、人類全体にとって現代および将来世代に共通した重要性を持つような、傑出した文化的意義および／または自然的な価値を意味する」と定義されている。[4] 条約発効から一四年後の一九八八年に韓国が、さらに四年後の一九九二年に日本が世界遺産条約を締結した。二〇二一年七月現在、一九四カ国が世界遺産条約を締結し、文化遺産八九七件、自然遺産二一八件、複合遺産三九件を含む一一五七件の世

界遺産が登録されている。(5)

さて、これらの世界遺産登録に関して「国単位の登録推薦という方法には、OUVを掲げる世界遺産登録との矛盾が見出される(6)」という指摘は検討に値する。世界遺産登録は条約締結国が自国の遺産を選定し、推薦するところからスタートする。つまり、国家が選定した遺産が世界遺産登録の対象となるのだが、このような制度は国家間の境界を超越するような顕著な普遍的価値を有する世界遺産の選定方法としてはたして妥当なのだろうか。この指摘は手続き論にとどまらず、文化遺産とは何かという本質的な問いへとつながっている。一九世紀以降、国民国家の形成過程において、自分たちは同じ「歴史」や「伝統」を共有する国民であるという感覚を呼び起こす装置として文化遺産が現れた。すなわち、「文化遺産は、人々の間に「国民」としての共通の記憶を持たせる「イデオロギー装置」として、重要な役割を果たした(7)」のである。ここで確認しなければならないのは、世界遺産登録制度が人類全体にとっての普遍的な価値を確立しようとする一方で、国民国家を支えるイデオロギー装置である文化遺産の延長線上にあるという矛盾である。先述した世界遺産をめぐる日韓のコンフリクトの解きがたさは、国民国家が価値を見出した文化遺産を人類全体の文化遺産とするこの矛盾に起因すると考えられる。

さて、一九九〇年代に入ると世界遺産に変化がみられるようになった。すなわち、「発展途上国にある著名な古代遺跡の保護から、世界中どこにでもある身近で多様な文化遺産へ(8)」と変化したのである。具体的には、新たに文化的景観と産業遺産が世界遺産に加えられた。文化的景観とは、人間の営為と自然との結合の所産である。普遍的価値を持ちうるのか否かが議論となったが、世界遺産委員会は一九九二年、文化遺産選定基準に「顕著な文化的景観」を加えることに合意した。こうして、それまでは文化遺産の基準にも、自然遺産の基準にも合致しなかった文化的景観に、世界遺産登録の道が開かれたのである。産業遺産とは、鉱山や工場とそれに付随する労働者のための住宅や非生産的施設などを含んだ鉱工業の歴史にとって価値のある遺産である。先に言及した「明治日本の産業革命遺産」はこの産業遺産に該当する。イギリス、ドイツを中心としたヨーロッパの国々が積極的に産業遺産の登録を進めてきた。この背景には、ヨーロッパ諸国が産業革命から環境革命に至る政策転換のコンセンサスをめざす取組み、および衰退工業地域を文化で再生する政策がある。文化的景観と産業遺産といった身近で多様な文化遺産にシフトしていく世界遺産について考えるうえで、宗田好史の「遺産管理計画は地域計画である」(9)という指摘は重要である。すなわち、「新たに文化遺産として登場した文化的景観や産業遺産は遺跡と異なり、現代も人々が生活する場の中での遺産が保護されなければならない」(10)のである。先述したように、世界遺産は国単位で登録されるため、地方自治体や地域住民が関与しにくい仕組みになっている。しかしながら、人びとの生活する場が世界遺産に登録されるのならば、それは人びとの暮らしに大きな影響を与える。世界遺産に求められる「顕著な普遍的価値」を中心とした遺産管理計画の組み替えが、これまで遺産と関わってきた人びとの暮らしに与えるインパクトは無視できない(11)。

韓国に現存する植民地建築物

先述したように、国民国家を支えるイデオロギー装置としての価値が見出された文化遺産を、人類全体にとって「顕著な普遍的価値」を有する世界遺産として登録する制度には矛盾がある。以上をふまえて、冒頭に挙げた世界遺産をめぐるコンフリクトの解きがたさを検討すると、次のようになる。

すなわち、日本にとって「明治日本の産業革命遺産」は世界遺産である以前に日本の文化遺産であるため、国民国家を支えるイデオロギー装置としての役割が期待されている。一方、韓国にとっては、朝鮮半島から連行されて労働を強いられた人びとに関する説明を省き、産業化の成功のみに光を当てるような態度は、人類にとっての「顕著な普遍的価値」を有する世界遺産として断じて許されることではない。まとめるならば、世界遺産をめぐる日韓のコンフリクトは「明治日本の産業革命遺産」を国民国家の文化遺産の延長線上に位置づけるか、「顕著な普遍的価値」を有する世界遺産として位置づけるかという世界遺産そのものの解釈をめぐるコンフリクトであり、世界遺産登録制度が根源的にはらむ矛盾の表れである。もちろん、世界遺産なのだから「顕著な普遍的価値」を優先させるべきなのかもしれない。ただ、生活の場が世界遺産に登録される近年の傾向において、「顕著な普遍的価値」の追求が人びとの暮らしに大きな影響を与える点も考慮しなければならない。

本章では世界遺産をめぐるこれらの問題をふまえつつ、日本による植民地時代に植民者であった日本人によって建てられ、現在も韓国に残存する建築物を事例として取り上げる。植民地支配の痕跡ともいえるこれらの建築物は、「明治日本の産業革命遺産」同様、日韓関係に暗い影を落としつづけているように思われる。しかしながら本章で後述するように、新たに多様な日韓連帯を生み出す契機になりうる事例もある。ただし、これらの建築物が存在するだけでは不十分である。その存在が問われ、手を加えられ、使われるなかで、新たな関係が立ち現れるのである。

日本による植民地時代の建物の中で、解放後の韓国社会においてもっとも有名かつ象徴的なものとして、朝鮮総督府庁舎が挙げられる。植民地支配からの解放五〇年目に当たる一九九五年、この朝鮮総督府庁舎は解体された。庁舎は解放後、政府庁舎、国立中央博物館として使われてきたもので、建築学的な価値を有する建築物であった。保存か、解体かをめぐる議論を経て、普遍的価値を有する建築物として保存されるのではなく、日本による植民地支配のシンボルとして解体された。この出来事からわかるのは、当時の韓国が植民地建築物を社会的に位置づける必要性に迫られていたことである。しかし、韓国に残されていた植民地建築物は朝鮮総督府庁舎だけではなかった。ソウル駅旧駅舎や西大門刑務所といった大規模で公共的な建築物から、日本式家屋のように小規模で私的な建築物まで、さまざまな植民地建築物が韓国には現存する。植民者である日本人が建てたこれらの建築物は作り手の意図を離れ、使い手となった韓国の人びとの都合に合わせて解放後も使われてきた。だが、時間の経過によって老朽化が進むと、これまで使われてきた建築物を「使いつづけるか否か」さらに「使いつづけるならば、なぜ使いつづけるのか」と問われるようになったのである。

本章は韓国の地方都市、大邱において二〇一〇年代から展開されてきた植民地建築物保全を取り上げる。植民地建築物の使い手となった大邱の人びとは郷土史に基づいて保全を進めていくが、本章では特に、植民地時代に建てられた日本式家屋をリノベーションした「ヒウム日本軍「慰安婦」歴史館」に焦点を当てる。この事例から、都市に現存する植民地建築物を拠点として展開される新たな日韓連帯の可能性について考察する。

2　植民地建築物を歴史的環境として保全できるのか

歴史的環境と地域社会

世界遺産をめぐる議論では、国民国家を支えるイデオロギー装置としての文化遺産を「顕著な普遍的価値」を有する世界遺産として登録する矛盾について言及した。だが、韓国の植民地建築物は国民国家を支えるイデオロギー装置としての文化遺産にも、「顕著な普遍的価値」を有する世界遺産にもなり得ない。では、保全の根拠を何に見出せばよいのか。前節では、人びとの生活の場が世界遺産に登録されることによって「顕著な普遍的価値」を中心として遺産を管理することとなり、これまで遺産と関わってきた人びとの生活に大きなインパクトを与えると指摘した。そこで本節では改めて、人びとの暮らしとの関わりから建築物および景観保全を議論してきた環境社会学の議論を参照しつつ、植民地建築物の保全を検討する。

環境社会学において、町並みや景観保全、歴史的な建築物を守る動きは「歴史的環境」という文脈で論じられてきた。高度経済成長期の日本において、自然環境同様、町並みや景観、歴史的な建築物もまた乱開発によって失われる危殆に瀕しており、この状況を環境問題の一つとして捉えることが喫緊の課題となっていたのである。こうして歴史的環境は保全の対象として位置づけられた。一方で、自然環境と比べると人びとの暮らしとの距離が近い歴史的環境の場合、町並みや景観、歴史的な建築物をハードとして守ることが、そこに暮らす人びとの暮らしというソフトに影響を与え、保全が人びとの暮らしと対立する場合もあった。たとえば、歴史的環境を守るための規制が、人びとの暮らしに不自由を強いるケースがみられたのである(12)。つまり、歴史的環境保全が人びとの暮らしに影響を与えるのは世界遺産に限られたことではない。こうして、環境社会学では地域社会やそこに暮らす住民の立場から歴史的環境保全を問うようになったのである。具体的には、長期間にわたる現地調査に基づき、歴史的環境が地域社会と不可分であるからこそ、それを守る運動が生起した点を指摘した一連の研究が蓄積された。

堀川三郎は小樽運河保存問題、すなわち「小樽のシンボルであった小樽運河とその周囲の町並みを、幹線道路の建設のために埋め立てるか否かを争点とした、一九七三から八四年にかけて展開された小樽市行政と運河保存運動との攻防」[13]、さらにはこの運動が小樽という地域社会にもたらした帰結を、都市社会学と環境社会学の研究蓄積に基づき解明した。「運河を潰したら、小樽が小樽でなくなってしまう」という保存運動のキー・フレーズを引きつつ「なぜ保存するのか」を問うなかで、堀川は小樽運河保存運動が求めた保存には、個々の建築物と、それらの建築物によって「生きられた生活」という二つの水準があると指摘した[14]。特に、「町並みは単なる建築物のみならず、地域社会に固有な環境条件に応じて編み出された「有機的空間秩序」の表現物[15]」であり、住民による都市の使用・管理のためのノウハウ、住みこなし方が蓄積されたものである[16]」という堀川の知見は、歴史的環境と地域社会の関係を考えるうえで示唆深い。

次に参照しなければならないのは、一九八三年に決定された鞆港の湾内を埋め立てて架橋し、県道を建設する計画をめぐり、地域住民が〈道路建設派〉と〈鞆港保存派〉に分かれて是非を問うてきた「鞆港保存問題」に関する森久聡の研究である。保存運動のみならず、地域社会構造や各社会層の社会経済・政治的地位の変遷にも焦点を当ててこの問題を読み解いた森久もまた、「鞆が鞆でなくなってしまう」[17]という鞆港保存運動のリーダーである女性の言葉を出発点として「鞆港保存問題」にアプローチする。森久は「保存の論理」を〈保存する根拠〉と〈保存するための戦略〉というふたつの概念に分節化して検討し、埋め立て・架橋計画の争点となった鞆港は地域社会の社会的連帯の物理的条件であるという運動の〈保存の根拠〉を析出した[18]。つまり、「鞆が鞆でなくなってしまう」という言葉の背景には「歴史的環境が、地域社会の人々の結びつきを守っている[19]」という発想がある。すなわち、鞆港は地域社会の紐帯が埋め込まれた歴史的環境として位置づけられるのである。

これらの研究から導き出されたのは、歴史的環境は地域社会との関係抜きには議論できないという知見である。それでは本章で取り上げる、植民地時代に植民者である日本人が建てた建築物の場合、どのように捉えられるのだろうか。現在も韓国に残されていることは、これらの建物が解放後も人びとに使われつづけてきたことを意味する。当然これらの建築物と地域社会のあいだには一定の関係が認められる。しかしながら、日本人植民者という作り手と植民地支配からの解放後の使い手は明らかに異なる。したがって、小樽における小樽運河や鞆における鞆港のように、地域社会のアイデンティティとして位置づけられることはない。では、現在の地域社会との関係がないとはいえないが、地域社会のアイデンティティとはなりえない植民地建築物を対象とした歴史的環境保全は成立しうるのだろうか。次に、作り手と使い手が切り離された植民地建築物をめぐる議論の整理を通じて、植民地建築物を対象とした歴史的環境保全の可能性を模索する。

韓国の植民地建築物をめぐる議論

韓国の植民地建築物については、さまざまな分野で研究が蓄積されてきた。韓国に現存する日本式家屋に関する研究の嚆矢は、日本による植民地支配下の朝鮮半島で日本式家屋が建設されていく経緯と過程の歴史をふまえ、現存する日本式家屋を調査、分析した建築学の共同研究の成果『異文化の葛藤と同化――韓国における「日式住宅」』であった。これは、韓国の伝統的な住居と現代の住居をつなぐ重要な鍵の一つとして「日式住宅（朝鮮半島において日本の支配下にあった一九一〇年から四五年の間に日本人によって建てられた日本式の住宅）」を位置づけ、韓国における住居の近代化過程を明らかにする研究である。生活空間に焦点を当て、文化の接触と衝突という観点から、強いられた「日式住宅」という文化が伝統的な韓国の住居に与えた影響を考察した。この著作が刊行されたのは朝鮮総督府庁舎が解体された頃であり、「日式住宅」の研究が社会的に受けいれられるような雰囲気ではなかったようである。しかしながら、現代韓国の都市住居をめぐる問題を考えるうえで「日式住宅」は避けて通れないテーマであるという問題関心から、「日式住宅」に関する共同研究が進められた[20]。

建築学による「日式住宅」研究に続くのが、韓国の植民都市の歴史と現在を描いた『韓国近代都市景観の形成――日本人移住漁村と鉄道町』である。朝鮮の伝統的な都市が植民地化の過程でどのように解体されたのか、その伝統的な景観をどのように失っていったのか、「日本人町」「日本人村」がどのように形成され、解放後どのように変容していったのかを明らかにするこの研究の問題関心は、「日式住宅」研究に通じるところがある。一方、景観、都市施設、街区構成、居住空間構成に焦点を当て、その変容を検討した点にこの研究のオリジナリティがある。つまり、伝統的な朝鮮の都市から現代の韓国の都市へ至る過程における日本の植民地支配の影響を都市計画の観点から明らかにしたのである[21]。

近年の動向としては、韓国だけでなく大日本帝国という空間の広がりを前提とした『大日本帝国期の建築物が語る近代史――過去・現在・未来』を挙げなければならない。この研究は大日本帝国期の建築物が建てられた経緯、帝国崩壊後の歩み、現在の社会的位置づけを考察するものであり、文化人類学、観光学、思想史、メディア学といった多角的な切り口から現存する植民地建築物にアプローチする。これら旧植民地の建築物を安易に「日本の」建築物と理解することを戒めると同時に、これらの建築物の現地における社会的な位置づけは常に日本との関係のなかで問われているという指摘は、

本章で取り上げる植民地建築物を考察するうえでも重要である。(22)

以上、韓国の植民地建築物を建築学、都市計画、旧大日本帝国植民地の観点から検討した研究を概観した。建築物の作り手（日本人植民者）と建築物の使い手（解放後に流入してきた人びと）が切り離されている植民地建築物を、植民地時代の前後の韓国の歴史をつなぐ鍵として位置づける建築学、都市計画に対して、旧大日本帝国植民地という観点は比較史的研究を導く。だが、これらの研究は等閑視されてきた植民地の歴史に焦点を当て、歴史および現在の社会を再検討する姿勢に貫かれているといえよう。本章はこれらの先行研究をふまえつつも、市民運動の観点から植民地建築物を捉えてみたい。先述したように、韓国では作り手と使い手が切り離されているからこそ植民地建築物が残されてきた。これらの建築物の保全を考えるうえで、作り手と使い手のズレをどのように解釈して植民地建築物を社会的に位置づけるかが重要である。大邱の植民地建築物保全は、一貫して使い手からみた郷土史の立場から歴史的環境を保全してきた。(23) 本章では特に、郷土史をふまえつつ日韓の市民運動の拠点となっている事例を取り上げ、日韓連帯の新たな展開として考察する。

3　大邱における植民地建築物保全

大邱広域市は韓国東南部の内陸に位置する地方都市である。盆地であるため夏は暑く、冬は寒い。住民登録人口統計によると二〇二一年一二月の人口は二三六万三六九一人で、日本の政令指定都市と比べるならば名古屋市（約二三三万人）と同程度の人口規模である。韓国では、ソウル特別市（約九四八万人）、釜山広域市（約三三二万人）、仁川広域市（約二九七万人）に続く第四位の人口を有する。(24) 高速鉄道（ＫＴＸ）を使うと、東大邱駅からソウル駅までおよそ一時間五〇分、釜山駅までおよそ四五分の距離にある。

仁川は首都であるソウルと隣接していることもあり、大邱はソウル、釜山に次ぐ、韓国第三の都市と呼ばれることが多い。大邱が慶尚道の中心都市となったのは、朝鮮時代のことである。農産物の主要な生産地で交通の要衝でもあった大邱に、一六〇一年慶尚監営[25]が設置された。こうして、大邱は慶尚道の行政・交通・軍事を統括する中心都市となった[26]。

本章で取り上げる植民地建築物は、大邱に暮らした日本人植民者によって建てられたものである。そこで、一九世紀後半から大邱へ流入した日本人植民者の動きを人口推移から確認しておこう。一八九三年に最初の日本人が大邱に住みはじめたのを皮切りに[27]、京釜線大邱駅建設を契機として多くの日本人が大邱にやってきた。一九〇三年にはたった七六人だった日本人の人口は大邱駅が開業した一九〇五年には一五〇〇人を超えた[28]。さらに一九一七年には一万人を超え、ピーク時の一九三〇年にはおよそ三万人にまで達した。短期間に多くの日本人植民者が流入し、都市に大きなインパクトを与えたことがうかがえる。なお、一九一三年から一九三七年までの人口推移を確認すると、大邱の人口は一貫して増大傾向にあり、日本人の比率は二割から三割の間を行き来していた[29]。日本の敗戦を受け、日本人植民者は大邱を後にし、日本へと引き揚げていった。そして、植民地建築物が残されたのである。

植民地時代から続く大邱の繊維産業は一九六〇年代以降、輸出主導型の経済発展の原動力となった。だが、一九八〇年代に入ると韓国の繊維産業の国際競争力が下がっていく。繊維産業の衰退は大邱に大きな影響を与えた。大邱広域市は一九九二年から二〇二〇年に至るまで一人当たりの地域内総生産

（ＧＲＤＰ）が全国最下位である。大邱広域市の資料によると、大邱広域市の地域内総生産は五四兆三億七七〇〇万ウォンで全国の一七の行政区画（一特別市・六広域市・一特別自治市・八道・一特別自治道）中一一位、一人当たりの地域内総生産は二三〇〇万ウォンで最下位であった。(30)

大邱の再発見

大邱における植民地建築物保全について考察する前に、これを支えてきた市民運動について説明しなければならない。(31)二〇〇一年、大邱ＹＭＣＡの大学ボランティア二〇名ほどが参加して、大邱の文化資源を探し、地図化する「大邱文化地図づくり」というプログラムが実施された。この過程で、大邱に古い建築物が数多く残されていることが明らかになった。背景には、朝鮮戦争における大邱の特殊な位置づけがある。韓国側が大邱の大部分を掌握しつづけたこともあり、当時全国各地から多くの避難民が集まった。大邱の旧市街に多くの古い建築物が残されているのは、他の地域よりも朝鮮戦争の被害が少なかったからである。「大邱文化地図づくり」に携わった人びとは、大邱の地域文化の活性化のためにまちかどの文化を生かさなければならないという考えの下、二〇〇二年に「まちかど文化市民連帯」という団体を結成した。こうして、都市の物理的空間を手がかりとして、郷土史を発掘し、地域の文化資源を探す市民運動が本格的に始動したのである。二〇〇七年には彼らの市民運動の成果が『大邱新擇里志』という一冊の本にまとめられた。二〇〇一年の調査開始から数えると、この調査に関わった市民はおよそ一〇〇名にのぼるという。

ここで注目すべきは、『大邱新擇里志』における植民地時代の描かれ方である。この本の実におよそ半分が日本による植民地時代の大邱について書かれている。だが、当時の文献資料は他の時代と比べて特に少なく、当時を知る人や、当時を知る人から話を聞いた人に話を聞いて調査を進めた。なぜ彼らはわざわざ植民地時代の郷土史に向き合ったのか。理由は大邱の地域文化の形成という市民運動の目的にあった。二〇〇三年をピークに近年は人口減少が続くが、植民地時代から解放後の高度成長期を経て一九九〇年代に至るまで大邱には人口の流入が続いた。つまり、急激な都市化のため、郷土史をよく知らない人びとも大邱に多く住んでいたのである。郷土史を知らない人びとが地域文化を形成することはできない。したがって、この運動には人びとが地域文化を形成するために「大邱を再発見して、何を残し、何をなくし、何を保存し、何を大切にし、何を育て、何を愛さなければならないのかを、これから『大邱新擇里志』というものを通じて集団的に経験[32]」することが賭けられていたのである。のちにこの市民運動は「大邱の再発見」と名づけられた。

『大邱新擇里志』が刊行された二〇〇七年当時の大邱では、老朽化した住宅地を再開発してマンションを建築しようとする動きが多く見られた。これに対して、市民運動で中心的な役割を果たしてきた市民運動家は、大邱に住む人びとが安易に再開発を受け入れるのは郷土史を知らないからではないか、と問題提起する。すなわち、スクラップアンドビルドが進む都市において郷土史の不在を都市の問題として位置づけ、郷土史からオルタナティブな都市のあり方を模索するのが市民運動の目的だった。

近代建築物リノベーション事業

郷土史からオルタナティブな都市のあり方を模索してきた市民運動とその成果は、二〇一〇年代に入ると官民協働の都市景観整備事業として展開されていくことになる[33]。郷土史に基づき観光地として整備された「大邱近代路地」は、韓国内外で都市再生の先駆的な試みとして評価された。そして、二〇一四年から三年間のプロジェクトとして「北城路近代建築物リノベーション事業」が実施された。北城路とは、植民地時代に撤去された大邱邑城の跡地に付けられた地名である。文字通り北の城壁の跡地であったことが地名の由来である。植民地時代は元町通りと呼ばれ、大邱駅と大邱神社を結ぶ目抜き通りであった。解放後は、工具、資材、機械を取り扱う店舗が立ち並ぶ工具通りとして全国的に有名になった。これらの店舗が郊外に移転し、空洞化が進んだところに、リノベーション事業が実施されたのである。

北城路近代建築物リノベーション事業は、北城路一帯の近代建築物の保全および活用を目的とした大邱広域市中区の事業である。民間の事業主体を対象とし、近代建築物の考証やリノベーションの設計など専門家が審議したうえで、中区がファサードの工事費用を中心に全体の八〇%の範囲内で最大四〇〇〇万ウォンを支援する。対象となる建築物の条件として(一)一九六〇年代までの建築様式を保存する韓屋あるいは近代建築物、(二)場所性、歴史性、活用性がある建物であり持続可能な使用が可能な建築物、(三)公共的価値、雇用創出および観光活性化に寄与できる建築物の三点が挙げられている。したがって、対象には植民地時代に建てられた日本式家屋も含まれる。中区の事業が開始する前に、プレ事業として民間主導で四件のリノベーションが実施されたが、これらはすべて日本式家屋をリノベーションしたものであった。[34]

本章で取り上げる「ヒウム日本軍「慰安婦」歴史館」は二〇一四年度に第一次事業として実施された七件のリノベーションに含まれる。リノベーションされた建築物はカフェ、ゲストハウスといった商業施設として活用されるものと、博物館等の文化施設として活用されるものの大きく二つに分けられる。事業自体がもともと市民運動から出発していることもあり、後者の文化施設には市民運動の色合いが濃く現れている。

4　日韓の市民運動の拠点としての植民地建築物保全

「ヒウム日本軍「慰安婦」歴史館」の概要

「ヒウム日本軍「慰安婦」歴史館」は一九九七年に発足した社団法人「挺身隊ハルモニとともに歩む市民の集い」が運営する博物館である[35]。二〇〇九年に平和と人権のための「日本軍「慰安婦」歴史館設立推進委員会」が結成された。二〇一〇年、故キム・スナク（김순악／金順岳）ハルモニが遺言とともに残したおよそ五〇〇〇万ウォンと他のハルモニたちからの寄付によって、歴史館設立のための基金が創設された。二〇一二年には「挺身隊ハルモニとともに歩む市民の集い」が立ち上げたブランド「ヒウム（희움）」を通じて、歴史館設立に賛同する多くの市民からの資金が寄せられるようになった。そして、女性家族部、大邱広域市、大邱広域市中区の支援を受け、二〇一五年一二月五日に開館した。日韓両政府が解決しようとする「慰安婦」問題と市民が解決しようとする「慰安婦」問題のズレを顕現させるという点において、同年一二月二八日に電撃的に発表された「慰安婦」問題日韓合意直前の開館は象徴的である。

歴史館の日本語パンフレットには次のように書かれている。

ＨＥＥＵＭ日本軍「慰安婦」歴史館は日本軍「慰安婦」被害者たちが経験した苦痛の歴史を忘れ

ずに記憶し、日本軍「慰安婦」問題の正当な解決のために働きかける空間です。さらに問題解決を通じて平和と女性人権が尊重される社会を作るために尽力する「実践型歴史館」です。

HEUM（ヒウム）は韓国語で「希望を集めて花を咲かせる」という意味を込めた略字で、ハルモニたちの希望であり、私たちの希望でもある日本軍「慰安婦」問題の解決の花を共に咲かせることを願う気持ちが込められています。

歴史館は二階建てで、一階には日本軍「慰安婦」問題に関する常設展示が、二階には企画展示スペースと多目的スペースがあり、大邱、慶尚北道出身の元日本軍「慰安婦」ハルモニの写真、彼女たちの生涯についての解説、遺品などが展示されていた。二階の展示は個人情報がたくさん含まれているため撮影不可とされていた。そこには「直接足を運んだ人たちだけ見られる展示」としたいという歴史館側の意図も付されている。また、二階には「慰安婦」問題をめぐる日本と韓国の市民の交流に関する展示もあった(36)。

市民運動におけるリノベーションの位置づけ

さて、これまで大邱で展開されてきた郷土史からオルタナティブな都市のあり方を模索する市民運動と「慰安婦」問題解決に向けた市民運動はどのように出会い、歴史館が設立されることとなったのだろうか。次に、「挺身隊ハルモニとともに歩む市民の集い」におけるリノベーションの位置づけを中心に、インタビュー調査の結果を示す(37)。

図2　リノベーション前の「ヒウム日本軍『慰安婦』歴史館」（2014年　筆者撮影）

「挺身隊ハルモニとともに歩む市民の集い」はもともと大邱、慶尚北道を中心に活動してきた団体なので、大邱に歴史館を設立することにした。本格的に歴史館設立準備を始めたのは二〇一二年ごろで、対象とする歴史と建物の歴史が時期的に近く、「慰安婦」についての歴史を表現できると考えて近代建築物リノベーション事業へ参加することにした。そして、郷土史を調査する市民運動家たちの協力を得ながら、あちらこちらを回って適切な場所を探し始めた。最初にこの建物を見たときは中を見ることができず、看板で二階部分が見えなかったので、一階建ての建物だと思った（図2）。しかし後日、中に入る機会を得て、二階建てだったということ、そして中庭があるということがわかった。規模もちょうどよいし、一〇〇年くらい前の、古い、大きな木が庭にあるというのも気に入った。

実際に日帝強占期[38]を経験した、つまりハルモニと歴史をともにしてきた場所であると考え、この建物をリノベーションして歴史館を設立することとした[39]。なお、歴史館設立に際して建物を購入した。

歴史館の設立にあたって、北城路の歴史についても勉強した。北城路は、大邱で日本の資本が最初に入ってきた象徴的な地域である。歴史館が立地する地域には昔から慶尚監営があり、権力が集中してきた場所といえる。日帝強占期も警察署、郵便局等、行政が集中しており、日本による支配の拠点となった。リノベーション事業において建物の時代考証等を担当した専門家たちの力を借りて歴史館の建物の由来を調べてみると、民族資本の銀行である慶一銀行が所有していた建物だということが確認できた。慶一銀行の具体的な位置はまだわかっていないが、歴史館の建物が慶一銀行所有の建物であるということには意味がある。つまり、この建物は民族資本が形成される時期の建物である。

リノベーションを進める際には、次の三点を重視した。一点目は環境にやさしい空間とすることである。庭の木を移植するのではなく、そのまま残して展示に組み込んだ。二点目は人権に配慮した空間にすることである。エレベーターを設置したり、段差をなくしたりして、お年寄りや体の不自由な人でも容易に見学できるようにした。工事を進めていたところ、建物の中に一九六〇年代のものと推測される防空壕が見つかり、そこで映像を流すという案も出た。しかし、お年寄りや体の不自由な人びとが見られなくなってしまうので、主な展示には使わないことにした。三点目は市民団体らしい空間にすることである。最新の技術を使うのではなく、市民団体の身の丈にあった素朴な施設をめざした。

リノベーションに対する私たちの認識の限界かもしれないが、建築物を復元したり、再現したりするより、活動するために新たに再構成するという考えで進めてきた[40]。屋根の瓦は、途中、火災もあっ

図3　ヒウム日本軍「慰安婦」歴史館（2017年3月　筆者撮影）

たようで、それについては色を塗りなおしたりしないで、火災もこの建物の経験としてそのまま残すことにした。一方、古い柱でも使うのが難しかったら、新しいものに変えた。基本的にはそのまま残す方針だったが、個人の事業や住居と異なり、たくさんの人の出入りがあるから、安全性を重視した。また、今回の歴史館設立のための資金の六四%は基金によるもので、ヒウムの商品を買って支援してくれた多くは学生を中心とする青少年であった。このように、若者たちがみずから未来のために作った空間なのだから、教育のための展示や行事を通じて活用していこうと考えている（図3）。

　以上のインタビュー調査結果から、近代建築物リノベーション事業による歴史館設立について三点指摘する。一点目は、大邱、特に歴史館が立地する北城路の植民地時代の歴史を学び、活動に取り入れることは、日本軍「慰安婦」被害者たちの苦痛を記憶し、日本軍「慰安婦」問題の正当な解決をめざす市民運動にとっても重要な点である。郷土史は、元日本軍「慰安婦」だったハルモニが生きた時代の大邱を理解し、彼女たちの人生に迫るための土台になる。特に、「挺身隊ハルモニとともに歩む市民の集い」は大邱、慶尚北道を中心に活動してきたため、郷土史との関係から日本軍「慰安婦」問題を理解することが重要になる。したがって、植民地建築物の活用は市民運動の目的に鑑みて適合的である。

二点目は、リノベーション過程において植民地建築物の復元よりも、さまざまな人びとが歴史館に集うという前提が重視されている点である。歴史館のリノベーションでは専門家による考証をふまえつつも、場合によってはそれに反する選択もなされている[41]。インタビューの中では、市民団体としてのあるべき姿が言及されたり、公共に開かれた場であることが強調されたりしていた。「建築物の復元や再現ではなく、活動のための再構成」という表現からもうかがえるように、歴史そのものよりも人びとが歴史に向き合うことを可能とする空間づくりに重点が置かれている。

最後に確認しておかなければならないのが、植民地建築物をリノベーションした歴史館は「負の遺産」として、すなわち植民地時代のシンボルとして保全されているわけではない点である。インタビューでも、植民地建築物は植民地支配の結果として北城路に残されているわけであり、存在自体を肯定的に捉えることはできないという指摘があった。しかしながら、植民地支配の痕跡から日本軍「慰安婦」被害者がたどった歴史に向き合うことはできる。ここで植民地建築物は、過去の歴史に価値が見出された結果保全されるのではなく、歴史をふまえてよりよい未来を実現するために保全されるのである。

おわりに

本章は世界遺産「明治日本の産業革命遺産」をめぐる日韓のコンフリクトについて検討するために、世界遺産条約の成立とその後の経緯を確認した。そしてコンフリクトの背景に、国民国家が価値を見出した文化遺産を人類全体の文化遺産、すなわち世界遺産に登録する制度の矛盾を指摘した。さらに生活の場が世界遺産に登録される近年の傾向において、世界遺産に求められる「顕著な普遍的価値」を中心とした遺産管理計画の組み替えが、これまで遺産と関わってきた人びとの生活に与えるインパクトにも言及した。こうした世界遺産をめぐる状況をふまえたうえで、本章で取り上げたのは決して文化遺産にはなり得ない韓国の植民地建築物である。韓国に今も残る植民地建築物が日韓のコンフリクトの原因になるのではなく、市民運動によって保全される事例を通じて、その可能性を探った。

「ヒウム日本軍「慰安婦」歴史館」は大邱の郷土史をふまえたうえで、日本式家屋をリノベーションして開館された。すなわち、植民地建築物の保全によって生まれた歴史館である。ここには日本軍「慰安婦」被害者たちが生きた時代の大邱を理解したうえで、彼女たちの生に迫るという明確な意図がある。歴史館は、市民運動と郷土史を結びつける試みともいえよう。また、歴史館は植民地時代の復元や再現を目的としたものではなく、日本軍「慰安婦」被害者たちの過去に向き合うという現在、さらには未来の活動のために再構成された空間であった。こうして植民地時代に建てられた日本式家屋は市民運動の拠点として新たに位置づけられたのである。

ここで重要なのは、老朽化した植民地建築物そのものではなく、老朽化した植民地建築物が保全の対象となるプロセスである。歴史館の場合、日本軍「慰安婦」問題をめぐる日本と韓国の市民間交流、大邱の郷土史の発掘、若者たちの支援がなければ、保全の対象にはならなかった。植民地支配が残した遺産に国籍を貼りつけて囲い込むのではなく、共有して過去と向き合い、現在を問い直し、未来を構想する歴史館の試みは、これからの日韓連帯を考えるうえで多くの示唆を与えてくれるだろう。

註

（1）「明治日本の産業革命遺産」の世界遺産登録およびその後の経緯については、次の朝日新聞記事を参照した。「（社説）産業革命遺産　約束守り、展示改めよ」二〇二一年七月二七日付　朝日新聞デジタル https://www.asahi.com/articles/DA3S14989276.html（二〇二二年一二月三一日取得）「明治日本の産業革命遺産、ユネスコに報告書　『誠実に対応』姿勢維持」二〇二二年一二月二日付　朝日新聞デジタル https://www.asahi.com/articles/ASQD2628QCYUCVL00H.html（二〇二二年一二月三一日取得）「韓国側、日本の報告書に『遺憾』　産業革命遺産の説明『履行』を求める」二〇二二年一二月一三日付　朝日新聞デジタル https://www.asahi.com/articles/ASQDF66FKQDFUHBI01M.html（二〇二二年一二月三一日取得）

（2）林志弦／澤田克己訳『犠牲者意識ナショナリズム――国境を超える「記憶」の戦争』（東洋経済新報社、二〇二二年、六四頁）。

（3）以下、世界遺産条約の成立とその後の展開については、宗田好史「世界遺産条約のめざすもの――ICOMOS（国際記念物遺産会議）の議論から」（『環境社会学研究』第一二号、二〇〇六年、五―二二頁）を参照した。

（4）雪村まゆみ「五．一　世界遺産と日本遺産――文化遺産を保存する基準」（木村至聖・森久聡編『社会学で読み解く文化遺産――新しい研究の視点とフィールド』新曜社、二〇二〇年、一〇〇頁）。

（5）二〇二二年七月現在のデータについては、文化庁Ｗｅｂページ「世界遺産」を参照した。https://www.bunka.go.jp/seisaku/bunkazai/shokai/sekai_isan/（二〇二二年一二月三一日取得）

（6）前掲、雪村、一〇一頁。

（7）武田俊輔「二．一　思想の生成――文化遺産を誰がつくるのか」（木村至聖・森久聡編『社会学で読み解く文化遺産――新しい研究の視点とフィールド』（新曜社、二〇二〇年、三三頁）。

（8）前掲、宗田、九頁。

（9）前掲、宗田、一六頁。

（10）前掲、宗田、一五頁。

（11）代々白神山地のブナ林を利用して生きてきた元漁師（マタギ）の男性の視点から語られた白神山地の世界遺産登録は、それが人びとの生活にいかに大きな影響を与えるかを教えてくれる。鳥越皓之『環境社会学――生活者の立場から考える』（東京大学出版会、二〇〇四年、二八頁）。また、才津祐美子「世界遺産の保全と住民生活――『白川郷』を事例として」（『環境社会学研究』第一二号、二〇〇六年、一三一―四〇頁）は、「顕著な普遍的価値」を中心に遺産管理計画を組み直す困難をこれまで保全を担ってきた住民の立場から描く。

（12）環境社会学における歴史的環境研究の展開については片桐新自編『シリーズ環境社会学［三］歴史的環境の社会学』（新曜社、二〇〇〇年）を参照のこと。

（13）堀川三郎『町並み保存運動の論理と帰結――小樽運河問題の社会学的分析』（東京大学出版会、二〇一八年、一〇頁）。

（14）前掲、堀川、第五章。

（15）前掲、堀川、三八六頁。

（16）前掲、堀川、三八六頁。

（17）森久聡『〈鞆の浦〉の歴史保存とまちづくり――環境と記憶のローカル・ポリティクス』（新曜社、二〇一六年、三頁）。
（18）前掲、森久、第七章。
（19）前掲、森久、二〇三頁。
（20）都市住居研究会『異文化の葛藤と同化――韓国における「日式住宅」』（建築資料研究社、一九九六年）。
（21）布野修司・韓三建・朴重信・趙聖民『韓国近代都市景観の形成――日本人移住漁村と鉄道町』（京都大学学術出版会、二〇一〇年）。
（22）上水流久彦編『大日本帝国期の建築物が語る近代史――過去・現在・未来』（勉誠出版、二〇二二年）。
（23）郷土史の立場から展開されてきた大邱の歴史的環境保全については、拙稿（松井理恵「韓国における日本式家屋保全の論理――歴史的環境の創出と地域形成」『年報社会学論集』第二一号、二〇〇八年、一一九―一三〇頁）および「景観保全を通じた都市の継承――韓国・大邱の近代建築物リノベーションを事例として」（『現代社会学研究』第三〇号、二〇一七年、二七―四三頁）を参照のこと。
（24）名古屋市の推計人口は名古屋市のＷｅｂページを参照した https://www.city.nagoya.jp/shisei/category/67-5-5-0-0-0-0-0-0-0.html。また、大邱広域市をはじめとする韓国の各都市の住民登録人口は大邱基本統計Ｗｅｂページを参照した http://stat.daegu.go.kr/basicStats/moisPrsnInfo.do［二〇二三年一月二日取得］。
（25）監営とは、朝鮮王朝時代に監司が職務を執った官庁である。監司は観察使ともいい、地方行政機関である道の長を指す。つまり、慶尚監営とは朝鮮半島の南東部に位置する慶尚道の長が執務を執った官庁である。
（26）大邱の歴史についてては大邱広域市のＷｅｂページを参照した。https://www.daegu.go.kr/japanese/index.do?menu_id=00300747（二〇二三年一月二日取得）
（27）三輪如鐵『朝鮮大邱一斑』（杉本梁江堂、一九一一年、五二頁、国立国会図書館デジタルコレクション）を参照した。https://dl.ndl.go.jp/info:ndljp/pid/766879/1?tocOpened=1（二〇二三年一月二日取得）
（28）大邱新聞社『慶北要覧』（四三頁、国立国会図書館デジタルコレクション）を参照した。https://dl.ndl.go.jp/info:ndljp/pid/766861/1?tocOpened=1（二〇二三年一月二日取得）
（29）当時の大邱の人口については、国立国会図書館デジタルコレクションから確認できる一九一〇年年度から一九四二年年度までの『朝鮮総督府統計年報』に掲載された大邱府の人口を参照した（ただし、一九四一年度のみ欠落）。一九一四年と一九三八年の区画改正の影響を受けたと思われる大きな人口の増減がみられるため、ここでは一九一三年から一九三七年までのデータを扱うこととする。

（30）「GRDP全国最下位脱出が至上課題になった大邱」二〇二二年三月三〇日付、「慶北毎日新聞」（韓国語）https://www.kbmaeil.com/news/articleView.html?idxno=925320（二〇二三年一月二日取得）

（31）前掲、松井、二〇〇八年。

（32）前掲、松井、二〇〇八年、一二四頁。

（33）前掲、松井、二〇一七年。

（34）韓国の伝統的な建築様式で建てられた家屋のこと。

（35）以下、「ヒウム日本軍『慰安婦』歴史館」の設立経緯および趣旨については同館Ｗｅｂページ（韓国語）を参照した。http://museum.1945815.or.kr/（二〇二三年一月三日取得）

（36）歴史館の展示については、二〇一六年二月一七日、八月二九日、二〇一七年三月四日の歴史館訪問に基づく。なお、後述するインタビューでも、日本軍「慰安婦」関連資料は韓国よりも日本に多くあるため、日本のＮＰＯ法人「女たちの戦争と平和人権基金」が運営するアクティブ・ミュージアム「女たちの戦争と平和資料館」（wam）の協力を得ていると言及があった。また、wamが二〇一七年に発行した『ミュージアムへ行こう！日本軍「慰安婦」博物館ガイド』にもヒウム日本軍「慰安婦」歴史館が紹介されている。このように「慰安婦」問題をめぐる日本と韓国の市民間交流は、市民運動において重要な役割を果たしている。

（37）以下の記述は、二〇一五年三月一六日の「挺身隊ハルモニとともに歩む市民の集い」事務所長に対するインタビューを再構成したものである。

（38）本章では日本が朝鮮半島を植民地支配した時代を便宜的に「植民地時代」と表現してきた。だが、韓国ではこの時代を「日帝強占期」と呼ぶことが多い。ここではインタビュイーの表現を尊重するためにあえて「日帝強占期」と表記した。

（39）この点については、日本語版パンフレットにも次のように説明されている。

HEEUM日本軍「慰安婦」歴史館は、一九二〇年代中盤の日本式二階建ての木造建築をリノベーションしたものです。九〇年以上の歴史を持つ建築物と中庭のライラックの木は、同時代を生きてきた日本軍「慰安婦」被害者たちの生涯をより深く感じさせてくれます。

また、歴史館の建物についての展示には、日本式家屋が日本軍「慰安婦」歴史館というアイロニーだからこそ、注意深くプロジェクトを進めたという説明があった。

(40) 註(39)で言及した展示にも「復元ではない。当時を理解して、現代の建築に接続するためのリノベーションである」との説明があった。

(41) たとえば、次のようなケースがインタビューでは語られた。歴史館は車通りの多い道路に面しており防音措置が必要なので、システム窓を使うことにした。すると、建築物の考証を担当した専門家から「昔の感じを活かした窓のほうがよいのではないか」という意見をもらった。だが、最終的にはシステム窓を採用した。なお、当時事業を担当していた大邱広域市中区都市再生支援センター職員へのヒアリングでも、リノベーション工事をめぐって歴史館と専門家の判断が分かれた例がいくつかあったと聞いた。

文献

布野修司・韓三建・朴重信・趙聖民『韓国近代都市景観の形成――日本人移住漁村と鉄道町』(京都大学学術出版会、二〇一〇年)。

堀川三郎『町並み保存運動の論理と帰結――小樽運河問題の社会学的分析』(東京大学出版会、二〇一八年)。

上水流久彦編『大日本帝国期の建築物が語る近代史――過去・現在・未来』(勉誠出版、二〇二二年)。

片桐新自編『シリーズ環境社会学[三] 歴史的環境の社会学』(新曜社、二〇〇〇年)。

木村至聖・森久聡編『社会学で読み解く文化遺産――新しい研究の視点とフィールド』(新曜社、二〇二〇年)。

林志弦/澤田克己訳『犠牲者意識ナショナリズム――国境を超える「記憶」の戦争』(東洋経済新報社、二〇二二年)。

松井理恵「韓国における日本式家屋保全の論理――歴史的環境の創出と地域形成」(『年報社会学論集』第二一号、二〇〇八年、一一九―一三〇頁)。

――――「景観保全を通じた都市の継承――韓国・大邱の近代建築物リノベーションを事例として」(『現代社会学研究』第三〇号、二〇一七年、二一七―四三頁)。

森久聡『〈鞆の浦〉の歴史保存とまちづくり――環境と記憶のローカル・ポリティクス』(新曜社、二〇一六年)。

才津祐美子「世界遺産の保全と住民生活――『白川郷』を事例として」(『環境社会学研究』第一二号、二〇〇六年、二二三―四〇頁)。

宗田好史「世界遺産条約のめざすもの――ICOMOS(国際記念物遺産会議)の議論から」(『環境社会学研究』第一二号、二〇〇六年、五―二二頁)。

武田俊輔「二・一 思想の生成――文化遺産を誰がつくるのか」(木村至聖・森久聡編『社会学で読み解く文化遺産――新しい研究の視点とフィールド』新曜社、二〇二〇年、三〇―三五頁)。

都市住居研究会『異文化の葛藤と同化――韓国における「日式住宅」』(建築資料研究社、一九九六年)。

鳥越皓之『環境社会学――生活者の立場から考える』(東京大学出版会、二〇〇四年)。

都市住居研究会『異文化の葛藤と同化――韓国における「日式住宅」』(建築資料研究社、一九九六年)。

雪村まゆみ「五・一 世界遺産と日本遺産――文化遺産を保存する基準」(木村至聖・森久聡編『社会学で読み解く文化遺産――新しい研究の視点とフィールド』新曜社、二〇二〇年、一〇〇―一〇六頁)。

コラム②

「他者の目を持とう」

演劇交流に見る日韓連帯*

徐 在吉

二〇一九年七月、日本政府の韓国に対する輸出規制措置で日韓関係が急速に冷えこんだが、こんな状況下でも大衆文化を中心に韓国文化の日本への紹介は非常に活発に行われている。その代表例が韓国で空前のヒットを記録したチョ・ナムジュの小説『82年生まれ、キム・ジヨン』で、二〇一八年日本に翻訳紹介されたこの小説は韓国の小説としては異例のベストセラーになった。また、同名の映画も評論家と観客の好評を博した。ポン・ジュノ監督の『パラサイト 半地下の家族』も世界最高の米仏の映画賞の下馬評に上がる前に日本に紹介され、大いに関心を呼び、二〇二三年には舞台化もされた。

公演芸術分野でも韓国演劇の日本紹介は非常に活発に行われた。コロナ・パンデミック最中の二〇二〇年一年だけ見ても九月青年劇場で『星をかすめる風』（イ・ジョンミョン原作、シライケイタ脚本・演出）を皮切りに、一〇月にはフェスティバル東京と京畿道（キョンギド）劇団共同製作『神の末っ子アネモネ』（松井周作、イ・ホンイ翻訳、キム・ジョン演出）が韓国と日本で同時にオンライン上演された。引き続き名取事務所では一〇月から一一月にかけて『獣の時間』（キム・ミンジョン作、石川樹里翻訳、シライケイタ演出）と『少年Bが住む家』（イ・ボラム作、シム・ヂヨン翻訳、眞鍋卓嗣演出）の二編。一一月には文学座で在日朝鮮人作家の鄭義信の新作『五十四の瞳』（松本祐子演出）。一二月にはKAAT（神奈川芸術劇場）と東京デスロック（Tokyo Deathlock）の共同製作公演『外地の三人姉妹』（チェーホフ原作、ソン・ギウン翻案・脚色、石川樹里翻訳、多田淳之介演出）と流山児事務所の『客たち』（コ・ヨノク作、ホン・ミョンファ翻訳、シライケイタ演出）が上演された。

とりわけ名取事務所による『少年Bが住む家』（東京・下北沢小劇場B1）は文化庁芸術祭賞演劇部門優秀賞を受賞した。文化庁が毎年演劇、音楽、舞踊、大衆芸能などに授けるこの賞は日本芸術界で最も高い権威を持っている賞である。二〇二〇年演劇部門では大賞なし、四編の作品に優秀賞を授けた。そのうちの一つが韓国の新進劇作家イ・ボラムの『少年Bが住む家』だった。この作品は一四才で殺人事件を犯して保護観察処分を受け、成人して実家に帰った主人公とその家族の物語だが、作品賞以外にも演出家眞鍋卓嗣が紀伊國屋演劇賞個人賞（演出賞）を、翻訳家シム・ヂヨンが小田島雄志・戯曲翻訳賞（翻訳賞）受賞の栄冠に輝いた。

日本の戯曲作品が韓国で反響を巻き起こした例もある。二〇二三年夏池袋の東京芸術劇場で一五年ぶりに再演された劇団昴の『親の顔が見たい』（畑澤聖悟作、黒岩亮演出）である。この作品は二〇〇八年日本初演後、二〇一二年一月韓国で朗読公演され、わずか五カ月足らずの六月に本公演が実現した異例の作品である。環境庁長官の履歴を持つ元老女優ソン・スクをはじめベテラン演技陣が出演したこの作品は一カ月のロングラン公演で観客一万三〇〇〇人を動員するという興行成績を収めた。この公演を見た映画監督キム・ジフンが映画化権を取得、日本にも良く知られた俳優ソル・ギョングとムン・ソリをキャスティングし、五年後にクランクアップしたが諸般の事情でさらに五年かかってようやく公開される悲運を経験した。しかし公開と同時期に配信されたネットフリックスドラマ『ザ・グローリー』とともに韓国社会の学校暴力問題を取り上げたことで話題となった。これによって、息子の学校暴力問題が露見した検事出身の弁護士が警察最高位の職に任命されたにもかかわらず、たった一日で辞職を余儀なくされるなどの社会的影響力も発揮した。

日本で韓国演劇の一大ブームと日本演劇の『親の顔が見たい』の韓国内での反響は日韓の長きにわたる文化的交流の賜物だった。これには二〇〇二年から日本の日韓演劇交流センターと韓国の韓日演劇交流協議会が持続してきた現代戯曲翻訳および朗読公演の相互交流の二〇年の歴史の積み重ねがあるのはいうまでもない。前述した『親の顔が見たい』は二〇一二年一月ソウルで韓日演劇交流協議会が開催した第五回日本戯曲朗読公演で初めて韓国に紹介され、『少年Bが住む家』は二〇一四年韓国国立劇団で初演されて好評を博した後、二〇一九年一月日韓演劇交流センター主催の韓国現代戯曲リーディング公演作品に選ばれ、日本に初めて翻訳、紹介されたという経緯がある。

日韓演劇交流の日本側パートナーである日韓演劇交流センターは韓国演劇協会と日本演出者協会の間で定期的に開催された韓日演劇人会議をより活性化するために二〇〇〇年四月に日本の演劇関連七団体が結集した団体である。設立当初は韓国演劇関連情報を年四回発行するニュースレターを通じて紹介することから活動を始めた。日韓ワールドカップが共同開催された二〇〇二年からは日本の文化庁の助成金によりリーディング公演と韓国劇作家の戯曲を翻訳出版する活動を隔年ごとに二〇年にわたって行ってきた。当初は両国交互に三回、計六年ほどの予定で進められたこの交流事業は回を重ねるごとに両国の演劇関係者たちだけでなく演劇愛好家の好評に支えられ二〇年に及んだ。日本では二〇二一年一月の「ラスト ラン」として一〇回で一区切りすることになった。これまで韓国の劇作家五〇人の作品五〇編が日本語に翻訳紹介され、同じく日本の劇作家五〇人の作品五〇編が韓国語に紹介された。別々の言語を持つ両国がこのように持続的に互いの国の作家と作品を紹介するイベントは、世界的にも類例があるまい。

日本の代表的な演劇雑誌『悲劇喜劇』二〇二三年七月号は「韓国演劇・ミュージカルの今」という特集の下に韓国演劇の最近の動向と俳優育成、演劇教育と支援金制度などはもとより、韓国ミュージカルの多様な内容を紹介している。誌面には『黄色い封筒』（イ・ヤング作）、『XXLレオタードとアナスイの手鏡』（パク・チャンギュ作）等の戯曲を収録。「黄色い封筒」は二〇二三年夏、青年座によって、『XXLレオタードとアナスイの手鏡』も、五月にふじのくにせかい演劇祭（静岡）で上演された。また、文化座は画家イ・ジュンソプをモデルにした金義卿作・金守珍演出『旅立つ家族』を二〇一四年初演から日本全国巡回公演を重ねた舞台を二〇二三年夏東京で上演した。金守珍の新宿梁山泊は関東大震災一〇〇周年記念公演として朝鮮人虐殺を扱った金義卿の『失われた歴史を探して』を一〇月に公演した。この二つの劇団は今後金義卿の戯曲一〇編を日本語に翻訳して上演する計画だという。日韓演劇交流センターを中心に行われてきた韓国演劇の紹介は、今や日本の主流演劇界へとつながっているのだ。

日韓演劇交流センターも二〇二三年一月から若い世代による新陣営で「韓国現代戯曲ドラマリーディング ネクスト・ステップ」を運営している。二〇二四年春には若い評論家イ・ソンゴンが会長に就任する韓日演劇交流協議会でも新しい段階の現代日本戯曲朗読公演が開催される予定だ。日本では既に進めてきた演出家および俳優オーディションに続き翻訳家の公開募集も始めた。二〇二五年度のリーディング公演では、翻訳ワークショップによる共訳戯曲を作り、一般からも戯曲の翻訳を通じて演劇交流に参加できる道を開いた。

新段階に入った日韓演劇交流センターの新しい会長シライケイタは日韓演劇交流二〇周年を記念する座談会（二〇二二年一月）で自身の演劇的キャリアと韓国との関係を説明し、演劇によって韓国を知るようになって韓国の歴史や在日朝鮮人問題などの認識や関心が拡大したという。さらに演劇を通じて交流をするということは「他者の目を持とうと努力する行為」であり「自分以外の誰かが世の中をどのように見ているかを想像すること」だという。たとえ演劇が国家の問題や政治の問題を解決できないとしても「お互いがお互いの目を持とうと努力する限り、少しでも近寄ることができ、理解することができる」というのが彼の結論だ。彼の言葉の中に演劇を通じた日韓連帯の意味が表現されていると思う。政治懸案により日韓関係が浮き沈みする状況の中でも「親密性」に基づいた韓日演劇交流はさらに活発になるであろう。

（翻訳：津川泉）

＊この研究は日韓文化交流基金フェローシップによるものである。

あとがき　「日韓連帯」という運動文化

本書は、日韓「六五年体制」に挑戦するかたちで市民社会によって築かれてきた「日韓連帯」という社会運動のコンタクト・ゾーンの歴史的系譜をたどり、そこに作動する理念／共感の継承と発展の連続性および断絶性を、「公共圏」と「親密圏」を二つのキーワードとして考察し、日韓関係史における越境的な市民による公共性を復元する方法を模索するものである。具体的には、「日韓連帯」を日韓関係の同時代史と現実政治のなかに位置づけ、「六五年体制」を乗り越えるトランスナショナルな公共圏としての現在的意味を見出すとともに、インフォーマルな交流など親密圏が公共圏を支えるメカニズムに迫ることで、その政治社会学的性格の究明を試みた。ここでは、本書の共同研究に至るまでの経緯について記したい。

一九六五年の国交正常化以降、日韓両国は、政治、安保、経済、社会・文化の領域において、相互連携性にもとづく互酬的な協力関係を築いてきた。一九九〇年代に入り、歴史問題が両国の争点として浮上すると、日韓のあいだには、「請求権は解決済み」だとする認識を基盤にしたいわゆる「六五年体制」が綻びをみせた。それが近年、両国が反目する根源をなしている。だからといって、「六五年体制」を廃棄するともなれば日韓関係は破局を免れまい。

だとするならば、「六五年体制」に代わる日韓関係の新たな枠組みを生み出す必要があるが、そもそも戦後の日韓関係は「六五年体制」に全面的に依存してきたわけではない。むしろ「六五年体制」に挑戦するかたちで築かれてきた市民運動や民間交流も数多く存在する。本書で示した、韓国の民主化運動や歴史問題の真相究明・戦後補償裁判を支えてきた日本の市民運動も日韓関係の重要な一場面といえる。こうした「日韓連帯」の共同体験を掘り起こし、見つめ直すことが「六五年体制」を克服する新たな枠組みの土台となりうる。

日韓関係の葛藤の根源を診断し、未来志向のパートナーシップの展望を開くにあたり、政治や経済部門ではない、社会・文化における交流の歴史に注目すると、一九九〇年代以降の相互作用がもたらす日韓の社会的な公論の場が浮かび上がってくる。その代表的な研究として、日韓国交正常化五〇年に合わせて刊行された磯崎典世・李鍾久編『日韓関係史一九六五――二〇一五Ⅲ　社会・文化』（東京大学出版会、二〇一五年）がある。同書は両国の文化交流・市民運動・地域社会・相互認識をたどり、政治との関係から離れた日韓関係の多彩な側面を提示している。

同書で取り上げられたテーマは「六五年体制」の土台の上に形成された活動であり、したがって多様で重層的な社会・文化領域の市民運動や文化交流に注目することは、日韓関係を考えるうえできわめて重要である。だが、こうした「草の根交流」の方法論としてコスモポリタニズムという理念型に依拠するのであれば、それらの市民的実践はなんら内在的連関性をもたない日韓関係史の一場面にとどまり、「六五年体制」を乗り越える市民社会のプラットフォームの潜在性や現在的意味を見出すには限界がある。

そもそも国際政治からみた日韓関係においては、木村幹・田中悟・金容民編『平成時代の日韓関係

──楽観から悲観への三〇年』（ミネルヴァ書店、二〇二〇年）で示されているように、成熟した市民社会は日韓の未来志向のパートナーシップに対する「制約要因」として位置づけられるのが常である。一九八七年の韓国の民主化後、市民社会が対等に交流することで成り立つ日韓関係は、グローバルな構造転換を背景として新たな時代に突入したことは間違いない。同書も市民社会の意義について一定の評価を下し、関連する論考も収録しているが、一九九〇年代以降の市民社会の成果は、国際政治関係に付随するものとして位置づけられている。

以上のように、市民社会を国際政治の従属変数とみなしたり、あるいはその補完要素として断片的に扱ったりするだけでは、戦後の日韓関係が、人権・平和・環境などグローバルな課題に挑むうえで主要なアクターとして浮上する市民社会のダイナミックな展開を捉えることはできない。重要なことは、日韓国交正常化以降に実践されたさまざまな共同作業の連続と断絶、継承と発展の系譜をたどり、そこから日韓の市民的な連帯を突き動かしてきた言説と理念を丹念に導き出す作業である。したがって、日韓関係を取り巻くヒト・情報・文化の越境を歴史・理論・実践にもとづいて探究し、その全体像を貫く思想と行動のメカニズムを明らかにすることを目指したのが本書である。

国家間関係における市民社会の役割が、脱植民地化や脱冷戦化の課題に阻まれ続けている東アジアにおいて、とりわけ「民主主義の価値を共有」する（はずの）日韓では、国家と市民社会の関係変化にともなって「日韓連帯」のあり方も変容してきた。仮に、成熟した市民社会が未来志向的な日韓関係の「制約要因」であるとするならば、それは日韓関係において市民社会の領域が拡大し、安保や経済面におけるこれまでの政府間の連携やネットワークにも劣らないアクターとして浮上していることを意味する。

そもそも「日韓連帯」は、目的と理想、方針を異にするさまざまな個人・団体・組織によって実践されているため、その思想的営みも多様で複雑だ。したがって、「日韓連帯」の歴史・言説・実践に迫るには、政治学・歴史学・社会学・文化人類学・境界研究・コミュニケーション論・市民社会論・社会運動論・和解学など、多様な分野からの学際的なアプローチが求められ、さらに、こうした「日韓連帯」という言説空間を体系的に捉えるための理論的な枠組みを必要とする。

いうまでもなく国家と市民社会の関係変化は、市民社会、政府・国家、市場・経済という三つのセクターとのあいだに構築する協力・緊張関係によって成り立つ「公共圏」を舞台とする。そういう意味で、公共圏からのアプローチは、「日韓連帯」が立ち向かう対象への外部性に焦点を合わせているのだ。しかし、「日韓連帯」という集合行動の内的で文化的なダイナミズムに注目して両国の市民社会が育んできた信頼と紐帯、規範と価値を考察するのであれば、これらの内在的連関性に迫る「親密圏」の概念をもって取り組まなければならない。

こうした問題意識から、本書の執筆者は共同研究を立ち上げ、科学研究費補助金基盤研究（B）「親密圏と公共圏からみる〈日韓連帯〉の政治社会学」（課題番号：22H00899）に取り組んできた。本書はその共同研究の成果である。

それに先んじて、本書の編者は韓国国際交流財団の海外政策支援研究のプロジェクトJoining Korea-Japan Peace Research : Brush up 'Korea-Japan Solidarity' 二〇二〇年四月〜二〇二二年二月）を遂行して、二〇二〇年から「日韓連帯フォーラム」を毎月開催してきた。「日韓連帯フォーラム」をとおして、「日韓連帯」の数々の経験が浮かび上がってきた。しかし、こうした経験が体系的に蓄積されておらず、そのため日韓で正当に評価されていないことも浮き彫りになった。そこで、政治関係に従属されない社会・文化の「日韓連帯」という広域的な問題領域のもと、日韓関係を下から支えてきた公共性の実践を現在的意味のなかで再生し、継承することが急務と考えるに至ったのが上記科研の共同研究である。

「日韓連帯」については、一九七〇年代―八〇年代の「運動」の場合、当事者の記録物および論文、評論などの関連書物があるが、理論的考察にもとづく学術研究はほとんどない。一九九〇年代以降の市民的実践についても、個別にその政治・社会的意味を考察するだけにとどまり、日韓関係の同時代史に位置づけて俯瞰する包括的な視点からの研究はなされていないのだ。多くの事例を扱った研究も各地の活動紹介にとどまっている（吉澤文寿「朝鮮人強制連行関連地域における市民運動の取り組み」『新潟国際情報大学国際学部紀要』第一号、二〇一六年）。

これまで「日韓連帯」についての理論的な考察にもとづいた学術研究は、李美淑『「日韓連帯運動」の時代――一九七〇―八〇年代のトランスナショナルな公共圏とメディア』（東京大学出版会、二〇一九年）が唯一といってよい。同書では、「日韓連帯運動」を題材に「トランスナショナルな公共圏」の概念と理論を実証的に考察している。この概念は、「運動」に限らず、より広範な概念である「日韓連帯」においても、政治・経済権力からの独立という意味で「六五年体制」を相対化する対抗空間を指し示している。ただし、日韓の市民社会における共感とコミュニケーションのあり方を探るには「トランスナショナルな親密圏」の概念が有用である。こうした「日韓連帯」の実践形態の相互作用の連続性と断絶性に意味を付与する場合、そこに浮かび上がるのは越境する集合行動の内的で文化的なダイナミズムであるからだ。

こうして本共同研究では、「公共圏」ならびに、もうひとつの理論的枠組みとして「親密圏」の概念に着目した。これら「公共圏」と「親密圏」の二つの方法的概念をもって、一九七〇年代―八〇年代の「日韓連帯運動」はもとより、一九九〇年代以降に活発化する戦後補償運動やＮＧＯ、文化芸術や宗教、女性運動、学術交流をも射程に入れて「日韓連帯」の外部と内部に迫り、そこに作用する理念／共感の連続性と断絶性、継承と発展を貫く言説を導き出そうとするところに本書の独自性がある。

青土社編集者の篠原一平さんには本書の出版に向けてさまざまなアドバイスをいただいた。拙著『〈ポスト帝国〉の東アジア――言説・表象・記憶』（二〇二二年）を担当された篠原さんには、ここで示した「日韓連帯」の意義について共有していただいていることもあり、本書の出版についてもお力添えいただいた。この場を借りてお礼申し上げたい。なお、本書の出版にあたり、韓国国際交流財団の海外支援研究プロジェクト Political Sociology of the 'Korea-Japan Solidarity'（二〇二二年四月～二〇二三年九月）の助成金を活用した。

植民地支配に端を発する諸問題に関する日本の市民社会の対応は、相互作用を通じて国家暴力に対抗するトランスナショナルな抵抗に変化する潜在性をもっている。そして、この潜在性は論理的で手段的であるより、情動的な絆と連帯の感覚を含む共同性を通じても生み出され、発現される。「日韓連帯」の歴史的・現在的意味に注目すれば、国家間関係が揺さぶられても市民社会がそれを支え、また国家権力の暴走時には連帯して抵抗していくことのビジョンを示すことができるだろう。

二〇二三年一一月二四日

編者を代表して　玄　武岩

徐 在吉（そ・じぇぎる）
1971年生まれ。国民大学韓国語文学部教授。ソウル大学大学院国語国文学科博士課程修了（文学博士）。著書（韓国語）に『帝国日本の文化権力』（共著, 2020年）、『帝国日本の学知と文化権力』（全3巻, 共著, 2011-2017年）が、訳書（日本語→韓国語）に玄武岩、パイチャゼ・スヴェトラナ（著）, 後藤悠樹（写真）、『サハリン残留』（2019年）上野千鶴子・蘭信三・平井和子共編、『戦争と性暴力の比較史に向けて』（2020年）などがある。

玄 武岩（ひょん・むあん）
1969年生まれ。北海道大学大学院メディア・コミュニケーション研究院教授。東京大学大学院人文社会系研究科博士課程修了。博士（社会情報学）。専門分野はメディア文化論、日韓関係論。著書に『コリアン・ネットワーク－メディア・移動の歴史と空間』（北海道大学出版会、2013年）、『「反日」と「嫌韓」の同時代史――ナショナリズムの境界を越えて』（勉誠出版、2016年）、『〈ポスト帝国〉の東アジア――言説・表象・記憶』（青土社、2022年）などがある。

福島みのり（ふくしま・みのり）
延世大学大学院社会学科博士課程修了（社会学博士）。名古屋外国語大学現代国際学部准教授。共著書に『現代韓国の家族政策』（行路社、2010年）、共編著に『現代韓国を知るための61章　第3版』（明石書店、2024年）などが、主要論文に「世代論から読み解く韓国若者論の変容――新世代・88万ウォン世代・N放世代を中心に」（『現代韓国朝鮮研究』第20号、2020年）、「k-popと日本の若者－トランスネーションとネーションの狭間で（韓国語）」（『文化科学』vol.97、2019年）などがある。

松井理恵（まつい・りえ）
跡見学園女子大学観光コミュニティ学部コミュニティデザイン学科准教授。筑波大学大学院人文社会科学研究科修了。博士（社会学）。専門は環境社会学。論文に「景観保全を通じた都市の継承――韓国・大邱の近代建築物リノベーションを事例として」（『現代社会学研究』第30号、2017年）、翻訳書に『特権と不安――グローバル資本主義と韓国の中間階層』（ハーゲン・クー著、岩波書店、2023年）などがある。

森 類臣（もり・ともおみ）
摂南大学国際学部特任准教授。同志社大学大学院社会学研究科メディア学専攻博士課程（後期課程）退学。博士（メディア学）。専攻は歴史社会学・ジャーナリズム研究・地域研究（韓国・朝鮮）。主な著書に『北朝鮮の対外関係　多角的な視角とその接近方法』（中戸祐夫・森類臣編著、晃洋書房、2022年）、『韓国ジャーナリズムと言論民主化運動――『ハンギョレ新聞』をめぐる歴史社会学』（日本経済評論社，2019年）などがある。

編著者プロフィール（五十音順）

呉 世宗（お・せじょん）
1974年生まれ。琉球大学教員。主要著作に『リズムと抒情の詩学――金時鐘と「短歌的抒情の否定」』（生活書院、2010年）、『沖縄と朝鮮のはざまで――朝鮮人の〈可視化 / 不可視化〉をめぐる歴史と語り』（明石書店、2019年）がある。

金 敬黙（きむ・ぎょんむく）
1972年生まれ。早稲田大学文学学術院教授。専門は現代アジアの政治・社会・文化。韓国外国語大学卒業後、東京大学大学院修了。著書に『越境するNGOネットワーク』（明石書店、2008年）、編著に『教養としてのジェンダーと平和』（法律文化社、2016年）、『越境する平和学』（法律文化社、2019年）などが、翻訳書に鄭炳浩『人類学者がのぞいた北朝鮮』（共訳、青土社、2022年）などがある、

金 誠（きん・まこと／きむ・そん）
1974年生まれ。札幌大学地域共創学群教授。神戸大学大学院国際協力研究科博士後期課程単位取得退学。博士（学術）専攻は、スポーツ史・朝鮮近代史。著書に『近代日本・朝鮮とスポーツ――支配と抵抗、そして協力へ』（塙書房、2017年）などが、共著書に『平成時代の日韓関係』（ミネルヴァ書房、2020年）などがある。

金 明柱（きむ・みょんじゅ）
1989年生まれ。同志社女子大学現代社会学部助教。北海道大学大学院国際広報メディア・観光学院博士課程修了。博士（観光学）。研究分野は観光社会学。主な論文に「ホスト－ゲストが生みだす「場の共同性」――「長崎さるく」における対話の実践に着目して」（『観光学評論』11(1)、2023年）などがある。

倉橋耕平（くらはし・こうへい）
1982年生まれ。創価大学文学部准教授。関西大学大学院社会学研究科博士後期課程修了。博士（社会学）。専攻は社会学・メディア文化論・ジェンダー論。著書に『歴史修正主義とサブカルチャー――90年代保守言説のメディア文化』（青弓社、2018年）、共著に『ネット右翼とは何か』（青弓社、2019年）、監訳にレオ・チン『反日――東アジアにおける感情の政治』（人文書院、2021年）などがある。

全 ウンフィ（じょん・うんふぃ）
大阪公立大学大学院文学研究科都市文化研究センター研究員。主著に「戦後宇治市の地域新聞にみる在日像の変遷過程」『コリアン・スタディーズ』6号、2018年、「宇治市A地区にみる高度成長期以降の「不法占拠」の存続要因」『都市文化研究』23号 2021年、「ウトロ――在日コリアン「不法占拠」地区をめぐるまなざし」山崎孝史編『政治を地理学する』（ナカニシヤ出版、2022年）、「地続きの朝鮮に出会う」大野光明ほか編『社会運動史研究4　越境と連帯』（新曜社、2022年）などがある。

KOREA FOUNDATION
本書の出版は韓国国際交流財団の支援を受けています。

〈日韓連帯〉の政治社会学
親密圏と公共圏からのアプローチ

編著者　玄 武岩＋金 敬黙＋松井理恵

2023年12月25日　第一刷印刷
2024年 1 月10日　第一刷発行

発行者　清水一人
発行所　青土社

〒101-0051　東京都千代田区神田神保町1-29　市瀬ビル
［電話］03-3291-9831（編集）　03-3294-7829（営業）
［振替］00190-7-192955

印刷・製本　シナノ
装丁　大倉真一郎

ISBN978-4-7917-7621-4　Printed in Japan